맛집·숙박·코스까지 꼼꼼히 가이드하는
맞춤형 해변 여행

서해안
사계절
시크릿
해변

이영근 지음

프롤로그
Prologue

생각보다 많은 이들이 서해의 매력을 모르는 것 같다. 요 몇 년간 배낭을 꾸렸다 하면 서해였는데, 그때마다 사람들의 반응이 "왜 자꾸 서해?"였으니 사명감, 혹은 오기 같은 게 발동했다. 서해에 대한 오해를 종식해야 할 때가 왔다.

동해가 전부인 줄 알았다고?

우리나라 국토가 좁다고 누가 말했던가. 모두들 강원도와 부산 해수욕장에만 눈이 쏠려있을 때, 서해 마니아들은 해수욕도 즐기고 울창한 소나무숲을 거닐며 피톤치드에 온몸을 씻어내는 짜릿한 계절을 즐기고 있었던 것이다. 서해는 어지간한 실내수영장보다 안전한 수영을 즐길 수 있을 정도로 경사가 완만하고 수심이 얕은 편이다. 여기가 서해 맞나 할 정도로 넓고 단단한 백사장을 품은 곳들도 여럿 있다. 이제 이토록 보석 같은 숨은 해변들을 하나씩 공개해볼 참이다.

서해엔 숨은 해변이 있다

서해는 구불구불 리아스식 해안선이다. 변화무쌍 해안선에는 수많은 해변이 있다. 명사십리 해변, 짧은 해변, 우묵한 바다, 초승달 백사장, 머그컵 해수욕장 등 다양한 형태는 해수욕, 관광, 캠핑, 축제, 갯벌, 체험, 비밀스러운 해변 등 그곳만의 특징을 만들었다. 성격에 따라, 상황에 따라, 동행인에 따라 골라 가면 만족도 100%다. 이 책에 그런 목적에 맞는 해변을 카테고리별로 정리해두었다.

너른 갯벌이 있다

자박거리는 파도소리도 예쁘지만 통째로 들락거리는 바다의 이동은 신비로움 그 자체다. 밀물 때는 벅찬 풍요가 가슴을 채워주고, 썰물 땐 끝없이 넓고 큰 세상이 펼쳐진다. 이 광활한 세상이 바로 서해 갯벌이다. 갯벌은 풍부한 해양 자원의 보고로 생태적 가치가 크고, 온갖 해양 생물들을 관찰하고 채취하는 체험 여행지로도 매력적이다. 오래된 어촌 풍경은 그저 그 마을을 걷는 것만으로도 힐링이 될 만큼 편안한 느낌이다.

명품 캠핑장 & 펜션이 있다

서해안 해변에 빼곡한 명품 소나무숲은 명품 캠핑장을 만들었다. 바다 옆 송림 캠핑장에 텐트를 치고 먹고 자고 노는 사이 빛나는 바다, 너른 갯벌, 소나무숲의 시원한 바람은 모두 내 것이 된다. 여기에 더해 서해엔 예쁘고 '핫'한 펜션들이 많다. 동해에 비해 부동산 가격이 낮았던 탓에 은퇴자들의 투자 적소가 되었고, 그렇게 시작된 개발 붐은 서해안을 물 샐 틈 없는 여행지로 만들어 놓았다. 이 책에선 해변과 더불어 묵기 좋은 숙소를 함께 소개하고 있다.

제철 먹거리가 풍요롭다

서해는 맛이다. 서해에서 올라오는 해산물의 양이 어마어마하다. 무엇보다 '적기'에 찾으면 기막힌 맛이 기다린다. 평야 지대가 많아 농산물도 차고 넘친다. 식재가 다양해 요리 종류도 무한대다. 그곳에서만 먹을 수 있는 특별한 먹거리가 지역마다 있어서 여행의 행복을 두 배로 만들어 준다. 갯벌에 나가 가벼운 식재를 채취, 나만의 해산물 요리를 만들어 먹는 것도 서해 여행의 특별한 즐거움이다. 서해 여행 땐 '다이어트' 따위는 서랍에 모셔두고 가야 할 것이다.

게다가, 교통이 편리하다!

서해는 교통도 편리한 편. 서해안고속도로는 서울에서 목포까지 이어진다. 곳곳의 IC 는 거미줄 같은 국도와 지방도로 연결된다. 모든 도시에 고속버스와 시외버스, 기차가 들어간다. 서해와 가까운 서울, 대전, 광주 사람들은 교통이 편해서, 대구, 울산, 부산 사람들은 동해에 없는 갯벌이 서쪽에 있어서 먼 길 마다치 않고 달려온다. 사통팔달 쭉쭉 뻗은 도로가 있어서 가능한 일이다.

사계절 추천 해변

01 봄

		Point 1	Point 2	
인천 강화도 동막해수욕장	세계 5대 갯벌의 위용	갯벌	꽃게 · 주꾸미	104
인천 영흥도 내리해변	캠핑 본연의 즐거움	캠핑	해산물	62
서산 벌천포해수욕장	몽돌해변 옆 캐러밴&글램핑	캠핑	생선회	64
태안 파도리해변	파도 소리 예뻐서 파도리	캠핑	생선회	72
태안 마검포해변	바다에 꽃과 빛이 강림하다	꽃축제	물회	90
태안 안면도 기지포해수욕장	해안산책길이 일품	사구	산책	224
서천 마량포	철마다 축제의 향연	동백꽃	주꾸미	94
부안 격포해수욕장	지구의 유산 가득한 해변	마실축제	리조트	164
고창 장호마을	맞춤형 갯벌, 유별난 바닷가	새우잡이	조개체험	115
영광 법성포	깊이가 다른 문화 출발점	단오제	굴비	96

02 여름

		Point 1	Point 2	
인천 무의도 하나개해수욕장	갯벌과 축제, 레포츠를 모두 누려라	짚라인	춤축제	86
인천 백령도 사곶 · 콩돌해변	광활한 모래사장 VS 앙증맞은 콩돌	기암괴석	냉면	194
태안 신두리해수욕장	해수욕장과 사구가 나란히	해수욕	리조트	154
태안 만리포해수욕장	서해 3대 대형 해수욕장	대형	활어 직판장	156
태안 갈음이해수욕장	클래스가 다른 프리미엄 비치	관리 해변	독살 체험	136
보령 대천해수욕장	바다 여행 종합선물세트	머드축제	짚트랙	92
군산 선유도해수욕장	태곳적 시간을 품은 바다	백사장	회덮밥	205
고창 구시포해수욕장	모든 조건이 완벽하다	해수욕	명사십리	168
신안 증도 우전해수욕장	펄떡이는 짱뚱어, 살아있는 갯벌	백사장 · 갯벌	짱뚱어	120
목포 삼학도	바다를 노래하자, 목포항구축제	세발낙지	민어회	98

03 가을

		Point 1	Point 2	
인천 선재도 당너머해수욕장	갯벌이 열리고, 낙조가 펼쳐진다	갯벌투어	바다갈라짐	107
화성 제부도	당일치기 바다갈라짐 명소	해안산책로	대하	182
화성 백미리마을	조용한 어촌, 광활한 갯벌	갯벌 체험	망둥어축제	110
태안 학암포해수욕장	국립공원관리공단 캠핑장의 위엄	갯벌 체험	캠핑	68
태안 안면도 백사장해수욕장	모래가 하얘 '백'사장	카트	대하	220
태안 안면도 꽃지해수욕장	안면도의 모든 것이 있는 곳	해수욕	꽃게	228
보령 무창포해수욕장	갓 잡은 전어 굽는 냄새 솔솔	바다갈라짐	전어	185
서천 춘장대해수욕장	크고 넓고 편리한 해수욕장	캠핑장	전어축제	162
부안 모항해수욕장	상현달 닮은 부드러운 백사장	갯벌 체험	드라이브	166
무안 생태갯벌센터	갯벌에서 뒹굴고 놀며 하룻밤	습지	캠핑	118

04 겨울

		Point 1	Point 2	
인천 신·시·모도 수기해수욕장	영종도에서 배로 10분	배 여행	촬영지	200
인천 실미도해수욕장	수도권에서 가까운 명사십리 해변	바다갈라짐	조개구이	178
인천 영흥도 십리포해수욕장	호젓한 초현실적 바닷가	승마장	보양식	126
화성 국화리마을	해뜨는 서해안 갯벌 섬마을	일출·일몰	갯벌	109
당진 왜목마을	일출·일몰을 한곳에서	일출·일몰	굴밥	88
태안 안면도 두여해수욕장	격이 다른 해변과 낯선 펜션들	풍경	펜션	226
태안 안면도 운여해변	말을 빼앗아 가는 고독한 바다	솔섬	낙조	230
부안 고사포해변	광활한 우주 갯벌	바다갈라짐	바지락죽	188
함평 돌머리해수욕장	'인공해수풀장'이 빚어낸 착각	해수찜	장어	172
영광 가마미해수욕장	반달 닮은 백사장	백사장	굴비	170

목차
Contents

Part 1
서해안 여행 미리보기

서해안은 어떤 곳일까?	20
서해안 여행 정보 찾기	22
도시별 근거리 서해 해변	24
해변 여행 안전수칙	28
서해 별미 10	30
서해 리조트 10	40

Part 2
서해안 해변 여행

캠핑 해변

01	인천 동검도 동검리해변	58
02	인천 용유도 왕산해수욕장	60
03	인천 영흥도 내리해변	62
04	서산 벌천포해수욕장	64
05	서산 웅도·대로리해변	66
06	태안 학암포해수욕장	68
07	태안 구름포해변	70
08	태안 파도리해변	72
09	태안 몽산포해수욕장	74
10	태안 청포대해수욕장	76
11	태안 곰섬해변	78
12	군산 새만금 야미도해변	80

축제 해변

13	인천 무의도 하나개해수욕장	86
14	당진 왜목마을	88
15	태안 마검포해변	90
16	보령 대천해수욕장	92
17	서천 마량포	94
18	영광 법성포	96
19	목포 삼학도	98

갯벌 해변

20	인천 강화도 동막해수욕장	104
21	인천 무의도 포내마을	106
22	인천 선재도 당너머해수욕장	107
23	안산 대부도 선감마을	108
24	화성 국화리마을	109
25	화성 백미리마을	110
26	서산 중리마을	112
27	부안 모항마을	113
28	고창 만돌마을	114
29	고창 장호마을	115
30	무안 도리포 & 송계마을	116
31	무안 생태갯벌센터	118
32	신안 증도 우전해수욕장	120

비밀 해변

33	인천 영흥도 십리포해수욕장	126
34	인천 영흥도 장경리해수욕장	128
35	태안 사목해변	130
36	태안 원안해변	131
37	태안 백리포해수욕장	132
38	태안 어은돌해수욕장	134
39	태안 갈음이해수욕장	136
40	보령 독산해수욕장	138
41	영광 백바위해수욕장	140
42	무안 홀통해수욕장	142
43	무안 조금나루해변	144
44	무안 톱머리해수욕장	146

해수욕 해변

45	인천 을왕리해수욕장	152
46	태안 신두리해수욕장	154
47	태안 만리포해수욕장	156
48	태안 연포해수욕장	160
49	서천 춘장대해수욕장	162
50	부안 격포해수욕장	164
51	부안 모항해수욕장	166
52	고창 구시포해수욕장	168
53	영광 가마미해수욕장	170
54	함평 돌머리해수욕장	172

섬 해변

60	인천 백령도 사곶 · 콩돌해변	194
61	인천 신 · 시 · 모도 수기해수욕장	200
62	인천 덕적도 서포리해수욕장	202
63	군산 선유도해수욕장	205
64	신안 흑산도	208
65	신안 홍도빠돌해수욕장	211
66	신안 가거도 동개해수욕장	213

바다갈라짐 해변

55	인천 실미도수욕장	178
56	인천 소야도 떼뿌리해변	180
57	화성 제부도	182
58	보령 무창포해수욕장	185
59	부안 고사포해변	188

Focus 안면도 해변

67	백사장해수욕장	220
68	삼봉해수욕장	222
69	기지포해수욕장	224
70	안면해수욕장	225
71	두여해수욕장	226
72	밧개해수욕장	227
73	꽃지해수욕장	228
74	운여해변	230
75	장삼포해변	231
76	장곡해변	232
77	바람아래해수욕장	233

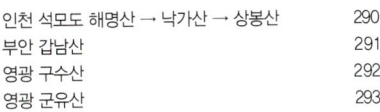

Part 3
서해안 코스 여행

해변 여행 1박 2일 코스

인천 강화도	242		전북 군산	250
인천 영흥도	244		전북 부안	252
충남 태안	246		전남 신안 증도	254
충남 안면도	248			

해변길 걷기 코스

인천 석모도 강화나들길 11코스	258
인천 교동도 월선포선착장 → 대룡시장	260
시흥 오이도공원 → 방아머리 선착장	262
태안 솔모랫길	264
인천 소래포구 → 해양생태공원	266
부안 마실길 3코스	267
영광 숲쟁이숲길	270
목포 온금동 골목	272
신안 증도 철학의길	274

해변길 드라이브 코스

영광 백수해안도로	278
군산 새만금 → 변산 해안도로	282
인천 영종도 → 송도센트럴파크	286

해변 전망 등산 코스

인천 석모도 해명산 → 낙가산 → 상봉산	290
부안 갑남산	291
영광 구수산	292
영광 군유산	293

일러두기

이 책의 모든 내용은 지은이가 직접 가서 취재한 사실을 토대로 작성한 것입니다. 여행에 관한 정보는 2015년 9월을 기준으로 한 것이지만, 출간 후 또는 여러분의 여행 시점에 따라 변경될 수 있으니 주의할 필요가 있습니다. 특히 각 테마별 해변의 즐길거리, 축제 등은 정해진 시기에만 운영할 수 있으니 여행을 떠나기 전에 미리 확인하시길 바랍니다. 만약 새로운 정보나 바뀐 내용이 있다면 알에이치코리아 출판사나 지은이 이메일로 알려주십시오. 많은 여행자가 좀 더 정확한 정보로 편리하게 여행할 수 있도록 빠른 시간 안에 수정하겠습니다.

개정 정보 문의
이영근 ichek007@naver.com

알에이치코리아 편집부
02-6443-8892

PART 1
서해안 여행 미리보기

해변 여행에 앞서 필요한 개괄적인 정보와 상식, 안전수칙 등을 알려줍니다.

PART 2
서해안 해변 여행

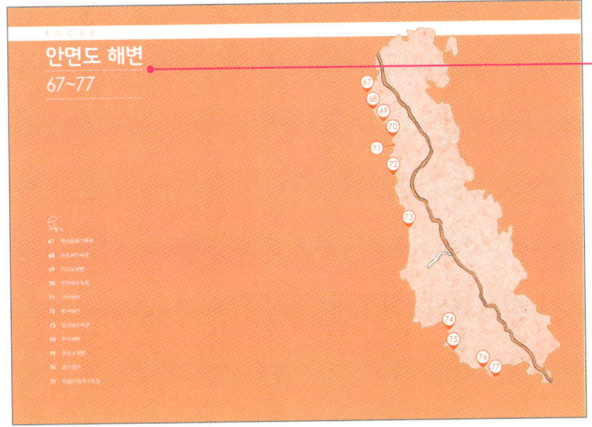

숨은 해변 77곳은 축제해변, 캠핑 해변, 갯벌 해변, 비밀 해변, 해수욕 해변, 바다갈라짐 해변, 섬 해변까지 총 7가지 테마로 나뉘어집니다. 여기에 서해안 해변 중 유독 인지도와 선호도가 남다른 안면도해변은 'FOCUS'로 다루어집니다. 여행자는 목적에 맞는 해변을 골라 여행할 수 있습니다.

테마 해변의 도비라에는 각 해변의 위치가 지도에 표시되어 있습니다.

'해변'과 '해수욕장'의 명칭 구분은 다소 규모가 작은 곳을 '해변', 기본적으로 해수욕이 가능하고 규모가 일정 수준 이상에 기반 시설이 잘 갖춰진 곳을 '해수욕장'이라 했습니다.

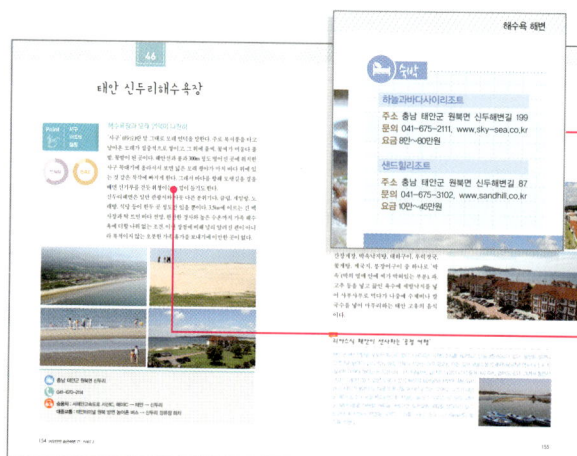

각 해변에 위치한 펜션, 리조트, 민박 등 숙박 업소의 정보를 함께 실었습니다.

해변을 소개하는 본문은 총 두 단락으로 이루어져 있습니다. 첫 단락은 해변에 대한 개괄적인 설명이고, 두 번째 단락은 먹거리에 대한 설명입니다.

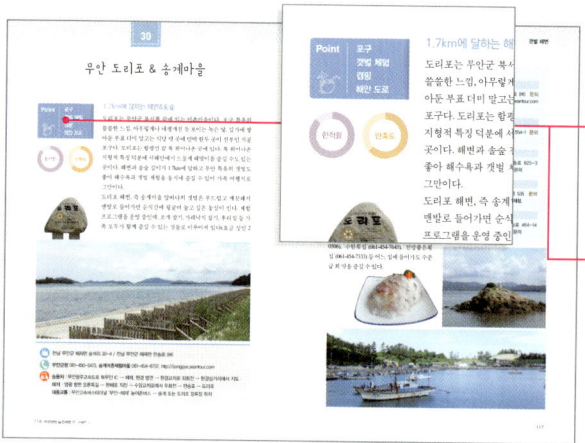

각 해변의 핵심 즐길거리를 'Point'로 표시해 본문을 모두 읽지 않고도 한눈에 파악할 수 있도록 했습니다.

좀 더 호젓하고 만족스런 해변 여행을 위해 '한적함'과 '만족도'를 그래프로 표시해 놓았습니다. 원그래프의 진한 색이 더 많은 부분을 차지할수록, 한적하고 만족도 높은 해변이라는 뜻입니다.

PART 3
서해안 코스 여행

해변 여행 1박 2일 코스에서는 가장 만족도 높은 해변을 포함한 최적의 스케줄을 제안합니다. 일정에 대해 고민할 필요 없이 시간대별로 따라가기만 하면 됩니다.

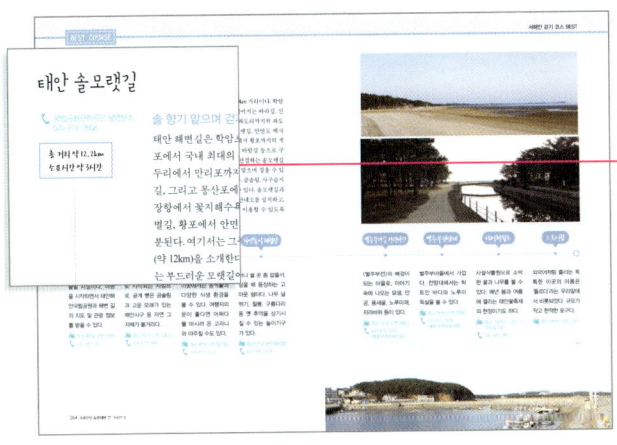

해변길 걷기 코스와 드라이브 코스도 코스별로 따라가기만 하면 됩니다. 코스별 핵심 명소를 소개하고, 총 거리와 소요시간을 표시했습니다.

아이콘 표시

 주소 문의처 교통편 여객선 즐길거리 및 체험 부대시설 숙박

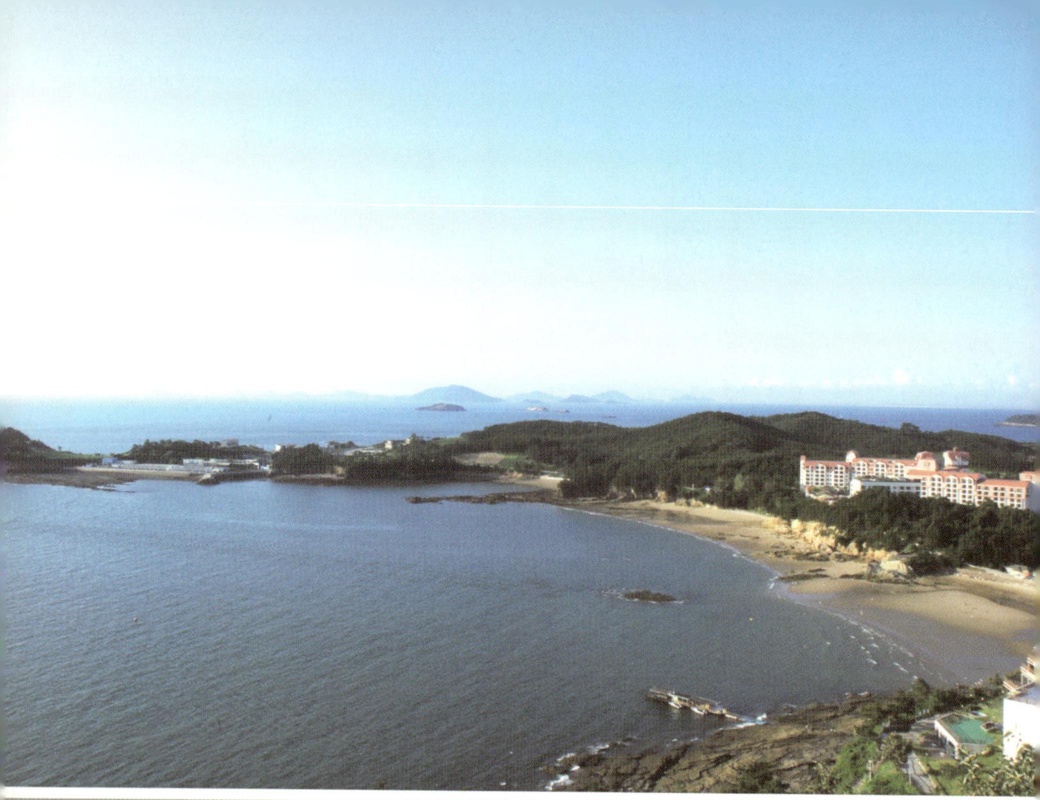

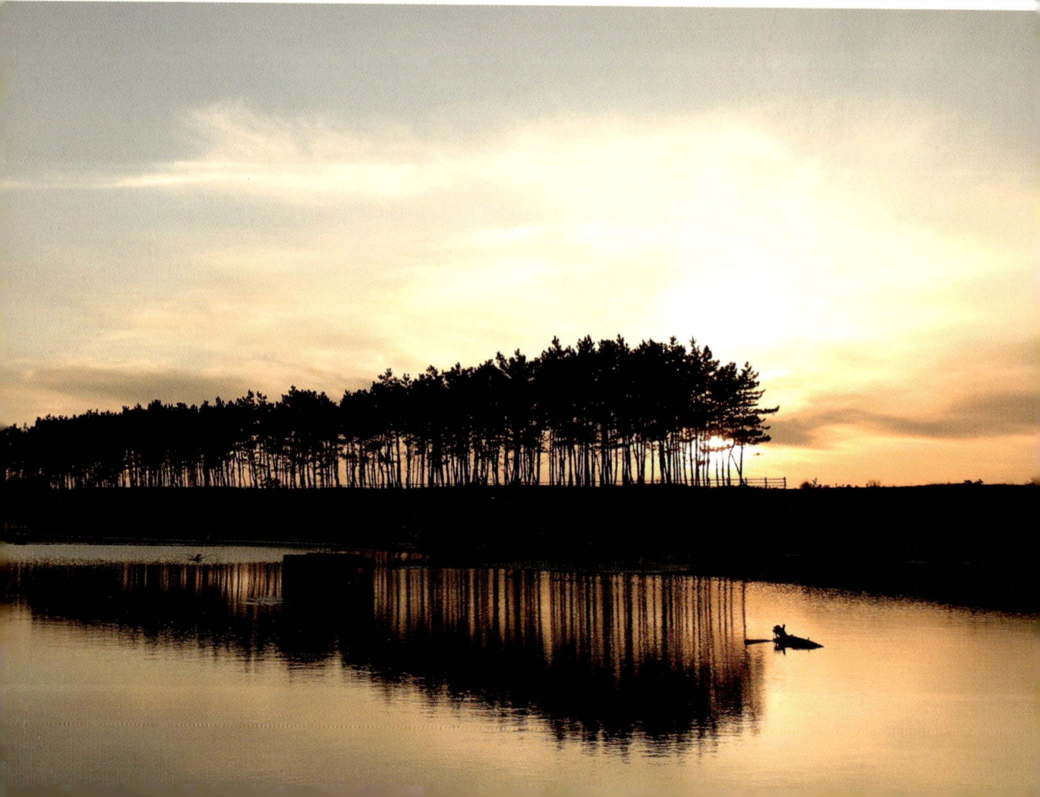

Part 1

서해안 여행 미리보기

서해안은 어떤 곳일까?
서해안 여행 정보 찾기
해변 여행 안전수칙
도시별 근거리 서해 해변
서해 별미 10
서해 리조트 10

서해안은 어떤 곳일까?

서해안 여행길은 한 마디로 치유의 발길이다. 석양이 있고 갯벌이 있고 구불구불한 길이 있는 곳, 그 어떤 곳에 있어도 마음이 평화로워지는 심신 치유의 공간이 바로 서해안이다. 서해의 석양은 사람의 모든 욕망을 내려놓게 하는 힘을 갖고 있다. 일출을 보는 사람들이 벅차오르는 마음을 어쩌지 못하고 '와!' 소리를 지르게 되는 것과 달리, 일몰 앞에 선 사람은 침묵에 빠져든다. 수심이 완만한 것도 마음의 평화를 주는데 한몫한다. 간조(썰물의 극치) 때는 갯벌 수 킬로미터까지 나갈 수도 있고 조수간만 현상으로 벌어지는 '바다갈라짐' 현상 때는 육지와 섬이 길로 이어지는 신비를 경험할 수도 있다.

서해 한반도 휴전선 이남의 서쪽 해안선과 섬들을 말한다. 행정 구역상으로는 최북단 인천시부터 김포시, 시흥시, 안산시, 화성시, 당진시, 서산시, 태안군, 보령시, 서천군, 군산시, 김제시, 부안군, 고창군, 영광군, 함평군, 무안군, 신안군, 목포시, 그리고 해남군, 진도군 일부 지역에 이른다. 서해안의 최대 특징은 구불구불한 리아스식 해안, 갯벌, 낙조, 그리고 헤아릴 수 없는 섬들이다.

리아스식 해안 강물이 바다로 내려와 해안선을 침식시키면서 형성된 해안. 해안선이 복잡하고 그 안에 들어온 물은 잔잔하게 머문다. 강화군 북단에서 해남군 땅끝마을까지 해안선의 길이는 2100km로 하루에 10km씩 200일을 걸어야 완주할 수 있는 거리다.

바닷물 바닷물이 잿빛인 것은 물 색깔이 그래서가 아니라 갯벌 색을 투영해서 그렇게 보이는 것이다. 그러므로 서해 바닷물을 '더럽다'고 하면 안 된다. 드넓은 갯벌이 정화까지 시켜줘 그 어느 바다보다 높은 순도의 해양수다.

바다갈라짐 평소 육지와 떨어져 있던 섬이 해수면이 낮아지면서 연결돼 바다를 양쪽으로 갈라놓은 것 같이 보이는 현상. 바닷속 능선길이 썰물 때 바다 위로 나타나 그 길을 걸어 다닐 수 있다. '모세의 기적 바다'로 불리기도 하지만 공식 명칭은 '바다갈라짐'이다. 바다갈라짐은 서해 여행에서 꼭 한 번 체험해 볼 만한 일이지만 시간적 제한이 있다는 점, 그 시간을 놓칠 경우 섬이나 바닷물에 고립될 수 있다는 점을 잊어서는 안 된다. 당일을 포함한 1년 바다갈라짐 예보는 국립해양조사원 웹사이트(www.khoa.go.kr)에서 확인할 수 있다.

해변&해수욕장 최근 '해수욕장'이라는 표기가 차츰 줄어들고 있다. 해수욕장이 있던 자리를 대신한 것이 '해변'이다. 해수욕장이란 여름에 바닷물에 들어가 더위를 식힌다는 의미가 있는 만큼, 사철 내내 여행자들의 발길이 끊이지 않는 대형 해안을 '해변'으로 대신하고 있는 것이다. 지역의 작은 해수욕장들도 '사철 관광'을 염두에 둔 '해변'의 명칭을 선호하고 있다.

낙조 서해안 낙조가 유난히 황홀한 것은 태양과 하늘, 바람과 구름, 그리고 섬들의 풍경이 절묘하게 어우러지기 때문이다. 해가 서쪽으로 기울 때 바람은 중국에서 서해를 건너 태평양으로 사라진다. 그때 등장하는 구름과 바람에 따라 하늘은 온통 검붉은 색으로 채색되기도 하고, 낙조와 하늘색이 엉켜 보랏빛 세상을 만들기도 한다.

섬 남해안과 겹치는 진도군과 해남군을 제외한 순수 서해에만 있는 섬이 모두 2000여 개이고 그 가운데 사람이 사는 섬이 300여 곳이다. 서해를 포함해 우리나라에 몇 개의 섬이 있는지 정확한 통계는 없다. 특히 서해 섬이 몇 곳인지를 파악한다는 것은 거의 불가능하다. 썰물 때 섬이었다가 밀물 때 수중으로 들어가 버리는 지점을 도대체 섬이라고 해야 할지 말아야 할지 그 기준도 모호하다. 2015년 정부에서 조사 중인데, 2019년이나 되어야 통계가 완성될 것으로 예상한다.

섬은 배 타고 가야 하는 섬과 연륙교를 통해 승용차나 버스로 들어갈 수 있는 육지 섬으로 나뉜다. 연륙교로 연결된다고 섬이 육지가 되는 것은 아니다. 배 타고 들어가는 섬은 육지와 뚝 떨어져 있어서 호젓한 시간을 즐길 수 있지만, 급작스러운 기상 변동으로 일정에 차질을 줄 수 있다. 연륙교는 일기와 상관없이 오갈 수 있고, 섬 특유의 정취와 편의성을 동시에 즐길 수 있다는 장점이 있다.

알아두면 유용한 갯벌 사전

만조 가장 높은 물 높이가 되었을 때. 밀물 끝 상태

간조 가장 낮은 물 높이까지 빠져나간 때. 썰물 끝 상태

사리 조수가 많이 들고 나는 음력 매달 보름(음력 15일)과 그믐(음력 30일) 날.

조금 사리의 반대 현상. 조차가 적은 날을 말하며 대개 음력 매달 8일과 23일에 있다.

조차 만조와 간조 시 해수면의 높이 차를 말한다. 갯바위에서 보았을 때 패류가 군집하는 곳과 그렇지 않은 곳이 구별된다. 즉 만조 선이 뚜렷하게 보이는 곳이 많으며, 조차를 쉽게 확인할 수 있다. 조차는 한 사리 때는 크게, 조금 때는 차이가 적다.

월령 달이 차고 기우는 정도를 말한다.

일조부등 같은 날 두 번의 만조, 또는 간조의 높이가 서로 같지 않은 현상을 말한다.

삭망(삭일과 망일) 음력 초하루, 즉 달이 거의 안 보이는 날이 삭일. 망일은 보름 때.

평균 수면 하루, 한 달, 혹은 1년 동안 변화하는 해면의 높이를 평균한 것을 말한다.

갯벌 밀물 때는 바닷물에 잠기고 썰물 때 드러나는 연안의 평야 지역으로 바닥 상태에 따라 모래갯벌, 펄, 혼성갯벌 등으로 나뉜다.

갯바위 갯벌에 포함되는 개념이다. 갯벌 가운데 바닷물이 드나드는 곳의 물가(갯가)에 있는 바위를 말한다. 주로 검은색을 띠고 바닥이 날카롭고 까칠해서 석화 등 해양 생물들이 많이 서식하고 바다낚시꾼들의 포인트로 주목 받는다.

염전 천일염을 만들기 위해 바닷물을 끌어들여 논처럼 만든 곳이다. 주로 서해안에서 볼 수 있다. 바닷물을 햇볕에 증발시켜 소금을 만든다. 염전의 역사는 인류의 역사와 비슷하다. 우리나라도 마찬가지다. 모두 50년에서 100년 된 시설들이 많다.

염생식물 소금기 많은 토양에서도 생명은 자란다. 염생식물은 세포에 염분이 많이 들어있고 물 흡수량이 많은 게 특징이다. 강렬한 색깔로 시선을 끌기도 한다. 통통마디, 갯질경이 등이 있다.

서해안 여행 정보 찾기

지방자치단체에서 운영하는 웹사이트에는 일반 여행 서적이나 웹사이트에서 볼 수 없는 정보들이 가득하다. 서해안에 접해있는 모든 시·군 웹사이트에 들어가 '관광 책자'를 신청하는 것도 여행지 선택에 큰 도움이 된다. 회원 가입 후 책자 신청을 하면 우편으로 보내주는데, 그 내용이 여느 여행 책과 비교해도 크게 떨어지지 않는다. 맛집이나 숙박 등 상업 시설에 대한 구체적인 정보가 없는 것은 단점.

애플리케이션

 대한민국구석구석
한국관광공사 여행정보

 한국도로공사
한국도로공사 고속도로 실시간 교통정보, 휴게소 정보

 야놀자여행
여행작가 20여 명이 직접 취재한 1만3000여 곳의 여행지 상세 소개

 국내여행총정리
6만 개 국내 여행 정보

 코레일톡
기차 여행 정보 및 예약

 옹진군여객선운항정보
당일 여객선 운항정보, 예매 시스템

 가보고싶은섬
해운조합에서 만든 섬 여행, 선박 예매 시스템

 그린카·쏘카
자동차 공유 예약

 에어비앤비
숙소 공유 예약

 국립공원산행정보
국립공원관리공단에서 제공하는 국립공원 산행 정보 앱

 녹색여행두발로
한국관광공사에서 제공하는 습지, 철새도래지, 해안사구, 슬로시티, 도보 여행 정보

 인터파크 체크인나우
당일 호텔 예약, 콘도, 펜션 예약 프로그램

 TV 맛집
TV에 나온 맛집 정보

 펜션어디어디가봤니
펜션 상황별, 지역별, 등급별 선별 소개

서해안 여행 미리보기

가까운 바다가 좋아!
도시별 근거리 서해 해변

일 년에 한 번 며칠이라도 뜨거운 태양과 시원한 해풍과 촉촉한 바닷물, 그리고 감미로운 노을과 황홀한 달빛을 봐 줘야 제대로 충전했다고 할 수 있다. 그런데 우리에게 주어진 휴가는 너무 짧다. 준비하고, 떠나고, 돌아와서 휴식하는 사이클을 갖기엔 턱없이 부족한 시간. 그래서 준비했다. 당일치기, 1박 2일로 충분한 후다닥 해변 여행지!

 ### 반경 50km 안팎

인천 왕산·을왕리해수욕장 (60p, 152p)

특징
당일치기도 가능한 단순하고 빠른 동선(인천공항고속도로·공항철도)

주변 여행지
왕산가족오토캠핑장

도로 상 거리
합정, 홍대 앞 출발 약 57km

승용차 소요시간(편도)
약 1시간

대중교통 소요시간(편도)
약 1시간 20분

대중교통
인천공항철도 인천국제공항역 302번 좌석버스 → 왕산해수욕장, 또는 을왕해수욕장 정류장 하차

인천 무의도 하나개 해수욕장 (86p)

특징
교통 체증 부담 없고 단순한 동선(인천공항고속도로·공항철도)

주변 여행지
소무의도 둘레길, 실미도 바다갈라짐

도로 상 거리
합정, 홍대앞 출발 약 60km

승용차 소요시간(편도)
약 1시간 30분

대중교통 소요시간(편도)
약 1시간 50분

대중교통
인천공항철도 인천국제공항역 302번 간선버스 → 잠진도 정류장 하차 → 도선 후 마을버스 이용

서해안 여행 미리보기

 반경 50km 안팎

인천 석모도(258p)

특징
바다, 산, 문화를 즐길 수 있는 가까운 곳

도로 상 거리
외포리 도선 포함 약 70km

승용차 소요시간
합정, 홍대 앞 출발 편도 약 2시간

버스 소요시간(편도)
약 3시간 30분

대중교통
합정역 중앙차선 3000번 광역버스 → 강화터미널 하차 → 31번 버스 환승 외포리삼거리 정류장 하차 → 외포리에서 선박 이용 → 석포리에서 하선 후 마을버스 이용

인천 십리포 · 장경리해수욕장(126p, 128p)

특징
시원한 바닷길을 달려 도착할 수 있는 와일드 비치

주변 여행지
선재도 당너머해수욕장, 선재어촌체험마을

도로 상 거리
인천시청 출발 약 51km

승용차 소요시간(편도)
인천시청 출발 약 1시간 40분

대중교통
단순 노선 없음

인천 강화도 동막해수욕장(104p)

특징
대형갯벌, 마니산, 관광해변

주변 여행지
동검도, 소리체험박물관

도로상 거리
합정, 홍대 앞 출발 약 55km

승용차 · 버스 소요시간(편도)
약 1시간

대중교통
합정역 중앙차선 M6117 버스 → 풍경마을 정류장에서 60-5 버스 환승 → 보릿고개 정류장 2,3 버스 환승 → 동막해변 정류장 하차

화성 제부도(182p)

특징
바다갈라짐, 갯벌, 매바위 등 다양한 즐길거리

도로 상 거리(편도)
인천시청 출발 약 65km

승용차 소요시간(편도)
인천시청 출발 약 1시간 20분

대중교통
단순 노선 없음

25

 **대전** 반경 150km 안팎

서천 마량포·보령 대천해수욕장 (74p, 92p)

특징
일몰 일출을 동시에 볼 수 있는 마량포와 관광 해변 대천해수욕장

도로 상 거리
각각 약 140km

승용차 소요시간(편도)
마량포 : 약 1시간 50분
대천해수욕장 : 약 2시간 10분

대중교통 소요시간 (편도)
각각 약 3시간

대중교통 이용법
마량포 : 서부시외버스터미널에서 서천시외버스터미널행 버스 → 서천-동백 농어촌버스 → 마량 정류장 하차
대천해수욕장 : 유성시외버스터미널에서 보령터미널행 버스 → 대천해수욕장행 버스 → 흑산파출소 만남의 광장 앞 정수장 하차

태안 몽산포·꽃지해수욕장 (74p, 228p)

특징
해양국립공원의 아름다운 풍광

도로 상 거리
태안 몽산포해수욕장 약 130km, 안면도 꽃지해수욕장 약 145km

승용차 소요시간(편도)
몽산포해수욕장 : 약 2시간 10분
안면도 꽃지해수욕장 : 약 2시간 20분

대중교통 소요시간(편도)
몽산포해수욕장 : 약 2시간 10분
안면도 꽃지해수욕장 : 약 4시간

대중교통 이용법
몽산포해수욕장 : 대전서부시외버스터미널에서 태안시외버스터미널행 버스 → 태안-안면 좌석 버스 → 남면송림 정류장 하차
꽃지해수욕장 : 대전서부시외버스터미널에서 태안시외버스터미널행 버스 → 태안-안면 좌석버스 → 승언염전입구 정류장 하차

서해안 여행 미리보기

 반경 50km 안팎

함평 돌머리해수욕장(172p)

특징
단순한 동선, 당일치기도 가능한 소요시간

도로 상 거리
약 45km

승용차 소요시간(편도)
약 50분

대중교통 소요시간(편도)
약 2시간 30분

대중교통 이용법
지하철 김대중컨벤션센터역에서 500번 농어촌버스 → 구궤도버스정류장 하차 → 석두행 농어촌버스 → 석두정류장 하차

무안 생태갯벌센터(118p)

특징
힐링투어, 자연학습의 보고

도로 상 거리
약 60km

승용차 소요시간(편도)
약 1시간

대중교통 소요시간(편도)
약 3시간

대중교통 이용법
광주종합터미널에서 무안버스터미널행 버스 → 무안-해제 농어촌 버스 → 물암정류장 하차 → 갯벌까지 약 1km 도보 이동(걸어서 약 20분)

영광 백바위해수욕장(140p)

특징
한적한 해변, 광활한 갯벌, 아름다운 염전, 백수해안도로의 낭만

도로 상 거리
약 62km

승용차 소요시간(편도)
약 1시간 20분

대중교통 소요시간(편도)
약 3시간

대중교통 이용법
전남고등학교 입구에서 농어촌버스 500번 → 영광군 터미널 하차 → 사거리에서 차고지-두우 농어촌버스 → 상정정류장 하차

해변 여행 안전수칙

● 해수욕 안전수칙

갯골 지역 수영 절대 금지

조수간만의 차이가 큰 서해안은 밀물 때만 해수욕이 가능하다. 그러나 바닥이 갯벌이나 갯바위로 이루어져 있어서 자연 상태에서의 수영은 위험에 노출될 수 있다. 서해안 펜션이나 호텔에 유난히 담수 풀장을 설치한 곳이 많은 이유도 그 때문이다. 수영은 실내, 옥외 풀에서 즐기고 바다에서는 산책이나 발목을 적시는 정도로 만족하는 게 안전을 위해 좋다. 해수욕이 목적이라면 '공식해수욕장'을 이용하는 게 좋다.

갯골이란 한 마디로 갯바위의 크레바스(에베레스트 등 설산에서 얼음이 갈라져 생긴 수직 계곡을 말한다. 빠지면 탈출, 구조가 거의 불가능하다)다. 썰물 때 갯바위를 보면 모두 바다와 분리된 것처럼 보이지만 간혹 깊은 바다와 연결된 통로가 있는 곳도 관찰된다. 그 통로는 바닷물을 빨아들이는 회오리 지역이다. 수영하던 사람이 근처에 접근하면 그 회오리에 빨려 들어가 치명적 사고를 당하기도 한다.

물놀이 10대 안전수칙

01 호흡이 멈춘 사람을 살리는 심폐소생술, 살갗이 찢어져 피가 날 때의 처치법, 팔이나 다리가 부러진 것으로 보이는 사람에 대한 부목 설치법 등 3대 응급 처치법은 현대인의 기본 소양이다.
02 물놀이 지역 선택 시 물이 깨끗한 곳인지, 안전사고는 없었는지 등을 세세히 확인한 후 결정한다.
03 지역의 연중 기상 상태나 일기예보를 확인한다.
04 안전 요원이 있는 물놀이 장소를 선택하고 그 규칙을 따른다.
05 술을 마셨거나 식사 직후, 약물을 복용 후에는 물놀이를 삼가야 한다.
06 어린이들이 물놀이할 때는 수영을 할 수 있고, 응급시에 도움을 줄 수 있는 사람이 반드시 지켜봐야 한다.
07 혼자 수영하지 않는다.
08 수영하기 전에는 반드시 준비 운동을 한다.
09 깊은 물에 들어가거나 보트, 수상스키, 래프팅 등 수상레저 활동 시에는 구명조끼 착용법을 따른다.
10 무리한 다이빙이나 깊은 물에서의 수영은 피한다.

어린이의 물놀이 유의사항

01 어른들이 얕은 물이라고 방심하는 그곳이 가장 위험할 수 있다.
02 거북이, 오리 등 각종 동물 모양을 하고 보행기처럼 다리를 끼우는 방식의 튜브는 뒤집힐 경우 아이 스스로 빠져나오지 못하고 머리가 물속에 잠길 수 있으므로 사용 금지.
03 보호자와 물 안에서 함께하는 활동 안에서만 아이의 안전이 보장될 수 있다. 또한, 어린이는 순간적으로 짧은 시간 안에 익사할 수 있다는 점을 명심해야 한다.
04 어린이와 관련된 수난사고는 어른들의 부주의 및 감독 소홀에 의해 발생할 수 있다.
05 인지 능력 및 신체 적응력이 떨어지는 유아 및 어린이들은 보호자의 손을 뻗어 즉각 구조가 가능한 위치에서 관찰해야 한다.
06 활동 반경이 넓어지는 만6~9세 이하 어린이들은 보호자의 통제권을 벗어나려는 경향을 보이므로 사전 안전교육 및 주의를 시키고, 아이들이 물에 들어가면 나올 때까지 시선을 집중한다.
07 일행 중 아이가 많을 경우 구명조끼나 수영 모자를 한 가지, 혹은 특이한 디자인으로 통일해 식별이 쉽도록 조치한다.

● 갯벌 체험 안전수칙

갯벌 체험 안전수칙

01 현지인에게 밀물 때와 썰물 때 시각을 확인한다.
02 현지인에게 갯골 여부와 그 위치를 확인한다.
03 사람들이 많은 곳에서 체험한다.
04 갯벌 진출입로가 있는 경우 그곳에서 멀리 떨어지지 않는다.
05 갯골에 있는 경우, 근처에도 가지 않는다.
06 어린이든 어른이든 혼자 갯벌에 들어가지 않는다.
07 꼭 맞는 장화를 신는다. 상처 예방에 필요하고, 수렁에 빠졌을 경우 발만 빠져나올 수 있다.
08 갯벌에 발이 빠졌는데 빼낼 수 없는 경우 일단 주위 사람들에게 도움을 청하고 아무도 없는 경우 발이 빠진 반대 방향으로 엎드려 기어 나온다.
09 갯벌 체험은 썰물 상태 때 들어가서 한 시간 안에 철수한다.
10 갑자기 안개가 낄 경우가 있다. 즉시 갯벌에서 나와야 한다. 때를 놓쳐 방향을 잃었을 때는 갯벌 표면에 있는 볼록하고 긴 파도 모양의 흔적(전문용어로 '연흔')을 살핀다. 경사가 완만한 쪽이 육지다.

갯벌 체험 필수 장비

발에 맞는 장화, 긴 소매 옷, 여벌의 옷, 챙이 넓은 모자, 면장갑, 선크림, 망원경, 나침판, 시계, 간단한 구급약 등

갯벌 체험 기본 에티켓

01 체험 가능한 지역 안에서 활동한다.
02 마을 공동 어장 또는 양식장이 있는(경고판 부착된 곳) 갯벌에서는 어장에 무단출입을 하지 않는다.
03 수산물 어패류의 채집을 목적으로 갯벌에 들어가는 것은 불법이다.
04 갯벌 체험은 어촌 체험마을의 프로그램에 참가하는 게 현지 주민, 여행자 서로에게 좋다. 단 여행지에 체험 프로그램이 없는 경우 '안전 수칙'을 참고한다.

※ 자료 = 국민안전처 제공

Best Food 10

영혼을 빼앗는
바다의 맛

서해 별미

사실 여행은 먹고 또 먹다 시간 다 흘러간다. 저녁 먹고 아침 걱정하고, 아침 먹고 어쩌고 하면 점심때다. 저녁엔 푸짐한 특산물 요리에 현지 막걸리나 소주 한 잔 곁들이면 금상첨화. 맘껏 먹고 몸이 기억하게 해 주자. 살찔 걱정은 하지 않아도 괜찮다. 여행은 우리 몸의 신진대사를 왕성하게 하고 칼로리와 지방도 도시에 비해 더 많이, 더 잘 타는 편이다. 서해에서 만나는 대표적인 해산물 음식 10가지를 꼽아봤다. 입안에서 살살 녹는 돌솥굴밥부터 영혼을 빼앗는 홍탁삼합까지! 요번 여행 때는 꼭 '흡입'해 보자.

한국 대표 밥 도둑
변산 젓갈 백반

곰소궁 삼대젓갈 · 횟집
전북 부안군 진서면 진서리 1167-35
063-584-1588

소문난식당
전북 부안군 진서면 곰소항길 71-3
063-584-6911

게장 백반과 젓갈 백반이 밥 도둑이 된 이유는 음식이 짜고 맛있기 때문이다. 짜지만 당장 입맛을 만족하게 해주니 계속 먹게 되는 것이다. 그러나 몸을 생각한다면 젓갈은 맛있게, 조금만 먹는 게 상식이다. 변산 곰소항은 유명한 젓갈 산지다. 한 식당의 젓갈백반이 대히트를 친 뒤로 곰소항 일대와 젓갈 도소매산지 등에는 수많은 '유사업종'이 생겨 그 자체로 관광지가 되고 말았다. 젓갈 백반 맛을 본 뒤 가족의 입맛에 맞으면 즉석에서 주문, 택배를 통해 곰소항 젓갈을 집에서 받거나 선물로 보낼 수도 있다.

부드러운 육질, 기적의 식감
인천 밴댕이

🍲 **강화백년횟집**
인천시 강화군 화도면 해안남로 2807
032-937-6909

🍲 **강화충무회수산**
인천시 강화군 화도면 해안남로 2845
번길 21-1
032-937-7747

🍲 **금산식당**
인천시 중구 연안부두로 16 해양센타
032-881-3011

🍲 **송원식당**
인천시 중구 연안부두로 24-1
032-884-2838

밴댕이는 생긴 게 작고 순수하다. 속이 들여다보일 정도다. 워낙 깨끗한 어종이라 그물에 걸리면 심하게 당황, 죽어버리고 만다. 밴댕이가 깨끗한 이유는 녀석들이 바닷물과 강물이 만나고 갯벌이 발달한 '풍천' 유역에 살기 때문이다. 밴댕이는 육질도 부드러워 찌개나 매운탕보다는 회, 무침, 구이, 조림으로 먹어야 더 맛있다. 상추 등 서너 가지 채소에 초장만 살짝 뿌려주면 고소한 밴댕이 향과 담백한 살코기, 양념이 어우러져 씹기도 전에 넘어가 버리는 기적의 식감을 보여준다. 구이는 잔가시까지 와삭 씹어 먹어도 괜찮다. 밴댕이는 인천의 특산물로 강화도 일대와 인천 연안부두 등에서 맛볼 수 있다.

어리굴젓·청국장과 찰떡궁합
서산 돌솥굴밥

🍲 **큰마을영양굴밥**
충남 서산시 부석면 간월도1길 65
041-662-2706

🍲 **맛동산**
충남 서산시 부석면 간월도1길 95-5
041-669-1910

🍲 **간월도별미영양굴밥**
충남 서산시 부석면 간월도1길 69-1
041-664-8875

🍲 **해순네영양굴밥집**
충남 서산시 부석면 간월도1길 139-2
041-662-8767

알이 통통한 생굴을 각종 영양 잡곡이 들어간 돌솥에 넣어 함께 짓는 서산의 특별식이다. 추천 메뉴는 돌솥굴밥. 주문하면 그때부터 밥을 짓기 시작, 20분 뒤에 내어 준다. 밥이 나오면 젓가락으로 살살 흩트려준 뒤 양념장을 넣어 섞고 한 숟가락 뜬 후 반찬으로 나오는 통통한 어리굴젓 한 점을 올려 먹으면! 그 강력한 맛은 적어도 몇 년 동안 잊을 수 없다. 돌솥굴밥은 청국장과 찰떡궁합이다. 희한하게 잘 어우러진다. 서산의 대표적인 여행지 가운데 한 곳인 '간월암' 초입 마을에 가면 돌솥굴밥과 청국장을 조합해서 파는 맛집들을 쉽게 만날 수 있다.

서해 별미 10

짝찬알, 통통한살!
태안 꽃게탕&찜

- **서해활어**
  충남 태안군 근흥면 마도길 154-3
  041-675-4800

- **더꽃게**
  충남 태안군 근흥면 마도길 10
  070-7317-1757

- **소래포구**
  충남 태안군 안면읍 백사장2길 5
  041-672-1082

- **전망좋은 바다맛집**
  충남 태안군 안면읍 해안관광로 235-8
  010-3024-5734

- **방포수산**
  충남 태안군 안면읍 방포항길 64
  041-673-4575

- **성공횟집**
  충남 태안군 안면읍 방포항길 36
  041-673-7536

- **꽃게요리전문달인**
  충남 태안군 안면읍 안면대로 3249
  041-673-9908

꽃게탕이나 찜은 껍질이 부드럽고 속살이 촉촉해서 누구나 좋아하는 음식이다. 특히 7월 금어기 직전인 5~6월에 잡히는 암꽃게는 살이 오를 대로 오르고 알도 꽉 차 있어서 맛의 절정을 보여준다. 서해안에서 꽃게를 맛볼 수 없는 곳은 없다. 그중에서도 태안은 단연 손꼽히는 꽃게 천국. 만리포해수욕장 근처 모항항부터 안면도 끝으로 이어지는 백사장항, 몽산포항, 방포항 등 어항 근처와 대형 해수욕장 일대의 식당 어디에서나 감칠맛 나는 꽃게 요리를 맛볼 수 있다. 단, 태안군은 만리포 지역, 신진도 지역, 안면도 지역 등으로 길게 늘어져 있기 때문에 맛집을 선택할 때는 꼭 목적지 기준 1km 이내로 잡는 게 좋다. 해안선이 구불구불해 자칫 30분 이상 달려야 하는 일이 발생할 수도 있다.

봄부터 여름까지 제철
서천 주꾸미

🍲 **서해안횟집**
충남 서천군 서면 서인로 93
041-952-3177

🍲 **남강식당**
충남서천군 서면 공암남촌길 145
041-951-8210

주꾸미는 서해안 어느 곳에서나 잡히는 해산물이다. 제철은 이른 봄부터 여름까지. 서해안 해변에서 주꾸미 팔지 않는 곳은 없다. 서천군 마량포나 보령 무창포 등에서는 대규모 '주꾸미축제'를 열어 싸고 맛있는 제철 주꾸미를 여행자와 주민들에게 제공하고 있다. 대표적인 주꾸미 요리로는 주꾸미회, 주꾸미볶음, 주꾸미샤부샤부, 주꾸미해물닭찜, 주꾸미해물떡찜 등이 있다. 매운 음식을 좋아하는 사람은 볶음이나 찜을, 부드러운 게 좋다면 회나 샤부샤부를 추천한다. 여행지에서 주꾸미를 사다 펜션이나 캠핑장에서 조리해 먹어도 좋다. 끓는 물에 살짝 데쳤다가 초장이나 양념된장에 찍어 먹으면 맛있다.

격조 높은 고급 조개
부안 백합죽

🍲 **계화회관**
전북 부안군 행안면 변산로 95
063-584-3075

백합은 격조 높은 조개로 알려진 고급 음식이다. 백 개의 빗살무늬가 압권(그래서 백합)이고 속살은 희며 큼직하다. 철분과 핵산 함유량이 다른 조개에 비해 높아 몸도 좋아하는 음식이다. 부안 백합요리 하면 '계화회관'을 떠올리게 된다. 백합죽을 개발한 최초 세대가 운영하는 곳이고 오랜 경험으로 요리 종류도 많다. 이 집에서 맛볼 수 있는 백합 요리로는 백합죽, 백합구이, 백합탕, 백합찜 등이 있다. 그러나 일품요리를 시켜 먹는 사람은 거의 볼 수 없다. 대부분 모든 메뉴가 조금씩, 골고루 나오는 '탕 정식'이나, '찜 정식'을 선택한다. 죽과 구이가 기본이고 탕과 찜 중 택일하는 방식이다. '주당'들은 속을 확 풀어주는 '탕'에 뽕주 한 잔을 선호하고, '밥당'들은 찜을 선호하는 편이다.

서해 별미 10

껍질이 벌어지면 젓가락이 춤춘다
서해안 조개구이 · 탕

풍년회센터
충남 태안군 안면읍 방포항길 24
041-674-4254

대양횟집
충남 태안군 안면읍 방포항길 34
041-674-1203

털보선장횟집
충남 태안군 안면읍 백사장1길 95
041-672-1700

안면식당
충남 태안군 안면읍 백사장1길 24
041-673-7736

먹거리수산물회마트
충남 태안군 남면 몽대로 495-31
041-672-2449

운영수산
충남 태안군 이원면 원이로 2963
041-675-3048

서해안 갯벌에는 헤아릴 수 없는 패류가 살고 있다. 또한 식용을 위한 양식장들도 많이 있다. 그렇게 자연과 시설에서 온 대합(백합), 맛조개, 소라, 키조개, 모시조개, 바지락, 참조개, 새조개, 떡조개, 가리비 등은 우려먹든 볶아 먹든 무쳐 먹든 구워 먹든 바다의 향기와 갯벌의 깨끗한 영양을 듬뿍 선물해 주는 고마운 녀석들이다. 이런 조개들을 석쇠에 올려 굽기 시작하면 껍질이 벌어지고 국물이 보글보글 올라와 식욕을 자극한다. 속살을 빼 먹고 숟가락으로 싹싹 긁어먹는 관자의 식감 또한 조개를 먹는 재미 가운데 하나다. 해산물 천국 태안군에 가면 보기만 해도 입부터 찢어질 화려하고 큼직한 조개구이로 계절의 진미를 맛볼 수 있다.

'장어 마을'에서 즐기는 수준급 요리
고창 & 강화 장어구이

- **유달식당**
  전북 고창군 아산면 선운사로 74
  063-561-0040

- **풍천만가**
  전북 고창군 아산면 선운사로 3
  063-563-3420

- **명가풍천장어**
  전북 고창군 아산면 선운사로 16-5
  063-561-5389

- **선창집장어구이**
  인천시 강화군 선원면 신정리 320-20
  032-932-7628

- **별미정숯불장어**
  인천시 강화군 선원면 더리미길 10
  032-932-1371

고창과 강화는 예부터 장어로 유명했다. 강물과 바다가 만나는 하구 지형으로, 이곳의 장어가 특히 맛이 좋다. 덕분에 두 지역 모두 '장어거리', '장어마을'을 이룰 정도로 장어구잇집들이 몰려있다. 고창에서는 인천강에서 선운사로 넘어가는 길목에, 강화에서는 강화역사관 뒤편에 20, 30년 경력의 장어식당들이 즐비하다. 장어는 소금과 함께 구워 먹는 소금구이와 은은한 불에 소스를 발라가며 천천히 구워 먹는 양념구이로 나뉜다. 두 가지 모두 장어의 선도도 중요하고 불 세기와 소스가 맛있는 집을 찾아가야 제 맛을 즐길 수 있다.

서해 별미 10

고소한 냄새에 침이 고인다
영광 굴비 백반

🍲 **다랑가지**
전남 영광군 법성면 굴비로1길 62-8
061-356-5588

🍲 **어부촌굴비한정식**
전남 영광군 법성면 굴비로 64
061-356-6555

🍲 **국제식당**
전남 영광군 법성면 굴비로 86
061-356-4243

🍲 **풍성한 집**
전남 영광군 법성면 굴비로 72-6
061-356-0733

노릇노릇하게 구운 굴비 한 점을 젓가락으로 잘라 뜨거운 밥이 올라가 있는 순가락에 얹으면 김이 모락모락, 굴비의 속살이 드러나며 특유의 고소한 냄새가 코를 자극한다. 더 이상의 반찬은 필요 없다. 굴비는 영광굴비가 독보적이다. 고려 시대부터 내려온, 칠산 앞바다에서 잡은 조기를 해풍에 말리고, 영광의 천일염으로 염장하고, 그것을 선선한 지하 응달에 숙성시키는 전통 방식이 영광굴비의 절대적 맛이 되었기 때문이다. 법성포 일대에는 영광굴비 백반집들이 즐비하다.

톡 쏘는 진저배기 맛
목포 홍어삼합

🍲 **덕인집**
전남 목포시 영산로73번길 1-1
061-242-3767

🍲 **청록**
전남 목포시 미항로 79
061-287-9500

🍲 **인동주마을**
전남 목포시 복산길12번길 5
061-284-4068

홍어는 흑산도의 특산물이지만 삼합의 고향은 목포다. 조선 시대 때 흑산도 앞바다에서 홍어잡이를 하던 어부들은 선상 생활을 하며 홍어를 먹곤 했는데, 귀항 길에 우연히 상한 홍어를 발견했다. 모두 버리자고 했지만 한 선원이 맛이나 보자며 몇 점 찢어 먹었는데 우려와 달리 배탈은커녕 톡 쏘는 맛이 일품이라며 좋아했다. 누군가 상한 홍어를 들고 집에 갔고, 상한 홍어에 돼지고기, 묵힌 김치 등을 함께 먹기 시작한 것이 홍어삼합이 유래다. 거기에 탁베기 한 사발 들이키면 '홍탁삼합'이 된다. 삭은 홍어의 지독한 암모니아 향 때문에 혼이 빠져나갈 정도지만 상, 중, 하 등으로 구분된 '삭힘 정도'를 선택하면 무난하게 맛볼 수도 있다. 심지어 전혀 삭히지 않은 홍어를 파는 식당도 있다.

Best Resort 10

편리한 시설,
다양한 스타일!
서해 리조트

멀리 움직이지 않고 한 곳에서 놀고, 먹고, 마시고, 자는 것, 그런 여행을 원한다면 리조트가 제격! 리조트는 숙박뿐만 아니라 레스토랑, 오락실, 스파, 아쿠아 등 놀거리가 차고 넘친다. 최근 각 지역의 '달인 맛집'들도 리조트에 입주해 문을 여는 일이 늘면서 맛있는 제철 음식을 쾌적한 레스토랑에서 즐길 수 있게 되었다. 또 바다에서는 산책만 즐기고 수영은 리조트의 담수풀에서 즐기는 것도 가능하다.

리조트급 시설을 갖춘 개성 있는 숙소들의 활약도 눈부시다. 섬 전체를 휴양지이자 숙소 동으로 조성한 펜션, 독립된 통나무집들이 운집한 숲 마을 펜션, 맨몸으로 가서 럭셔리 캠핑을 즐기는 글램핑 등 여행자의 입맛에 맞는 다양한 스타일로 진화 중이다. 이런 트렌드를 반영한 '강추' 서해 리조트 10곳을 소개한다.

서해를 100배 즐기는 리조트
보령 한화리조트대천파로스

충남 보령시 해수욕장3길 11-10
041-931-5500
www.hanwharesort.co.kr

승용차 서해안고속도로 대천TG 좌회전 → 대해로 → 한화리조트
대중교통 보령종합터미널 100번 → 대천필랜드 정류장 하차

머드테라피, 박물관은 살아있다, 스크린사격장, 레스토랑, 엔터테인먼트바, 볼링장

회원 대여 기준 9만3000~28만6000원

역동의 바다, 에너지 넘치는 해안선, 대천해수욕장 중심부에 있는 리조트다. 머드, 석양, 레포츠 등 서해를 100배 즐기기에 적합한 곳이다. 객실 방향이 바다 전망과 일반 전망으로 나뉘는데, 이왕이면 바다 전망을 확보하는 게 좋다. 객실에서 보이는 최고의 풍경은 낙조만이 아니다. 하늘을 나는 레포츠, 대천항을 오가는 고깃배 행렬, 바다를 가르는 해양스포츠의 호쾌한 모습을 리조트 안에서 보는 기분이 어떤지 경험해보지 못한 사람은 모른다. 창밖의 레포츠는 리조트 패키지 상품을 이용해 누구나 즐길 수 있다. 해발 620m 옥마봉을 출발, 15분 동안 하늘을 비행하는 패러글라이딩 체험, 원산도, 삽시도, 호도, 녹도 등 포인트를 순회하며 낚시를 즐기는 체험에는 늘 전문가가 동승, 안전과 재미를 더해준다. 보령의 세계적 특산물인 진흙을 기본으로 하는 머드테라피센터, 아이들이 좋아하는 트릭아트 뮤지엄, 스포츠 엔터테인먼트바, 볼링, 스크린골프, 족구장 등 실내 즐길거리도 많다.

서해 리조트 10

인천 영종스카이리조트

- 인천시 중구 용유서로 379
- 032-745-9000
- 승용차 인천공항고속도로 신불JC → 영종해안남로 → 용유역 좌회전 → 마시란로 → 을왕리 → 영종스카이리조트
- 대중교통 인천국제공항정류장 302번 좌석버스 → 인천비치호텔 정류장 하차
- 워터파크(유수풀, 유아풀, 이벤트탕, 아쿠아풀, 사우나, 바디슬라이드, 야외수영장), 전망대, 베이커리, 카페, 편의점
- 인터넷가 8만~27만원대

을왕리 바다를 품은 영종스카이리조트는 201개의 모든 객실이 바다를 향하고 있다. 약 53㎡(약 16평)에서 383㎡(약 116평)에 이르기까지 다양한 객실을 준비해 사용자 편리에 맞게 이용할 수 있다. 바로 앞 을왕리해수욕장은 영종도 용우해안선에서 가장 역사 깊고, 경치도 빼어나다.

영종스카이리조트 객실은 을왕리해수욕장의 하늘이다. 아침이면 해풍이 창을 두드리고 밝은 대낮에 해변을 내려다보면 당장 달려 내려가지 않을 수 없다. 넓고 부드러운 갯벌은 아이 어른 할 것 없이 아늑한 자연의 품을 만끽하도록 해 준다. 낙조 풍경 또한 아름답다.

개방된 전망대는 여행의 즐거움을 두 배로 만들어 주고, 리조트 안에 있는 워터파크는 '꺅' 소리 나는 놀이터다. 파도의 리듬을 느끼는 유수풀, 전신 마사지를 겨냥한 플로팅, 드림베스, 넥샤워, 벤치넷 등 아쿠아풀, 그리고 야외수영장과 80m 길이의 바디슬라이드는 여행자의 심신을 풀어주기에 충분하다. 또한 테라스동과 연결된 산책로는 여행의 품격을 높여주는 고즈넉한 숲길이다.

미친 디자인 빛나는 존재감
태안 모켄리조트

- 충남 태안군 남면 곰섬로 129-87
- 010-9293-4275
  www.moken.co.kr
- 승용차 서해안고속도로 홍성 TG 좌회전 → 상촌교차로 좌회전 → 서산방조제 → 원청사거리 좌회전 → 모켄리조트
  대중교통 부안버스터미널 정류장 '태안-곰섬' 버스 → 신온1리(서산염전) 정류장 하차
- 스파, 레스토랑, 바비큐
- 모켄 건축가이드 관람 프로그램(별도 비용, 일반 공개), 비행 체험, 비행기 제작 과정 관람, 카약투어, 카약 낚시, 승마 체험, 해양 체험
- 회원 초청 기준 25만8000~79만8000원

홍익대 출신 디자이너들을 중심으로 운영되는 '모켄디자인'의 역작이다. 낮에 보면 복잡한 기하학을 해체해 놓은 듯하고, 밤에 보면 조명이 표현할 수 있는 모든 것을 보여주는 느낌이다. 모켄에 투숙하는 대부분의 사람들은 승용차를 이용해 주차장까지 들어가곤 한다. 하지만 초입에 차를 세우고 주변 경관과 어우러져 있는 리조트의 풍광을 보면 여행의 만족감은 더욱 높아진다. 그런 면에서 천상 정류장에서 리조트까지 걸어야 하는 뚜벅이 여행자들에게는 눈을 호강시켜줄 좋은 기회일 수도 있다. '귀차니스트'가 아닌 한 리조트 손님들은 어슬녘에 밖으로 나가 곰섬 낙조를 기웃거리거나 포구에서의 낭만적인 저녁 식사를 즐기게 된다. 돌아오는 길, 소금 벌판 위에 보석처럼 빛나고 있는 리조트의 모습은 여행이 끝난 뒤에도 오래 남을 만한 풍경이 되기에 충분하다.

서해 리조트 10

섬 전체가 통째로 펜션 단지
안면도 쇠섬 나문재

- 충남 태안군 안면읍 통샘길 87-340
- 041-672-7634
  www.namoonjae.com/
- 승용차 서해안고속도로 홍성TG 좌회전 → 노동삼거리 좌회전 → 원청사거리 좌회전 → 신온삼거리 왼쪽 도로 흑석동길 → 황도로 → 통샘길 → 쇠섬 나문재 휴양지
  대중교통 태안공용버스터미널 정류장 '태안–안면' 버스 → 창기4리(붓뜨기) 정류장 '안면–안면' 버스 환승 → 창기3리(회관, 통샘골) 하차
- 담수풀 바비큐그릴
- ₩ 12만~100만원

안면도의 여행지는 서쪽 해안선에 일렬로 밀집해 있다. 그러나 동쪽을 향한 곳에 기막힌 섬 두 곳이 있다. 섬 안의 섬 '황도'와 '쇠섬'이다. 황도는 작은 포구마을이고 쇠섬은 섬 전체가 하나의 리조트이자 휴양지이자 펜션으로 구성되어 있다. 나문재는 동쪽인 서산 천수만과 마주하고 있는 곳으로 일출과 일몰을 모두 볼 수 있고 독립된 섬 하나를 여행자들이 독차지하고 있는 식이라 마치 별장에 와 있는 기분이다. 초입에 있는 차단기 인터폰을 이용, 예약자 이름, 전화 번호, 객실 번호를 이야기해야 차단기가 열린다. 그만큼 손님들의 프라이버시를 확실하게 챙긴다는 뜻이다. 리조트는 섬 가운데 나문재 가든을 중심으로 1·2단지로 나뉘어 있다. 유럽 스타일의 건축물과 정원은 획일적이지 않고 각각의 개성을 갖고 있어서 숙박객의 취향에 따라 골라서 예약할 수 있는 즐거움이 있다. '우리나라 3대 펜션'으로 불릴 정도로 인기가 좋아 한 달 전에는 예약해야 안심이다.

45

해변의 고요함을 리드하다
태안 하늘과바다사이리조트

 충남 태안군 원북면 신두해변길 199
 041-674-6666
www.sky-sea.co.kr

 승용차 서해안고속도로 서산TG 좌회전 → 운산교차로 좌회전 → 예천사거리 좌회전 → 남문교차로 지하차도 → 송현삼거리 우회전 → 신두해변길 → 리조트
대중교통 태안공용버스터미널 정류장 '태안-신두리' 버스 → 신두리해수욕장 정류장 하차

₩ 8만~80만원

신두해안의 총 길이는 3.5km이다. 끝에서 끝까지 걷기도 만만치 않은 거리다. 그중 1.5km는 신두사구생태공원과 산책로 구간이고 나머지는 해수욕장, 리조트, 펜션들이 차지하고 있다. 하늘과바다사이리조트는 그중 500m 정도의 구간에 있다. 신두사구해변의 조용한 분위기는 이 리조트에서 리드한다고 보아도 된다. 리조트나 인근에서 흔히 볼 수 있는 식당도 별로 없고 노래방 등 시설도 한 두 곳이 전부다. 자정이 넘으면 폭죽놀이가 금지되는데, 이곳을 찾는 사람들의 성향이 '조용한 휴가' 스타일이라 폭죽 외에도 시끄럽게 떠들 수 있는 분위기가 아니다. 오랜 세월 편서풍이 가져온 모래가 언덕이 되고 그 언덕에 인간의 휴식처를 만든 만큼 자연과 하나 되는 공간으로 꾸려가자는 마을 사람들과 리조트, 펜션 주인들의 뜻이 합쳐진 결과다. 조용한 밤바다에 물마저 다 빠져나가면 이곳이 지구인지 달인지 분간이 안 될 정도의 생경한 느낌이 해안을 뒤덮는다.

하늘과바다사이리조트는 모두 네 곳의 단지로 이뤄져 있다. 준공 연도, 시설 규모, 비품 수준 등이 단지별로 차이가 있고 황토방 등 특별한 시설도 있으므로 확인 후 선택하는 게 좋다. 기본적인 주방 시설이 갖춰져 있으나 바비큐는 공동 시설을 이용해야 한다.

자연이 만든 명품 쉼자리
변산 대명리조트

전북 부안군 변산면 변산해변로 51
1588-4888
www.daemyungresort.com/bs/

승용차 서해안고속도로 줄포TG 좌회전 → 주율로 → 줄포용서길 → 영전사거리 좌회전 → 마포삼거리 좌회전 → 대명리조트

대중교통 부안버스터미널 정류장 100번 → 격포터미널 정류장 하차

아쿠아풀, 아쿠아플레이, 파도풀, 슬라이드, 노천탕, 썬베드존, 오션카바나, 에어바운즈, 물축구장, 비치텐트, 사우나, 레스토랑, 노래방, 오락실, 당구장, 세그웨이, 실내야구타격장 등

회원 초청 기준 10만2000~46만2000원

채석강 위 닭이봉에 올라 격포해수욕장과 대명리조트를 훑어보면 서해안 리조트 가운데 접근하기 좋고 주변 경관 아름답기로 이만한 곳도 없다는 생각을 하게 된다. 채석강, 수성당 등 자연과 문화유산이 눈앞에 보이고, 몇 걸음 나오면 격포해수욕장과 넓은 갯벌이 등장하고, 격포항 등 해안 도시 특유의 살풍경을 즐길 수 있으며, 변산의 토속 음식을 먹을 수 있는 식당도 즐비한 데다 리조트가 직접 운영하는 아쿠아월드 등 엔터테인먼트 시설도 빵빵하니 더는 무엇을 바랄까. 거기에 바다를 볼 수 있는 고층에 머물 경우 여행의 만족도는 더욱 높아진다. 객실은 규모에 따라 가족호텔, 리조트, 노블리안으로 나뉘는데, 바다 방향은 역시 붐비는 편이다. 변산은 여행 범위가 넓은 편이고 리조트 직영 아쿠아월드 등 즐길거리도 많다. 그만큼 추가해야 할 비용도 만만치 않다. 리조트에서 운영하는 객실과 아쿠아월드 이용과 조식을 묶은 '아쿠아월드패키지', 마사지와 조식이 포함되는 '힐링패키지', 조식과 함께 낙조를 감상하며 식사를 즐길 수 있는 스카이노을세트가 포함되는 '선셋패키지'를 이용하면 살뜰한 격조를 누릴 수 있다.

통나무집이 이룬 숲 속 마을
대천 로글리통나무펜션리조트

📍 충남 보령시 해안로 705-44
📞 041-931-1503
　www.logly.kr

🚗 **승용차** 서해안고속도로 대천TG 왼쪽 방향 → 대해로 → 흑포삼거리 우측도로 → 대천항4길 우회전 → 리조트
　대중교통 보령종합터미널 근처 제일병원정류장 103번 버스 → 강당정류장 하차

🏖 카페, 라이브무대, 수영장, 스파, 찜질방, 마트

💰 전화 문의
　041-931-1503

사랑스러운 통나무 펜션이라는 뜻의 '로글리'. 대천항 북쪽, 바다가 바라보이는 소나무숲 언덕에 위치한 작은 마을이다. 하나의 건축물이 아닌, 독립된 통나무집들이 바다를 향해 납작이 앉아 있다. 이름은 리조트이지만 모습은 숲 속 마을 그대로다. 결정적 특징은 통나무집으로 이뤄진 독채 리조트라는 점. 객실 크기에 따라 콘도 스타일, 가족실, 단체룸, 그리고 아이들을 위한 배려가 돋보이는 키즈룸 등으로 나뉜다. 단체룸은 25명에서 30명까지 들어갈 수 있고 대형 거실에는 간단한 조명시설까지 있어서 MT나 세미나 여행에 적합하다. 외관뿐 아니라 실내 전체가 나무로 마감되어 있어 머무는 동안 심신이 맑게 씻기는 느낌이다. 침실에 들어가 누우면 경사진 천장 중간에 나 있는 창문으로 숲과 하늘이 보여 바닷가가 아닌 깊은 숲에 와 있는 느낌이다. 통나무 카페, 매일 공연이 열리는 라이브 무대, 숲에서 즐기는 옥외 수영장, 스파, 찜질방 등 친구나 가족끼리 즐길 수 있는 시설들도 인기다.

서해 리조트 10

고느넉한 바닷가 마을
태안 새섬리조트

- 충남 태안군 이원면 태포길 266
- 1588-4325
- 승용차 서해안고속도로 서산TG 왼쪽 방향 → 32번 국도 → 태안 → 평천IC 우회전 → 원북면 → 새섬리조트
  대중교통 태안시외버스터미널 '태안-원북' 농어촌버스 → 새섬리조트 정류장 하차
- 야외 수영장, 노래방, 세미나실, 편의점, 해양스포츠, 바비큐 시설, 식당
- 갯벌 체험, 스피드보트, 제트스키, 수상스키
- 정상가 8만~70만원

태안군의 최북단 반도로 서해를 향해 내달리는 이원반도 초입에 있는 그림 같은 리조트다. 리조트 건물은 동북쪽을 향하고 있어서 가로림만 건너편에서 떠오르는 일출을 볼 수 있고 산책로와 갯벌은 서북쪽을 향하고 있어서 석양이 내리면 하얀색 리조트 건물과 해안선, 그리고 바다 전체가 붉게 물드는 풍경 속에 잠길 수 있다. 서해안의 매력이자 단점은 마음 놓고 수영하기가 만만치 않다는 점. 새섬리조트는 그래서 매년 6월에 야외 수영장을 개장, 주말에만 운영한다. 수영복과 수영모 착용은 필수이고, 음식물 반입도 금지된다. 수건도 개인이 준비해야 한다. 수영장 외에 만조 때면 해양스포츠도 즐길 수 있다. 바비큐 도구가 각 동 바로 앞에 비치되어 있어서 누구나 편안히 식사를 즐길 수 있다. 예약 취소 조건이 비교적 까다로운 편이라 예약 시 각별한 신중함이 요구된다.

귀족 캠핑의 모범 답안
서산 라벤트리클램핑리조트

충남 서산시 대산읍 광암4길 115
1688-8614
www.raventree.co.kr

승용차 서해안고속도로 서산TG 왼쪽 방향 → 32번 국도 서산 방면 → 서산 시가지 → 29번 국도 대산 방면 → 대산교차로 웅도 방면 좌회전 → 서산 라벤트리 글램핑 리조트
대중교통 서산버스터미널 대산 지곡행 버스 → 오지2리 정류장 → 라벤트리 픽업 서비스

루프탑텐트, 거실, 주방, 냉장고, 인덕션레인지, 화로, 농구장, 잔디밭.

₩ 16만5000~19만8000원

'글램핑'이 '리조트'가 되느냐 '캠핑'이 되느냐의 기준은 시설과 간격이다. 시설이 아무리 좋아도 옆 텐트 이야기 소리가 들리면 허접한 캠핑이다. 간격이 멀어도 시설 수준이 비루하면 그 또한 캠핑만 못 하다. 바리바리 챙겨가야 하는지 맨몸으로 가도 되는지 또한 중요한 조건이다. 사용자가 지불하는 비용 가운데 도네이션 항목이 있느냐 없느냐도 따져 봐야 한다. 라벤트리는 5m가 넘는 간격, 글램핑 사이의 나무, 소리를 흡수하는 소재 등으로 독립적이다. 다락방 개념의 루프탑이 있는 고급 텐트에는 주방 도구 일체와 식탁, 테라스까지 설치되어 있다. 1층에서 식사하고 2층에 올라가 잠드는 구조다. 거기에 라벤트리의 격조를 담은 '프리미엄 바비큐'를 예약하면 국내산 고기, 새우, 수제소시지, 쌈, 양념, 김치 등 일체의 바비큐 재료를 제공받을 수 있다. 물론 개인적으로 준비해 가면 더 푸짐한 식탁을 즐길 수도 있다. 라벤트리 이용자가 지불하는 비용 가운데 일부가 '엔젤스헤이븐'에 기부되는 것 또한 라벤트리가 '글램핑리조트'로서의 조건을 충족하고 있다는 근거 중 하나라 할 수 있다.

서해 리조트 10

황금빛 석양에 심신이 물들다
증도 엘도라도리조트

📍 전남 신안군 증도면 지도증도리 1766-15
📞 061-260-3300
   www.eldoradoresort.co.kr

🚗 **승용차** 무안광주고속도로 북무안TG → 목동교차로 우측도로 → 수암교차로 좌회전 → 지도사거리 좌회전 → 지도대교 → 증도대교 → 엘도라도리조트
대중교통 지도터미널 정류장(서울에서만 직통) '지도-증도'버스 환승 → 우전정류장 하차 / 무안버스터미널 정류장 '무안-해제'버스 → 지도터미널 정류장 '지도터미널-증도'버스 환승 → 우전 정류장 하차

🏖 레스토랑, 클럽라운지, 해수온천사우나, 야외수영장, 키즈클럽, 해수테라피, 선셋요트크루즈, 노래방, 편의점

₩ 사이버회원 기준 12만7000~56만8000원(성수기 별도)

호남 지역 리조트를 석권한 환상의 리조트다. 석양이 질 때면 바다, 백사장, 건축물 모두가 황금빛으로 뒤덮여 이 리조트의 이름이 엘도라도가 된 연유를 알게 된다. 최고 수준의 규모와 시설을 갖춘 롱비치빌라, 선셋빌라, 스카이빌라 등 다섯 가지 타입이 있다. 침실 바로 앞 테라스에 설치된 월풀 욕조에서 떨어지는 태양을 바라보는 기분은 그 어떤 것에도 비교할 수 없다. 여름 시즌에는 담수 풀장을 운영, 즐거움을 더해준다. 비치프론트빌라에 조식, 선물 세트, 수제 초콜릿, 최고급 바스 타올과 아로마 캔들을 제공하는 '로맨틱 패키지', 해수 테라피, 오션 스파랜드 이용, 프라이빗 힐링 서비스에 조식까지 포함되는 '힐링 스파 패키지' 등 '가성비' 괜찮은 패키지 상품도 고려해볼 만하다. 예약은 인터넷과 전화로 할 수 있는데, 인터넷은 1박까지만 예약이 가능하고 그 이상 기간은 전화로 상담해야 한다.

Part 2
서해안 해변 여행

캠핑 해변
축제 해변
갯벌 해변
비밀 해변
해수욕 해변
바다갈라짐 해변
섬 해변
FOCUS 안면도 해변

캠핑 해변
01~12

01 　인천 동검도 동검리해변

02 　인천 용유도 왕산해수욕장

03 　인천 영흥도 내리해변

04 　서산 벌천포해수욕장

05 　서산 웅도 · 대로리해변

06 　태안 학암포해수욕장

07 　태안 구름포해변

08 　태안 파도리해변

09 　태안 몽산포해수욕장

10 　태안 청포대해수욕장

11 　태안 곰섬해변

12 　군산 새만금 야미도해변

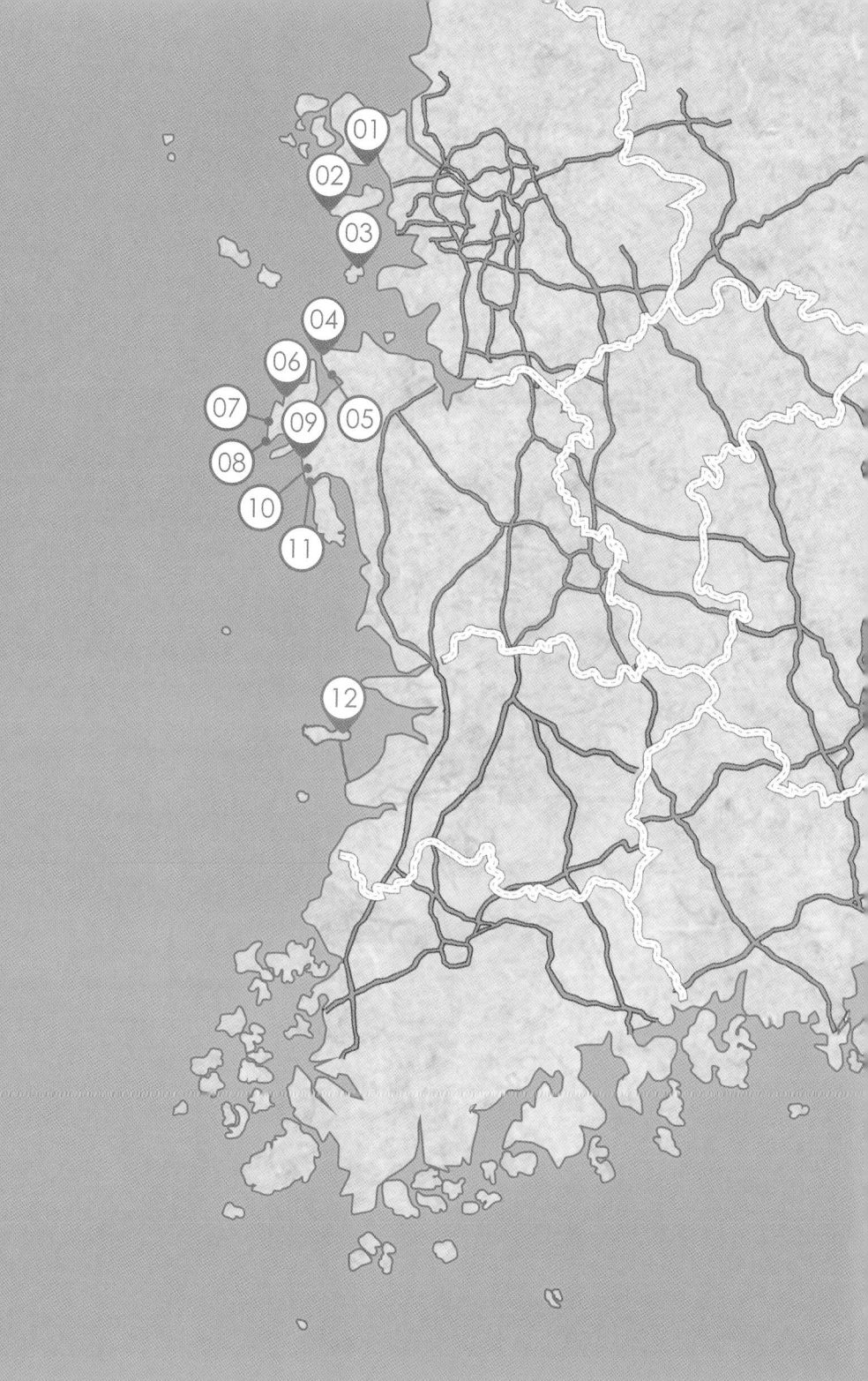

빛나는 바다, 청량한 솔숲
자연과 스킨십하다

캠핑의 매력은 자연과의 스킨십이다. 직접 텐트를 치고 부대 시설을 만들고 소나무와 흙의 느낌을 온몸으로 받으며 먹고 자고 노는 게 캠핑의 매력이다. 최근 이런 재미에 푹 빠진 이들이 하나둘 늘면서 각 지역 캠핑장은 넘쳐나는 '캠핑족'들로 연일 만원이다. 캠핑 인구가 늘면서 그 형태도 세분화되고, 캠핑 문화도 진화하고 있다.

그중 바닷가 옆 송림에 텐트를 치고 캠핑을 즐기는 '해변 캠핑'은 색다른 매력을 품고 있다. 빛나는 바다, 너른 갯벌, 소나무숲의 시원한 바람이 모두 내 것이 된다. 갯벌에 널려있는 조개, 논게 등을 잡아 된장 풀어 맑은 국을 만들거나 무침을 해 먹을 수도 있어서 캠핑 본연의 의미를 만끽할 수 있다. 오토캠핑이 대세라 자동차에 바리바리 싸 가면 집에 있는 것과 크게 다를 바도 없다.

유난족, 깔끔족, 명품족이라면 '해변 글램핑'이 있다. 텐트가 고급스럽고 단단하며 거실, 주방, 침실이 제대로 분리되어 편안하게 쉴 수 있어서 인기다. 잘 고른 글램핑 열 호텔 부럽지 않을 정도. 이런 다양화된 캠핑 문화를 흡수하는 대세 해변들이 바로 지금, 여기에 있다.

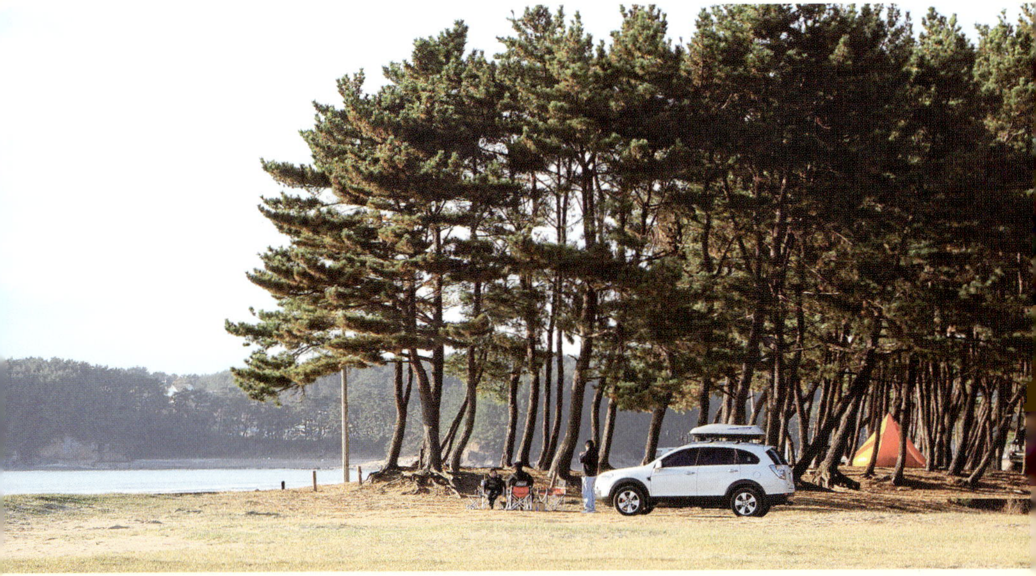

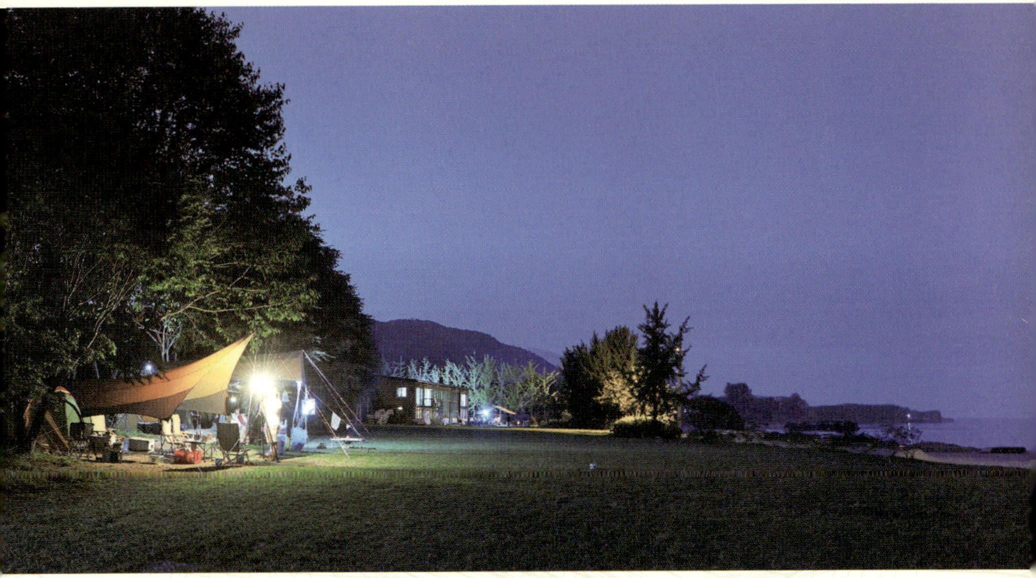

인천 동검도 동검리해변

Point 섬 안의 섬 / 캠핑장 / 낙조

한적함   만족도

캠핑장 너머 펼쳐지는 낙조 쇼

동검도는 강화도 최남단 섬이다. 섬에서 이어지는 작은 섬으로 들어가는 미묘함이 남다른 곳으로, 갯벌로 둘러싸여있는 지형과 아름다운 낙조, 조용한 시골 마을이 어우러져 여행자들의 마음을 차분하게 가라앉혀준다. 섬의 서쪽에 있는 스카이오토캠프장은 네 곳의 사이트 모두 바다를 조망할 수 있고, 넓은 잔디와, 조리대, 공동 주방, 원두막, 화장실 등을 갖추고 있다. 친구, 가족 단위로 찾아가 조용한 캠핑을 즐기기에 적당하다. 섬을 한 바퀴 도는 산책, 갯벌에서의 특별한 체험, 강화도에서는 흔한 해산물 요리 등이 동검리해변의 핵심 포인트다.

 인천시 강화군 길상면 동검길 159-25

 승용차 : 외곽순환도로 김포 IC → 48번 국도 장곡교차로 우회전 → 고창중학교 앞 → 대명초교사거리 왼쪽 도로 → 강화초지대교 → 초지대교 남단 좌회전 → 해안남로 → 삼거리 동검도 방향 → 동검리 입구 좌회전 → 동검도 삼거리 우회전 → 스카이오토캠프장

대중교통 : 강화터미널 정류장에서 51, 62, 63번 버스 → 동검리 종점에서 하차 후 도보

입이 떡 벌어지는 생선 천국

동검도 20분 거리에 대명포구(031-988-6394)가 있다. 강화 초지대교 아래에 위치한 대명포구는 강화 일대 최대의 포구로 하루 종일 들락거리는 고깃배에서 내린 해산물들이 넘치는 곳이다. 뚱보 아버지 뱃살만 한 광어, 여자 팔뚝 크기의 새우, 병어, 뱅댕이, 낙지 등 보기만 해도 입이 떡 벌어지는 생선 천국이다. 횟집도 즐비하고 가격도 그만그만해서 몇 사람이 십시일반으로 사먹기에 만만한 수준이다. 음주 이동의 부담이 없는 경우 회타운에서 신선한 부속 메뉴들과 함께 즐기면 좋고, 여의치 않을 경우 포장해서 조용한 동검도에서 끼리끼리 즐기는 것도 좋다.

숙박

스카이오토캠프장(동검바다오토캠핑장)
주소 인천시 강화군 길상면 동검길 159-25 문의 010-8877-7427, blog.naver.com/tank5599 요금 4만원(연박 1만원 할인)

그랑빌펜션
주소 인천시 강화군 길상면 동검길 154번길 6 문의 010-3316-5181, http://강화그랑빌펜션.com 요금 8만~30만원

씨앤갤러리
주소 인천시 강화군 길상면 동검길 65번길 174 문의 032-937-0416, www.sngpension.com 특징 갤러리 관람, 도예 체험 요금 8만~13만원

별헤는 집
주소 인천시 강화군 길상면 동검길 63번길 52 문의 010-5261-0746, www.starspot.co.kr 요금 13만~35만원

인천 용유도 왕산해수욕장

Point 해수욕 / 캠핑장 / 낙조

안락한 왕산가족오토캠핑장이 바로 옆!

인천공항에서 10분 거리에 있는 가까운 해변이다. 오토캠핑장, 리조트 등 편의 시설이 잘 되어 있어서 평소 많은 데이트족과 가족들이 찾는다. 서남쪽 마시안해변부터 서북쪽 끝 왕산해수욕장까지 이어지는 갯벌과 백사장, 소나무밭은 그 어떤 곳에서도 볼 수 있는 특별한 경관을 선사한다. 왕산가족오토캠핑장은 이 해안선 최북단이 위치한다. 캐러밴과 데크가 설치된 캠핑 사이트, 맨흙에 텐트를 설치할 수 있는 사이트 등 세 종류의 사이트를 개방하고 있다. 캠핑장이 우묵하게 들어가 있어서 안락한 느낌이다. 왕산해변의 왕산낙조도 놓치지 말아야 할 추억거리.

- 인천시 중구 을왕동 용유도 왕산해수욕장
- 왕산해수욕장 관리사무소 : 032-746-6321
- 승용차 : 인천공항고속도로, 인천대교고속도로 → 영종해안로 → 마시란로 → 선녀바위로 → 용유서로 → 왕산해수욕장
- 대중교통 : ① 인천공항철도 인천공항역 → 인천공항7A 버스정류장 302번 버스 → 왕산해수욕장 하차
  ② 동인천역 306번 버스 → 국립생물자원관 앞 정류장 302번 버스 환승 → 왕산해수욕장 하차

캠핑 해변

서해안 제철 먹거리 총집합

서해에서 먹을 수 있는 모든 제철 먹거리를 맛볼 수 있다. 조개구이, 칼국수, 꽃게탕, 주꾸미볶음 등이 대표적인 먹거리다. 해안선 바로 위에서 왕산해수욕장 입구까지 횟집들이 다닥다닥 붙어있다.

을왕어촌계(032-746-2769), 남도횟집(032-751-1254), 별채(032-752-9944) 등이 눈에 띈다.

 숙박

왕산가족오토캠핑장
주소 인천시 중구 용유서로 423번길 82
문의 1588-3266, themacamping.com
요금 데크 4만5000원, 맨땅 3만5000원, 캐러밴 10만~18만원, 글램핑 12만~16만원

바다소리펜션
주소 인천시 중구 용유서로 450번길 70
문의 010-9414-0051, www.bada-sori.net
특징 반려동물 입실 불가, 그릴, 족구장
요금 5만~33만원

푸른솔펜션
주소 인천시 중구 왕산로57번길 12-7
문의 032-764-2323, www.pups.co.kr
요금 9만~30만원, 성수기 전화 문의

왕산펜션
주소 인천시 중구 용유서로450번길 9
문의 032-746-3458, 010-8636-4260, www.wangsanri.co.kr
요금 8만~30만원 · 성수기 15만~35만원

인천 영흥도 내리해변

Point 캠핑장 / 수산물직판장 / 갯벌

한적함

만족도

소란스럽지 않은, 캠핑 본연의 즐거움

영흥도는 안산시에서 버스로 한 시간 이상을 달리고 또 달려야 들어갈 수 있는 섬이다. 그러나 일단 한 곳에 자리 잡으면 움직이기조차 싫을 정도로 마음의 평화를 주는 고요의 섬이기도 하다. 영흥도는 작은 섬의 규모에 비해 유독 캠핑장이 많다. 하와이언캠프, 영흥오토캠핑장, 그리미지오토캠핑장 등이 그것이다. 그 중 하와이언캠프는 영흥도 북단의 언덕 위에 위치한 전망 좋은 캠핑장이다. 앞으로 펼쳐진 전망은 방아머리, 인천항과 서해 군도를 운항하는 여객선들이 오가고, 시시때때로 하늘과 바다색이 달라져 깊은 상념에 빠질 수 있는 좋은 조건을 갖고 있다. '예약 방법과 규정 사항'을 읽어보면 '후덜덜' 떨릴 정도로 깐깐한 조항이 많지만, 그 조건을 맞춰 사용한 사람들의 만족도는 대단히 높은 것으로 소문이 나 있다. 소란스럽지 않은, 캠핑 본연의 즐거움을 누리고 싶은 사람에게 딱 맞는 곳이다.

 인천시 옹진군 영흥면 내리

 영흥면사무소 : 032-899-3407

 승용차 : 영동고속도로 월곶 JC → 정왕 IC → 시화방조제 → 선재대교 → 영흥대교 → 영흥고등학교 앞 → 하와이언캠프
대중교통 : 4호선·수인선 오이도역 정류장 790번 버스 → 영흥도버스터미널 → 마을버스 장흥리 하차 후 도보

온갖 해산물 집결했다

영흥도 여행에서 맨 먼저 가야 할 곳이 영흥수협수산물직판장(인천시 옹진군 영흥면 영흥로 109-12)이다. 이곳은 해산물 상가와 식당이 밀집해 있는 곳으로 매장에 가면 세상의 모든 해산물이 수족관 안에서 손님을 기다리고 있다. 광어, 장어, 게, 소라 등을 회 또는 구이용으로 사면 반찬과 함께 포장해 준다. 그대로 들고 가 저녁에 구워 먹으면 적당히 숙성된 해산물의 부드럽고 깊은 맛을 즐길 수 있다. 계절에 따른 제철 해산물의 종류를 알고 가면 더 간단히 선택할 수 있다. 봄에는 도다리, 주꾸미, 소라, 낙지, 광어가, 여름에는 광어, 장어, 노래미가 많다. 가을에는 전어, 대하, 낙지, 꽃게가, 겨울이면 조개, 농어, 아나고, 삼식이, 간재미, 굴이 제철이다. 이곳에서 판매하는 영흥도 특산물은 조개, 굴, 꽃게 등이다. 영흥대교 북단 끝 아래에 위치한다.

숙박

하와이언캠프
주소 인천시 옹진군 영흥면 내리 산1327
문의 010-9111-0750, blog.naver.com/hawaiian9111 **특징** 문자로만 예약 및 확정, 전화 예약·문의 받지 않음. 사이트에서 예약 방법과 규정사항을 정리한 '예약하시려면'을 꼼꼼히 읽어보고 결정. 팻티켓(반려동물 에티켓) 조건 반려동물 동행 가능(피해 시 퇴장 조치)
요금 3만원(전기료 포함), 토요일만 4만원

영흥오토캠핑장
주소 인천시 옹진군 영흥면 내리 산95-6
문의 010-6236-8664, blog.naver.com/wansoon48 **요금** 3만원

그리미지오토캠핑장
주소 인천시 옹진군 영흥면 내리 1188-68
문의 010-4644-0254, blog.naver.com/loveme0500 **요금** 3만5000원

서산 벌천포해수욕장

Point: 몽돌, 캠핑, 갯벌, 낚시

한적함 / 만족도

몽돌해변 옆 캐러밴&글램핑

벌천포해수욕장은 서산시와 태안군 사이로 쑥 들어온 가로림만 북쪽에 위치한다. 남쪽으로는 작은 숲이 낱알 같은 모양으로 앉아 있는데, 바다 쪽으로 노출된 바위 부분이 황금색으로 이뤄져 있고 해변 모래사장에 분포하는 작은 돌멩이들도 붉은빛을 띠고 있어 독특한 풍경을 자아낸다. 가벼운 해수욕이 가능하지만 모래와 자갈이 혼합되어 있어 맨발로 돌아다니기에는 다소 무리다. 벌천포오토캠핑장은 이 벌천포해수욕장을 바로 앞에서 조망하는 곳에 위치한다. 캐러밴과 글램핑을 즐길 수 있는 캠핑장으로, 캐러밴 안에 침대, 소파, 거실 세트, 주방, 샤워실, 화장실 등이 모두 갖춰져 있어 캠핑의 정서에 펜션의 편의성을 함께 즐길 수 있다. 캐러밴 한 대에 머물 수 있는 인원은 2인에서 6인. 캐러밴마

 충남 서산시 대산읍 오지리 벌천포해수욕장

 대산읍사무소 : 041-660-2601

 승용차 : 서해안고속도로 서산IC → 32번 국도 → 잠흥삼거리 우회전 → 명천교차로 좌회전 → 대산교차로 → 벌말 → 벌천포해수욕장

대중교통 : 서산공용버스터미널 정류장 230, 231번 버스 → 벌말 정류장 하차 후 도보

캠핑 해변

다 전용 야외 그릴을 설치할 수 있어서 맨몸으로 가도 캠핑과 바비큐를 즐길 수 있다. 몽골글램핑, 오션뷰글램핑, 솔섬글램핑 등 세 가지 스타일, 열 동의 글램핑도 탐나는 캠핑 시설이다. 사적 공간이 넉넉하고, 해 질 녘에는 아름다운 석양이, 어둠이 내리면 바다 건너 보이는 해안공업 지역의 밝은 조명등은 벌천포에서의 하루를 오랜 추억으로 남기기에 충분하다.

싸고 신선한 벌말포구 '횟감'

벌천포해수욕장을 가려면 꼭 벌말포구를 들러야 한다. 대중교통을 이용할 때에도 서산 공영버스터미널 정류장에서 출발한 벌천행 버스의 종점은 벌말이다. 이곳은 아담한 크기의 포구로 작은 상점과 식당 두어 곳이 있다. 포구 입구에는 낚시꾼이나 여행자들을 상대로 미끼와 '잡은 고기'를 판매하는 가게들이 몇 곳 있다. 주인장들은 직접 고기를 잡는 '어부'이기도 한데, 새벽에 나가 잡아온 고기를 부담 없는 가격에 '횟감'으로 판매하고 있어서 허탕 친 낚시꾼이나 저녁 먹거리로 고민하는 여행자들로부터 인기를 끌고 있다. 횟감으로 장만해 주는 경우 '회를 떠 알루미늄 도시락에 포장까지' 정도만 해 주므로 양념장, 채소 등은 별도로 준비해야 한다.

 숙박

벌천포오토캠핑장
주소 충남 서산시 대산읍 벌천포길 93-25
문의 010-8759-5807, www.beachcp.com
특징 객실 내 바다 조망, 캐러밴 숙박, 글램핑
요금 10만~28만원, 글램핑·캐러밴 15만~25만원

벌천포민박
주소 충남 서산시 대산읍 벌천포길 62-20
문의 041-669-5827, www.seosan.net/7bulchonpo **요금** 5만~30만원

가로림펜션
주소 충남 서산시 대산읍 벌천포길 32
문의 041-664-3940, www.041-664-3940.bestbz.com **요금** 전화 문의

주변 여행지

황금산
해발 130m, 산이라기보다는 언덕에 가까운 낮은 산으로, 해송, 야생화, 다람쥐까지 자연 그대로의 모습을 접할 수 있는 곳이다. 코끼리바위로 불리는 해안 절벽도 이곳을 대표한다. 높은 산은 아니지만 산책용으로 적당한 오솔길이 매우 아름답고 많이 알려지지 않아 한적한 것도 큰 장점이다. 등산 마니아에게 더 잘 알려진 명승지이기도 하다.
위치 충남 서산시 대산읍 독곶리
문의 대산읍사무소 041-660-2601

05

서산 웅도·대로리해변

| Point | 글램핑장
바다갈라짐
산책 |

 한적함
 만족도

한적한 바다, 은밀한 글램핑

서산의 최북쪽에 위치한 웅도는 육지와 약 700m 정도 떨어져 있다. 곰이 웅크리고 앉아 있는 모습 같다고 하여 웅도라는 이름이 붙여졌다. 웅도는 원래 바다갈라짐 섬이나 연륙교인 '유두교'가 생겨 조석과 관계없이 왕래할 수 있다. 그러나 연륙교 높이가 해수면과 거의 비슷해서 바다갈라짐의 느낌은 여전히 살아있다. 웅도는 그저 조용히 산책하면서 해산물을 즐기고 싶은 가족, 연인 여행지로는 권할 만하다. 머무는 방법은 두 가지가 있다. 섬 안에 있는 두 곳의 민박에서 숙박하거나 웅도에서 승용차로 10분 거리에 있는 대산읍 대로리 해변의 '라벤트리글램핑'을 이용하는 게 그것이다.

라벤트리글램핑은 누구나 어릴 적 꿈꿔보았을 '은밀한 나만의

 충남 서산시 대산읍 웅도

 대산읍사무소 : 041-681-8006

 승용차 : 서해안고속도로 서산IC → 32번 국도 → 성암대교 → 장흥삼거리 우회전 → 명천교차로 좌회전 → 지곡교차로 우회전 → 대산1교차로 좌회전 → 웅도분교장 간판 좌회전 → 웅도(바다갈라짐 시간표 www.khoa.go.kr)

대중교통 : 서산공용버스터미널 900번 버스 → 대산정류장 246번 환승 → 웅도리 정류장 하차 후 도보

공간'을 주제로 운영되는 고급 캠핑존으로 '집' 수준의 고급 텐트와 호텔 스타일의 침실, 주방, 데크 등의 시설을 갖추고 있다. 서산시 대산읍 갯벌 한 구석에 폭 박혀 있어서 캠핑장 앞 바다가 모두 나만의 정원 같고, 밤이면 우주선에 앉아있는 것과 같은 고립감을 즐길 수도 있다. 바캉스 시즌에는 바비큐 세트 재료를 '예약'을 통해 판매하거나 투숙객을 위한 특별한 프로그램을 운영기도 한다. 라벤트리글램핑은 서산 외에 가평 등에서도 만날 수 있다.

캠핑 즐기며 해산물 바비큐

인근 포구나 시장에서 싱싱한 해산물을 사다 간만에 요리 솜씨를 발휘해 보는 것도 즐거움. 서산시청 근처의 '동부종합시장'은 서울의 남대문시장 부럽지 않은 곳인데, 서해안 활어, 해산물, 서산 소고기 등 모든 식재를 이곳에서 구입할 수 있다. 시내까지 가는 게 부담스럽다면 웅도 초입의 '대산종합시장', 또는 대호방조제 남단에 있는 '대박수산시장'을 이용하면 된다. 웅도 안에도 포구는 있다. 배가 들어올 때 소소한 직거래를 요구할 수 있으나 꼭 성사되는 것은 아니다. 웅도에서 민박하는 경우 민박집 주인을 통하거나 아예 민박집에서 판매하는 낙지, 조개 등을 살 수도 있다.

숙박

라벤트리글램핑 서산
주소 충남 서산시 대산읍 광암4길 115
문의 1688-8614, www.raventree.co.kr
요금 16만5000~19만8000원(부가세 포함, 2박 이상 연박 시 5% 할인, 웅도 외부에 위치함)

웅도민박
주소 충남 서산시 대산읍 웅도리
문의 011-420-2744 요금 전화 문의

키토산민박
주소 충남 서산시 대산읍 웅도1길 148-17
문의 041-663-8916 요금 전화 문의

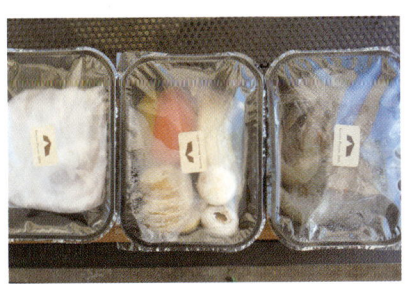

06

태안 학암포해수욕장

Point	캠핑
	갯벌 체험
	낚시

 한적함
 만족도

국립공원관리공단 캠핑장의 위엄

해안에서 물이 빠져나가면 드러나는 바위의 모습이 마치 학이 놀고 있는 것 같다 하여 '학암포'이다. 해변 규모가 큰 편이다. 모래밭이 1.6km에 달하고 커다란 학암포구와 연결되어 있어서 전체적으로 광활한 모습이다. 학암포의 또 하나의 장점은 국립공원관리공단에서 운영하는 학암포오토캠핑장. 96곳의 야영장과 4곳의 '캐러밴 영지'(개인 캠핑카 주차장)으로 운영되는 이곳은 예약만 성공하면 시설 좋은 캠핑장에서 안락한 휴가를 보낼 수 있다. 국립공원관리공단에서 운영하는 캠핑장은 운영 방식, 시설물 규모와 관리법 등이 뛰어나 많은 캠퍼들이 즐겨 찾는다. 예약은 오직 웹사이트에서만 가능하다. 사이트의 바닥 정돈이 잘 되어 있어서 구축이 쉽고, 건축 수준의 텐트 설치까지 하지 않아

 충남 태안군 원북면 옥파로 1152-37

 태안 해안관리사무소 : 041-672-9737

 승용차 : 서해안고속도로 서산IC → 32번 국도 → 평천교차로에서 우회전 → 반계교차로에서 좌회전 → 학암포해수욕장

대중교통 : 태안시외버스터미널 '태안-원북' 농어촌버스 승차 → 방갈2리 하차

도 불편하지 않게 잘 수 있다는 것도 장점이다. 또 캠핑장 가까이에 있는 자연관찰로는 이곳 캠핑장을 여행의 목적지로 삼아도 충분할 만큼 아름다운 길이다.

'한 인기' 하는 횟집 밀집

포구가 있는 바닷가답게 학암포에는 횟집이 많다. 회도 좋지만 횟집에서 파는 사이드 메뉴들도 먹을 만하다. '학암포바다회수산'(041-674-0232)의 '아나고 구이, 볶음, 탕' 삼종, 우럭을 산채로 넣어 끓여주는 '산우럭매운탕', 그리고 해산물 육수에 푹 끓여 먹는 '바지락 칼국수'가 인기다.

30년도 더 된 '선창횟집'(041-674-7041)에서 파는 갑오징어물회는 특히 한여름 여행자들의 속을 시원하게 만들어주는 탁월한 맛이다. 학암포오토캠핑장 초입에 있는 '미락가든'(041-674-5855) 역시 학암포의 오래된 식당 중 한 곳이다. 칼칼한 생선매운탕으로 '한 인기' 하는 집이다.

 숙박

학암포오토캠핑장
주소 충남 태안군 원북면 방갈리 옥파로 1152-37
문의 041-674-3224(예약 번호 아님, 예약은 인터넷), www.knps.or.kr
특징 국립공원 관리, 샤워장, 취사장, 화장실
요금 비수기 1만3000원, 성수기 1만6000원, 전기요금 4000원, 샤워요금 별도

센티마르펜션&글램핑
주소 충남 태안군 원북면 학암포길 47-6
문의 010-2888-7064, www.sentimare.co.kr
요금 펜션 8만~40만원, 글램핑 22만원(2인)

학암펜션
주소 충남 태안군 원북면 옥파로 1160-5
문의 041-674-7272, www.hakampension.com 요금 5만~28만원

TIP
국립공원야영장에도 '급'이 있다.

전국에 38곳의 국립공원야영장이 있다. 국립공원관리공단에서는 이 야영장을 〈특급·우수·보통·기본〉으로 나누어 관리하고 있다.
〈특급〉 중 풀옵션 야영장은 '덧돈재'(월악산), '덕유대'(덕유산), '남천'(소백산) 등 세 곳이고 자동차야영장은 '학암포'(학암포), '덕동'(지리산), '동학사'(계룡산), '내장'(내장산), '덕유대 자동차'(덕유산), '구룡'(치악산), '금대'(치악산), '삼기'(1백산), '천향사'(월출산) 등이 있다.
〈우수〉 중 자동차 야영장은 '내원'(산청 지리산), '뱀사골 자동차'(남원 지리산), '학동'(거제), '소금강'(강릉 소금강), '상의'(주왕산), '팔영산'(다도해), '덧돈재'(월악산), '송계'(월악산) 등이, 일반 야영장으로 '백무동'(지리산), '중산리'(산청 지리산), '소막골'(산청 지리산), '뱀사골 일반'(남원 지리산) 등이다.
〈보통〉은 자동차 야영장으로 '달궁'(남원 지리산), '설악동'(설악산)이, 일반 야영장으로 '백운동'(가야산), '덕유대 일반'(덕유산)', '덕주'(월악산), '용하'(월악산) 등이다. 〈기본〉은 야영장이 작고 화장실 등 최소의 시설만을 갖춘 곳으로 '염포'(고흥 다도해), '시목'(신안 다도해), '인수'(고양 북한산), '석굴'(도봉 북한산), '경포대'(월출산) 등이 있다.

태안 구름포해변

| Point | 캠핑장
낙조
산책 |

 한적함    만족도

이름도 매혹적인 '클라우드 비치'

이름이 유혹적인 해변이다. 실제로 가보면 역시 사람 홀릴 만한 풍경을 갖고 있다. 구름포는 태안군 북쪽 해안 의항리 꼭대기 지점에 있다. 위쪽으로는 가르미끝산이 방파제 역할을 하고 해안선 아래에도 능선이 있어서 안락한 느낌이다. 구름포로 들어가면 오토캠핑장이 먼저 눈에 띈다. 펜션과 방갈로도 준비되어 있다. 캠핑장을 지나면 소나무숲인데, 그 숲의 끝에 가르미끝산이 있다. 숲을 지나면 평화로운 바닷가가 나타나고 저 멀리 수평선이 한눈에 들어온다. 저녁 무렵이면 정면에서 떨어지는 낙조에 모두 할 말을 잊게 된다.

 충남 태안군 소원면 의항리

 태안군청 관광진흥과 : 041-670-2691

 승용차 : 서해안고속도로 서산IC → 32번 국도 → 송현삼거리에서 우회전 → 소근진로에서 구름포해변 방향으로 좌회전 → 구름포해변
대중교통 : 태안시외버스터미널 '태안-소원(의항)' 농어촌버스 → 의항해수욕장 하차 후 도보 30분

포구 감성 느끼며 투박한 한 끼

구름포해변과 가까운 곳에 '의항항'이 있다. 의항항은 평범한 어항이다. 관광지 주변 어항처럼 왁자지껄한 횟집도 서너 집밖에 안 되고 잠자리도 흔치 않다. 산책 삼아 걸어오거나 차를 몰고 단 2분 만에 도착해 포구의 감성을 물씬 느끼며 투박한 한 끼를 즐기기에 적당한 곳이다. 의항항 주민, 또는 이곳으로 낚시를 자주 오는 사람들에게 인기 있는 집으로 '항포구횟집'(041-675-7134)을 추천한다. 광어, 우럭, 농어, 노래미 등 우리나라 대표 선수 회들이 1kg 당 6만원 선이다. 밑반찬도 깔끔하다. 소박한 인심이 좋아 신두리나 만리포에서 찾아오는 사람들도 있다.

 숙박

구름포오토캠핑장 & 민박
주소 충남 태안군 소원면 구름포길 117
문의 010-8706-8884, cafe.daum.net/gurumpo 요금 전화 문의

젤코버글램핑 구름포
주소 충남 태안군 소원면 구름포길 120
문의 010-4719-0353 요금 전화 문의

구름포솔펜션
주소 충남 태안군 소원면 구름포길 116
문의 010-2712-8000, www.gurumpo.com
요금 5만~18만원

ⓒ 구름포오토캠핑장

ⓒ 젤코버글램핑

태안 파도리해변

Point 캠핑장
해옥전시장
자연산 회

한적함 만족도

파도 소리 예뻐서 파도리

'파도 소리가 예뻐서 파도리'란다. 이곳은 어은골해수욕장과 바다를 기준으로 볼 때는 거의 붙어있는 해변이다. 가운데 바다를 두고 양쪽에 해변이 있는 모습이다. 그러나 경계 지점에 동산 하나가 불쑥 올라와 있어서 길을 돌아 10분을 달려야 서로의 위치에 도착할 수 있다. 리아스식 해안선의 특징을 가장 잘 드러내고 있는 지점이다. 파도리해변은 붉은 규사토(작은 자갈)로 이루어진 1km의 해안선과 넘실대는 파도, 동산이 둘러싼 안정된 시설 등 편안한 마음으로 계절의 정취를 즐길 수 있는 예쁜 곳이다. 파도캠핑장은 이 경치 좋은 해변에 위치하고 있으며, A부터 D 구역까지 총 100개의 사이트를 구비하고 있다.

 충남 태안군 소원면 파도리
 태안 해안관리사무소 : 041-672-9737
 승용차 : 서해안고속도로 서산IC → 32번 국도 송원삼거리 좌회전 → 파도리해수욕장
대중교통 : 태안시외버스터미널 '태안-소원' 좌석, 농어촌버스 → 파도2리 정류장

캠핑 해변

통 크고, 손 크고, 맛도 좋은 횟집

'파도캠핑장'과는 또 다른, '파도리캠핑장'을 함께 운영하는 '바다횟집'(041-672-6824)은 한 번 맛을 본 사람이 꼭 다시 찾는 통 크고, 손 크고, 맛도 좋은 집이다. 어지간한 횟집에서는 돈 받고 파는 조개, 해삼, 굴 등을 기본 반찬으로 내놓는가 하면 회를 시키면 기준보다 푸짐하게, 그것도 큼직큼직하게 썰어준다. 더불어 자연산만 취급하는 것이 이 집의 결정적 특징이다. 입가심으로 칼국수를 주문해도 이걸 도대체 몇 사람이 먹으라고 주는 거야, 소리가 나올 정도로 많이 준다. 양으로만 승부를 거는 게 아니다. 음식 하나하나가 고유의 맛을 살리고 반찬과 오묘한 조화를 이뤄내고 있는 것도 신기하다. 포장도 가능하고 슈퍼마켓도 영업 중이라 부식 구매도 가능하다.

숙박

파도캠핑장
주소 충남 태안군 소원면 모항파도로 490-73
문의 010-8474-0033 요금 3만~3만5000원

파도리캠핑장 & 바다횟집 · 펜션
주소 충남 태안군 소원면 모항파도로 490-42
문의 010-3718-8914, www.padoricamping.com 요금 캠핑 3만~3만5000원

애견민박 멍집
주소 충남 태안군 소원면 파도길 71-7
문의 010-7228-8151, blog.naver.com/mungzip 특징 2인 2견, 3인(7세 이하 어린이도 포함)1견까지만 입실 요금 8만~15만원

주변 여행지

해옥전시장
마을 안에 있는 해옥전시장은 파도리 해변의 조약돌인 '해옥'을 공예가 안정웅 씨가 채집하고 만져보고 갈아보며 붙여본 끝에 '작품 활동'을 결심, 해옥과 삼라만상의 조합을 이룬 작품들을 전시해 놓은 곳이다. 작품의 핵심은 돌에 색을 넣는 일인데, 색깔을 입은 해옥이 액세서리가 되기도 하고 조명이 되기도 한다. 전시 작품과 더불어 판매하는 작품들도 있어서 파도리 여행길에서 꼭 들러볼 만한 곳이 되었다.
주소 충남 태안군 소원면 파도리 645
문의 041-672-9898

© 바다횟집

73

태안 몽산포해수욕장

Point
- 솔숲
- 캠핑장
- 해산물

 한적함  만족도

가도 가도 끝없는 '꿈길' 같은 해변

몽산포의 가장 아름다운 모습을 보려면 몽산포해수욕장으로 들어가지 말고 몽산포항 방파제로 가야 한다. 그곳에 서서 남쪽을 바라보면 몽산포, 달산포, 청포대 해수욕장들이 거의 일자로 이어져 있다. 하늘에서 내려다보면 부처님 귓바퀴처럼 생긴 이 길고 긴 해변의 전체 길이는 7km에 달한다. 끝에서 끝까지 걸어가면 두 시간이나 걸릴 정도다. 해수욕장 바로 뒤를 달리는 77번 국도 안면대로를 달리다 아무 정류장에서 내려 5분만 들어가면 해안선이 나온다. 모두 고운 모래와 갯벌이 함께 있는 꿈길 같은 곳이다.

그중 숙박, 식당, 야영 등 기반시설은 주로 몽산포해수욕장에 집중되어 있다. 긴 해안선과 갯벌, 그리고 백사장이 잘 보존되어 있는 데다 국내 최대 수준의 청정 송림 곳곳에 펜션, 캠핑장, 오토

 충남 태안군 남면 몽산포길 65-27

 태안 해안관리사무소 : 041-672-9737

 승용차 : 서해안고속도로 홍성IC → 서산방조제 → 원청사거리 우회전 → 몽산포해수욕장
대중교통 : 태안시외버스터미널 '태안-소원', '대안-송암반곡' 농어촌버스, '태안-안면' 좌석 버스 → 남면 소재지 정류장 하차

캠핑장 등 숙박 시설들도 잘 갖춰져 있다. 사계절 내내 여행자들의 발길이 이어지는 이유다.

몽산포오토캠핑장은 태안군 남면 신장리 마을번영회에서 직접 운영하는 캠핑장이다. 마을 이름을 걸고 운영하고 있어서 비교적 친절하고 시설도 쾌적한 편이다. 개수대, 샤워실, 화장실은 물론이고 주차장도 넓어서 여행자들의 편의를 돕는다. 바로 앞에 해수욕장이 있고 가까운 곳에 몽산포구가 있어서 싱싱한 해산물을 쉽게 공수할 수 있는 장점도 있다. 3km에 이르는 솔숲, 갯벌 체험 등 즐길거리도 풍성해 가족 캠퍼들로부터 큰 인기를 끌고 있다.

싸고 맛있는 '어부의 집' 즐비

몽산포항(충남 태안군 남면 몽대로 495)은 몽산포해수욕장에서 차를 움직여야 갈 수 있는 곳이지만 꼭 들러봐야 할 낭만의 항구다. 해안 바로 앞에 갯바위가 있고 널찍한 모래사장이 펼쳐졌는가 하면 바다 바로 앞에 소나무를 머리에 인 모습을 한 예쁜 섬도 있다. 무엇보다 먹거리가 풍성한데, 포구 앞 직판장에 가면 해산물을 싸게 판매하는 어부의 집이 즐비하다. 그중 복길호 4호(010-3936-6326)는 직접 잡은 신선한 해산물을 비교적 저렴하게 판매해 단골이 많다. 주꾸미, 활어회, 조개 등을 현장에서 맛보는 횟집으로는 몽산포횟집(041-672-2886), 먹거리수산식당(041-672-2462) 등도 괜찮다. 펜션 등 숙박 시설도 많아서 아예 이곳에 짐을 푸는 이들도 많다.

숙박

몽산포오토캠핑장
주소 충남 태안군 남면 몽산포길 65-27
문의 011-409-9600, www.몽산포오토캠핑장.com
요금 3만원, 텐트 자리, 전기 이용 선착순

코자니펜션
주소 충남 태안군 남면 몽산포길 67-73
문의 041-674-1553, www.kozanipension.com 요금 7만~30만원, 극성수기 전화 문의

파인우드비치
주소 충남 태안군 남면 몽산포길 63-76
문의 041-672-8856, www.pinewood.kr
요금 7만~20만원, 성수기 전화 문의

주변 여행지

그린리치팜(청산수목원)

몽산포에서 10분 거리에 있다. 연꽃 축제로 유명한 청산수목원은 수생식물을 전문으로 하는 수목원이다. 연꽃, 수련 200여 종, 수생식물 1000여 종, 나무와 야생화 300여 종 등 식물을 관찰할 수 있다. 국내외 연꽃을 볼 수 있는 예연원, 나와 가족, 친구, 이웃의 행복을 꿈꾸며 걷는 '만권의길', 고흐의 그림에 등장하는 랑그루아 다리를 재현한 '고흐브리지', 연 등 수경식물을 재료로 만든 식품과 작품을 감상하고 구입할 수 있는 '연꽃문화원' 등을 감상하노라면 저절로 마음이 차분해진다. 7~8월에만 개방하므로 전화 문의 후 찾아가야 안심.
주소 충남 태안군 남면 연꽃길 70 연꽃마을
문의 041-675-0656
개방 기간 매년 7월 초순부터 8월 말까지
입장료 7,000원

태안 청포대해수욕장

Point
- 캠핑장
- 낙조
- 갯벌·독살 체험

한적함 / 만족도

광활한 백사장과 해송의 향연

유난히 백사장의 폭이 넓어 광활한 모습을 하고 있다. 몽산포 – 달산포 – 청포대 뒤를 달리는 77번 국도와 가장 가까이 붙어 있어서일까? 펜션, 캠핑장, 문화 공간, 다양한 맛집들이 많이 있어서 주로 젊은 친구, 커플들의 방문이 잦은 편이다. 낙조가 아름다워 사진과 긴 산책을 목적으로 하는 여행자들도 많이 찾는다. 지속되는 것은 사람들 발자국뿐이 아니다. 태안해안국립공원 최북단 가로림만 변에서 시작된 해송의 행렬은 멈춤 줄 모르고 청포대를 지나 남으로 내려가고 있다. 청포대에는 청포대오토캠핑장, 청포아일랜드캠핑장, 별주부캠핑장 등 세 곳의 캠핑장이 구역을 나눠 문을 열고 있다. 모두 바다가 보이는 해송 아래에 위치하고 있어 바캉스 시즌에는 예약이 밀릴 정도다.

 충남 태안군 남면 원청리

 태안 해안관리사무소 : 041-672-9737

 승용차 : 서해안고속도로 홍성IC → 서산방조제 → 원청사거리 우회전 → 청포대해수욕장
대중교통 : 태안시외버스터미널 '태안–안면' 좌석, 농어촌버스 → 백합시험장 하차

젊은 가족 입맛 맞춘 메뉴 풍성

젊은 가족이 비교적 많이 찾고 캠핑족이 몰리는 청포대해수욕장은 고깃배 드나드는 포구도, 수십 년 전통의 유명 맛집도 없지만 한식부터 파스타에 이르기까지 다양한 메뉴를 취급하는 식당들이 골고루 있어서 '오늘은 뭘 먹지?' 하는 고민을 덜어준다.
한식당으로는 '맷골식당'(041-674-7474)이 있고, '더스트림오브메종'(041-675-1561), '보글리아'(070-4201-8484) 등 패밀리레스토랑, 파스타집도 있다. 음식점 가운데는 핫시즌에만 문을 여는 곳도 있으니 확인 후 찾는 게 좋다.

 숙박

별주부캠핑장
주소 충남 태안군 남면 청포대길 57-90
문의 010-8236-1104
요금 2만5000~3만원

청포아일랜드캠핑장
주소 충남 태안군 남면 청포대길 75-3
문의 010-4991-8245, www.cpisland.kr(여행 포털사이트로 캠핑장 전용 웹사이트는 아님. 메인 페이지에서 캠핑장 카테고리 선택)
요금 2만5000~3만원

팜비치펜션
주소 충남 태안군 남면 청포대길 57-34
문의 041-675-3444, www.pbpension.co.kr
요금 8만~48만원

썬셋리조트
주소 충남 태안군 남면 안면대로 1308
문의 041-675-6567, www.sspension.co.kr
부대시설 수영장, 농구장
요금 10만~40만원

게스트하우스 소소
주소 충남 태안군 남면 안면대로 1296-36
문의 010-2933-3442, www.sosohouse.co.kr
특징 독채 게스트하우스 요금 13만~30만원

게스트하우스 소소

주변 여행지

별주부마을
조선 시대 소설이나 판소리 〈별주부전〉의 배경으로 등장했던 마을이다. 배경의 근거는 주로 지명에 의한다. 판소리 〈별주부전〉에 나오는 '용새골', '묘샘', '노루미재' 등이 실제로 존재한다. 〈별주부전〉 발원지라는 장소를 활용하여 다양한 공연과 영농 및 어촌 체험은 물론 아름다운 해변에서 해수욕과 낚시까지 다양한 해양 레저를 경험할 수 있다. 갯벌 체험과 독살 체험 외에도 음력 대보름의 〈별주부전〉 용왕제 행사도 즐길 수 있으며, 독살문화관 전시도 볼 만하다.
주소 충남 태안군 남면 별주부길 102
문의 041-674-5206, byuljubu.invil.org

태안 곰섬해변

Point 캠핑장
갯바위낚시
태안해변길

 한적함  만족도

'오션뷰' 언덕에서 풍경화 같은 낙조

곰섬은 몽산포-달산포-청포대 해변의 맨 아래에 위치하는 언덕이다. 해안선은 300m 정도로 짧은 편이지만 백사장, 갯바위, 작은 포구까지 있는 매력적인 공간이다. 곰섬해변에 도착했을 때 해가 넘어가고 있었다. 갯벌 앞에서 보니 이곳은 갯벌보다 바위가 넓은 곳이었다. 카메라 파인더를 들여다보다 깜짝 놀랐다. 넘어가는 해가 하늘에 하나, 갯바위에 또 하나, 이렇게 두 개가 잡히는 것이다. 썰물 때 미처 빠져나가지 않고 움푹 파인 갯바위에 머문 바닷물에 또 하나의 석양이 뜬 것이다.

남쪽 백사장에는 가벼운 물놀이를 즐길 수 있는 공간이 있지만, 제대로 된 해수욕은 어려워 보인다. 해송 숲에는 야영장과 오토캠핑장이 마련되어 있다. 바다가 보이는 언덕의 솔숲 대부분이 캠핑

 충남 태안군 남면 신온리 905-2

 태안군청 041-670-2544

 승용차 : 서해안고속도로 서산IC → 32번 국도 → 남문IC 좌회전 → 안면대로 → 곰섬삼거리 우회전 → 곰섬해변
대중교통 : 태안시외버스터미널 '태안-곰섬' 농어촌버스(하루 5회 운행) → 종점

시설이라 캠퍼들의 독립적인 야영이 가능해 마니아들이 즐겨 찾고 있다. 100여 동의 텐트 설치가 가능한 언덕에서 바라보는 서해의 풍경이 예쁘고 특히 저녁 무렵 갯바위 너머로 떨어지는 낙조 풍경은 어디에서도 보기 힘든 풍경화를 연출한다. 5~12인이 이용 가능한 방갈로도 있어서 캠핑이 부담스러운 계절에도 편리하다. 매점, 샤워실, 개수대 등의 시설도 한곳에 모여 있어 이용하기 좋다.

주변 여행지

태안해변길 4코스
몽산포에서 드르니항까지 이어지는 태안 해변길 4코스는 곰섬을 지나간다. 몽산포 – 달산포 – 청포대 – 곰섬 – 송화염전 – 드르니항으로 이어지는 코스는 약 13km로 3시간 30분 정도면 걸을 수 있다.
위치 충남 태안군 남면
문의 태안해안국립공원 041-672-7267

 숙박

태안 곰섬오토캠핑장
주소 충남 태안군 남면 신온리 903-34
문의 010-3438-0909, www.gomsem.co.kr
특징 방갈로와 데크, 맨땅 사이트
요금 3만~8만원

곰섬파라다이스펜션
주소 충남 태안군 남면 곰섬로 574-22
문의 041-675-6741, www.gsparadise.com
특징 수영장, 바비큐 테라스, 갯벌 체험, 바다낚시 **요금** 10만~52만원

곰섬올레펜션
주소 충남 태안군 남면 곰섬로 522
문의 010-3828-6379, www.gomseom-olle.co.kr **특징** 수영장, 바비큐 테라스, 갯벌 체험, 바다낚시 **요금** 7만~20만원

소나무펜션
주소 충남 태안군 남면 곰섬로 471-4
문의 010-9208-8502, www.pensionpine.com **요금** 8만~24만원

군산 새만금 야미도해변

| Point | 캠핑장
자전거
레포츠
드라이브 |

한적함 / 만족도

장비 없이도 즐기는 캠핑 & 레저

원래 고군산군도의 막내 섬 쯤 되었던 새만금 야미도는 방조제 건설 이후 군산과 부안을 연결하는 여행의 중심지가 되어 버렸다. 직선 방조제를 달리는 드라이브의 즐거움, 뜨문뜨문 있는 휴게소에서 바라보는 서해와 갑문을 통과하는 바닷물의 웅장한 흐름을 보는 것도 새만금 여행의 즐거움 가운데 하나다. 새만금은 또한 바다낚시, 자전거, 모터패러글라이딩 등 체험을 해도 재미있고 구경거리로도 손색없는 레저를 즐길 기회가 많은 곳이다.

캠핑홀리데이는 캠핑 전문기업인 혜초여행사에서 운영하는 캠핑장이다. 결정적 특징은 이곳이 캠핑의 슈퍼마켓이라는 점. 아무것도 챙겨가지 않아도 텐트부터 침낭, 주방세트, 테이블세트, 렌턴 등 캠핑과 캠핑 장비의 모든 것을 해결할 수 있다.

 전북 군산시 옥도면 새만금로 1844

 군산시 관광진흥과 : 063-454-3337

 승용차 : 서해안고속도로 군산IC → 구암로 → 해망로 → 엑스포사거리 → 새만금방조제 → 야미도 → 캠핑홀리데이
대중교통 : 군산고속버스터미널 21, 22, 23, 41, 42, 44번 버스 → 군산대정문 정류장 99번 버스 환승 → 야미도 정류장 하차 → 도보

왁자지껄 포구에서 횟거리 쇼핑

캠핑장이 있는 야미도는 아담한 크기의 야미포구(전북 군산시 옥도면 야미3길 33)가 있어서 여행자들의 눈길을 끈다. 포구 근처에는 고깃배에서 내린 해산물을 파는 어물전과 횟집들이 즐비하다. 농어, 우럭, 광어, 참돔, 감성돔, 주꾸미, 해삼, 간재미, 갑오징어, 전어 등 서해안에서 잡은 자연산이나 양식 생선을 적당한 가격에 구입할 수 있다. 포구가 주는 왁자지껄한 분위기도 여행자에게는 즐거운 풍경 가운데 하나. 달랑 횟거리만 사고 돌아갈 게 아니라 포구 곳곳을 구경하며 사람 냄새 맡아보는 것도 좋다. 캠핑홀리데이 입구 사거리 건너편에 위치한다.

 숙박

캠핑홀리데이
주소 전북 군산시 옥도면 새만금로 1844
문의 1600-3183, www.campingholiday.kr
요금 1만7000~4만원, 장비 대여 가능, 전화문의

아리울펜션
주소 전북 군산시 옥도면 야미도4길 38-8
문의 070-8841-4407, www.ariulps.co.kr
요금 6만~20만원

축제 해변
13~19

13 인천 무의도 하나개해수욕장

14 당진 왜목마을

15 태안 마검포해변

16 보령 대천해수욕장

17 서천 마량포

18 영광 법성포

19 목포 삼학도

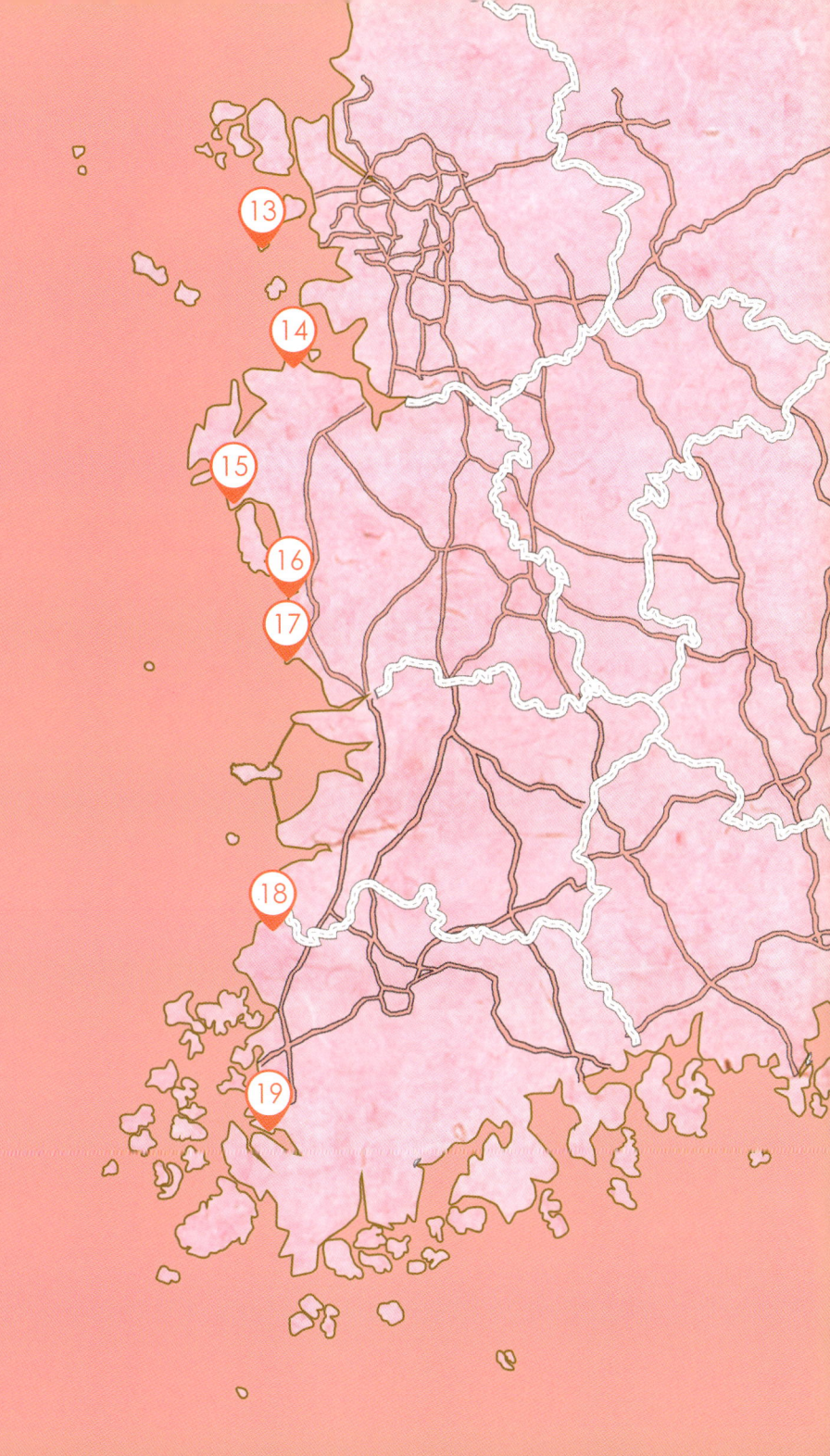

무료한 건 딱 질색!
화끈한 축제의 바다

놀고 먹고, 놀고 먹고, 또 뭐하지? 어디 가도 가만 있지 못하는 여행자들을 위한 서해안 축제가 일 년 내내 여기저기에서 벌어진다. 정신줄 놓아버리게 하는 화끈한 대형 축제, 한 가지 주제만 집중적으로 파는 몰입 축제, 자연을 만지고 먹을 수 있는 체험 '먹방' 축제, 평생 잊을 수 없을 지역 전통 축제 등 종류도 많고 방식도 가지가지다. '춤'을 주제로 하는 '무의춤축제', 일몰과 일출을 모두 즐기는 '해넘이·해돋이 축제', 화끈하고 섹시하게 전신 머드팩을 즐기는 '보령머드축제', 먹을 게 넘치는 해안의 '주꾸미축제', '대하축제' 등 축제 참여가 여행의 목적이 되는 일도 많다. 무엇보다 이 축제들은 해변을 무대로 펼쳐지기에 더 반짝인다.

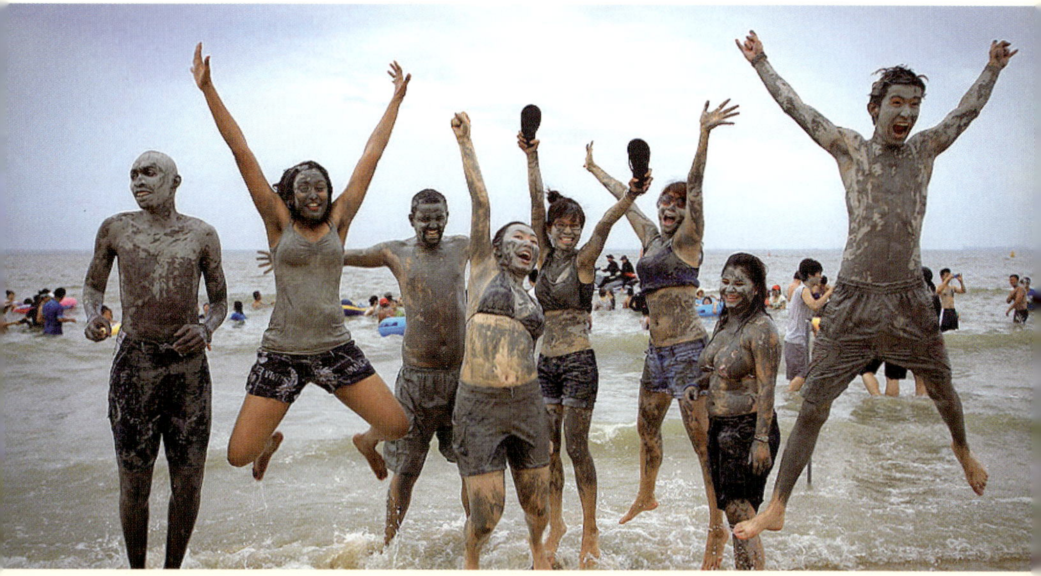

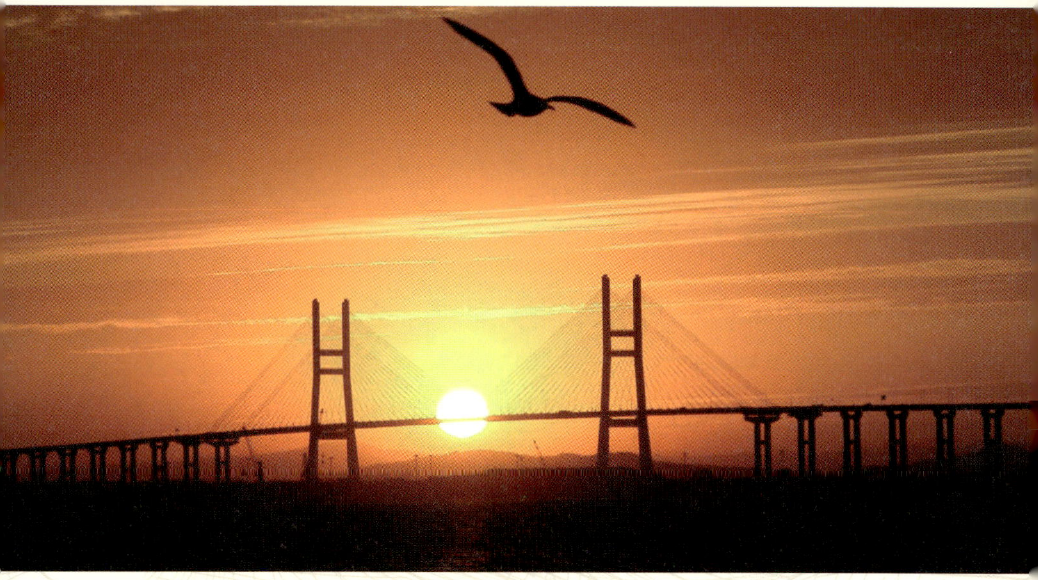

인천 무의도 하나개해수욕장

Point 춤축제 / 짚라인 / 갯벌 체험 / 캠핑

한적함 / 만족도

갯벌과 축제, 레포츠를 모두 누려라

하나개해수욕장은 등산, 갯벌, 바다낚시, 해산물 등을 모두 즐길 수 있어 꾸준한 인기를 누리는 곳이다. 밀가루처럼 입자가 고운 백사장과 광활한 갯벌을 만날 수 있으며, 갯벌을 조금만 파 내려가도 흰 속살의 동죽조개, 바지락 등이 지천이라 갯벌 체험지로도 그만이다. 800m에 이르는 긴 해변에는 백사장과 펜션부터 캠핑장 등 여행 인프라가 갖춰져 있어 여행자의 편의를 돕는다. '오수정' 등 영화 촬영을 위해 건축한 별장 주택은 개선 작업을 통해 지금도 펜션으로 사용 중이다. 최근에는 하늘을 달리는 '씨스카이월드'를 개장, 더 많은 젊은 데이트족들이 몰려들고 있다.

7월 말에서 8월 초순에 하나개해수욕장에서 열리는 무의도춤축제는 여름 바다를 배경으로 펼쳐지는 열정적인 춤 축제. 가면

 인천시 중구 하나개로 150 하나개해수욕장

 하나개해수욕장 : 032-751-8833

 승용차 : 인천공항고속도로, 인천대교 고속도로 → 영종해안남로 → 잠진도 선착장 → 선박 → 큰무리 선착장 → 하나개해수욕장
대중교통 : 인천공항 3층 5번 정류장 222번 버스 → 잠진도 선착장 하차 → 여객선 → 큰무리 천착장 → 마을버스 이용

>> **입장료** : 어른 2000원 / 어린이 1000원

축제 해변

무도회, 정열의 살사, 라틴댄스, 바차타, 나나니춤, 밸리댄스, 오페라의 유령, 탱고, 비엔나 왈츠 등 보기만 해도 심신이 뜨거워지는 정열의 춤사위와 초대 가수들의 열정적인 무대가 펼쳐진다.

철마다 풍성한 해산물

하나개해수욕장에는 식당이 여덟 곳만 존재한다. 슈퍼마켓도 하나뿐이다. 마을에서 운영하는 해수욕장이라 식당과 숙박 등 시설 모두를 함께 다듬고 운영하는 것이다. 식당 위치도 해수욕장 초입 왼쪽에만 몰려 있어서 일단 백사장에 나가면 걸리적거리는 게 없어서 좋다. 식당 메뉴는 집집이 조금씩 차이는 있으나 바지락, 굴, 새조개, 꽃게와 도다리 등 제철 생선을 재료로 하는 음식을 맛볼 수 있다.

 숙박

하나개유원지 직영 숙박
(방갈로 · 펜션 · 산장 · 야영장)

주소 인천시 중구 하나개로 150(무의동) 문의 032-751-8833, 032-751-8866, www.hanagae.co.kr 요금 부속동 펜션형 15만~25만원, 산장 펜션형 25만~40만원, 해변 방갈로 5만원, 일반 방갈로 7만원, 야영장 텐트 1동 5000원(1박 1만원 별도)

즐길거리

무의도춤축제
주소 인천시 중구 하나개로 150 하나개해수욕장
문의 인천시 중구 문화예술과 032-760-6440
기간 7~8월
행사내용 가면무도회(일반인도 참여하는 가면 무도회), 셋째공주선발대회(무의도 설화에 등장하는 춤 왕국의 셋째딸 찾기 페스티벌, 미인대회가 아닌 춤 인재 선발 목적), 춤과 음악 공연(초대 안무가들의 춤사위 공연)

ⓒ 인천 중구청

씨스카이월드
높이 25m의 철탑에서 출발, 413m의 거리를 평균 속도 시속 40~60km 속도로 날아 착륙하는 아찔한 익스트림 레포츠다. 오른쪽으로는 호룡곡산의 깊은 숲이, 아래로는 넓은 백사장과 갯벌이, 왼쪽으로는 반짝이는 바다가 펼쳐진다.
주소 인천시 중구 하나개로 150 하나개해수욕장
문의 032-746-6886
요금 어른 1만5000원, 어린이 1만3000원
운영 시간 08:00~일몰

ⓒ 씨스카이월드

당진 왜목마을

Point: 일출 · 일몰 / 실치 · 국밥

일출 · 일몰을 한곳에서

왜목마을은 해안선이 삐죽이 튀어나온 '곶' 지형 덕에 일몰과 일출 장면을 한 장소에서 볼 수 있는 곳이다. 동해 일출이 장엄하고 화려한 멋이 있다면, 소박한 어촌, 외로운 사장교를 배경으로 한 서해 왜목마을의 일출은 소박하면서 서정적인 맛이 있다. 축제는 오후 5시, 해 질 녘에 시작되어 다음날 일출 때까지 이어진다. 축제 시간이 12시간 정도 이어지므로 숙소 확보를 서두르는 게 좋다. 반면에 이 둘을 모두 보기 위해 '잘 이유가 없다'며 식당이나 카페 등에서 추위를 피하며 무박이일 여정을 고수하는 이들도 꽤 많다. 왜목마을 여행은 해돋이뿐이 아니다. 상록수의 작가 심훈의 '필경사'과 '심훈기념관', '석문방조제', '난지도', '도비도' 등 30분 거리 안에 있는 여행 포인트들이 수두룩하다. 당진시에서는 해맞이축제 외에 음력 1월에는 고대리에서 안섬풍어제를, 7, 8월 왜목마을에서 해와 달의 만남 축제 등을 열고 있다.

 충남 당진시 석문면 왜목길 26
 당진시청 : 041-350-3114
 승용차 : 서해안고속도로 송악 IC → 북부산업로 → 가곡교차로 우회전 → 석문방조제 → 석문해안로 → 왜목마을
대중교통 : 당진버스터미널 100 · 102 · 104 버스 승차 → 왜목마을 입구 정류장 하차

왜목의 맛, 실치와 굴밥

해맞이 포인트인 백사장 앞에는 횟집 등 각종 식당들이 즐비하다. 가벼운 식사로는 역시 서해안 특유의 바지락칼국수, 회덮밥 등이 무난하고 당진 앞바다에서 많이 잡히는 간재미, 실치회, 실치무침, 박속낙지탕 등도 빼놓을 수 없는 왜목마을의 맛이다. 왜목마을 초입 '민영이네(041-352-7882)는 실치 맛집으로 유명하고 장고항에서 왜목마을로 향하는 해안도로에 있는 '간재미회국수'(041-352-8615)는 7000원짜리 간재미국수와 6000원짜리 들깨수제비로 많은 단골을 확보하고 있는 집이다. 얼큰낙지수제비탕은 겨울철에 특히 인기 있는 메뉴다. 겨울철이 제격인 굴밥은 왜목항 '섬마을수산'(041-357-3694) 등 해안 횟집에서 판매하는데, 계절 음식이라 확인이 필요하다.

 숙박

하늘빛바다
주소 충남 당진시 석문면 석문해안로 19-26
문의 041-353-7667, www.waemoksky.co.kr
요금 6만~30만원

메종 드 라메르
주소 충남 당진시 석문면 석문해안로 19-6
문의 041-354-1711, www.golamer.co.kr
요금 6만~25만원

즐길거리

왜목마을 해넘이 · 해맞이 축제
주소 충남 당진시 석문면 왜목길 26
문의 석문면개발위원회 041-354-3330
기간 12월 31일~1월 1일
행사 내용
12월 31일 오후 : 풍물놀이, 콘서트
12월 31일 자정 : 북소리 공연, 새해맞이 카운트다운, 불꽃놀이
1월 1일 새벽 : 조용한 해맞이

TIP
왜목마을 일출 · 일몰 시각(매일 다름)

01월	일출 07:38~07:47 일몰 17:28~17:57	05월	일출 05:17~05:40 일몰 19:23~19:47	09월	일출 06:05~06:29 일몰 18:19~19:03
02월	일출 07:06~07:37 일몰 17:59~18:28	06월	일출 05:15~05:18 일몰 19:48~19:57	10월	일출 06:29~06:57 일몰 17:38~18:18
03월	일출 06:22~07:05 일몰 18:28~18:56	07월	일출 05:19~05:39 일몰 19:42~19:57	11월	일출 06:58~07:27 일몰 17:18~17:37
04월	일출 05:42~06:20 일몰 18:56~19:22	08월	일출 05:40~06:04 일몰 19:04~19:41	12월	일출 07:28~07:47 일몰 17:18~17:28

※ 12월 31일 일몰 17:28 ※ 1월 1일 일출 07:47

태안 마검포해변

Point
꽃·빛축제
캠핑장
낚시
물회

한적함 / 만족도

바다에 꽃과 빛이 강림하다

마검포해변은 태안군 바닷길에서 비교적 오지에 속한다. 한때 아무도 없는 해안선으로 낭만주의자들의 발길이 이어지곤 했었는데 최근에는 상황이 달라졌다. 조용한 바다를 원하는 캠핑족들이 몰려들면서 예전의 고요함이 덜해졌다. 여기에 마검포 초입에 대형 식물원인 네이처월드가 생기면서 '꽃 축제' 시즌이 되면 사람들의 발길로 인산인해를 이룰 정도. 공식적인 태안꽃축제는 1년에 한 번 열린다. 4~5월에 튤립을 주제로 한 축제가 그것이다. 축제는 요란한 행사 없이 오로지 참가자들의 산책과 탄성, 그리고 관찰로 이어지는 조용한 모습으로 진행된다. 네이처월드에서는 또한 일 년 내내 '빛축제'가 열린다. 일몰 후 점등해서 밤 11시까지 진행되는데, 낮에 해안을 즐긴 여행자가 저녁 무렵 2만구의 작은 전구들이 빚어내는 환상적인 빛의 향연 속으로 들어가면, 하루가 백 시간은 된 것 같은 긴 추억을 간직하게 될 것이다.

 충남 태안군 남면 신온리 마검포해변

 마검포해변 : 041-670-2254

 승용차 : 서해안고속도로 서산IC → 32번 국도 → 남문IC 좌회전 → 안면대로 → 원청사거리 1시 방향 → 네이처월드 → 마검포해변
대중교통 : 태안시외버스터미널 '태안-안면' 좌석버스, '농어촌버스' → 신온리 하차

 마검포구, 오토캠핑장

 행글라이더, 경비행기, 바다낚시, 솔숲길

마검포항 별미, 갑오징어물회

해안선을 끼고 있는 신온리는 마검포항, 드르니항 등 소박한 포구에서 서해 특유의 해산물을 즐길 수 있다. 특히 마검포항은 실치회와 갑오징어물회가 유명한데, 바다횟집(041-674-6563)과 선창횟집(041-674-6270)에서 맛볼 만하다. 이밖에도 사시사철 대하, 꽃게, 주꾸미, 게국지 등을 볼 수 있으며 간간이 보이는 한식집들도 정갈하고 맛있다. 안면도에 비해 포구들이 비교적 조용한 편이어서 서해의 정취를 느끼며 맛있는 시간을 즐길 수 있다.

숙박

린더버그펜션
주소 충남 태안군 남면 마검포길 313-40 문의 041-674-1496, www.linder.co.kr 특징 무한리필 바비큐(2인 3만원) 요금 10만~27만원

로하스펜션
주소 충남 태안군 남면 마검포길 313-18 문의 010-5659-0815, www.lohaspension.com 특징 수영장·스파, 조식 제공 요금 9만~32만원

엘마르펜션
주소 충남 태안군 남면 마검포길 313-42 문의 041-675-2881, www.el-mar.co.kr 요금 10만~27만원

린더버그펜션

즐길거리 & 주변 여행지

태안꽃&빛축제

빛축제
장소 네이처월드 기간 연중
개장시간 19:00~23:00(입장 마감 22:00)
입장료 어른 9000원, 청소년 6000원

꽃축제
장소 네이처월드 기간 4~5월
개장시간 09:00~23:00(입장 마감 22:00)
입장료 어른 9000원, 청소년 6000원

※ 문의 네이처영농조합 041-675-9200. 꽃축제 이외의 기간에는 네이처월드 입장 불가, 빛축제 개방 시간에만 출입 가능.

안면도 쥬라기공원

즐거운 여행길에 만나는 또 하나의 '깜놀' 거리다. 안면도 쥬라기공원은 공룡을 주제로 하는 박물관이다. 미국에서 발견된 진품 아파토사우루스 골격, 아르헨티나의 글렌 로커 박사가 세계 최초로 발견한 티라노사우루스의 알, 그리고 영국 켄달마틴 박사가 발견한 진품 스피노사우르스 골격 등 국내에서는 한 번도 선보인 적 없는 '레알' 공룡을 만날 수 있다. 전문 해설사와 함께하는 박물관 투어 프로그램도 운영 중이다.

ⓒ 안면도쥬라기공원

주소 충남 태안군 남면 곰섬로 37-20 문의 041-674-5660~1, www.anmyondojurassic.com
입장료 성인 1만원, 청소년 8000원, 어린이(만 3세~7세) 4000원

보령 대천해수욕장

Point
- 머드축제
- 해양스포츠
- 유람선
- 짚트랙

한적함

만족도

바다 여행 종합선물세트

대천해수욕장에는 세 가지 보물이 있다. 첫째 자연이다. 길이 3.5km에 폭이 100m나 되는 해변은 바다, 갯벌, 백사장이 어우러진 자연 복합체다. 백사장 옆의 넓은 소나무숲은 굳이 바다에 들어가지 않아도 시원한 청량감을 주는 그늘을 제공한다. 두 번째 보물은 진흙이다. 대천해수욕장은 1년 방문객이 천만 명을 넘나드는 규모를 자랑하는데, 가장 많은 사람들이 몰릴 때가 바로 머드축제가 열리는 여름철이다. 진흙에서 뒹굴며 잊었던 동심을 소환하기도 하고 건강하고 아름다운 피부를 위한 화장품, 바디케어 프로그램도 해수욕장 안에서 체험할 수 있다. 세 번째 보물은 연계 여행의 천국이라는 점이다. 바다갈라짐 무창포해변, 석탄박물관, 냉풍욕장 등 해수욕장에서 조금만 움직이면 신기한 여행 시설을 만날 수 있고 대천항에서 출발하는 배편을 이용하면 원산도, 삽시도, 호도, 다보도 등 30~40분이면 도착할 수 있는 한적한 섬 여행도 가능하다.

 충남 보령시 머드로 123

 대천해수욕장 : 041-933-7051

 승용차 : 서해안고속도로 대천IC → 대천해수욕장
대중교통 : 보령종합터미널 100번, 101번, 103번 → 해변중앙로정류장, 머드광장 정류장 하차

살집 두툼한 배오징어 별미

대천항은 서해 최대의 어항 가운데 한 곳이다. 어항과 여객선항이 함께 자리하고 있어서 언제나 많은 사람들이 북적이고 있다. 대천항 옆 수산시장은 서울의 노량진 수산시장이나 부산 자갈치시장처럼 건물 안에 활어 가게들이 줄줄이 있는 전문 시장이다. 사철 주꾸미, 광어, 꽃게, 도미 등이 올라온다. 대천항의 별미는 배오징어. 배오징어란 바다에서 잡은 오징어를 육지에서 말리지 않고 배에서 직접 말린 것을 말하는데, 해풍 한가운데에서 거칠게 말려 살집이 두툼하고 바다 냄새가 더욱 진한 게 특징이다.

 숙박

한화리조트 대천파로스
주소 충남 보령시 해수욕장3길 11-10
문의 041-931-5500, www.hanwharesort.co.kr
요금 '회원 대여' 정상가 9만3000~28만6000원

JFK대천워터파크호텔
주소 충남 보령시 대해로 876 문의 041-930-2000, club-master.co.kr 요금 19만8000~35만2000원. 성수기 전화 문의

환상의바다 리조트
주소 충남 보령시 대천항1길 67-3
문의 041-931-1111, www.oceanoffantasy.com
요금 3만~60만원

즐길거리

보령머드축제

서해안의 특징을 가장 잘 살린 축제로 이미 세계적으로 유명해졌다. 영어, 일본어, 중국어 통역 시스템을 가동, 외국인 참여율이 점점 높아지는 것도 특징이다. 축제를 제대로 즐기려면 복장에 유의해야 한다. 진흙에서 뛰고 뒹굴고 미끄러지다 보면 자칫 못 볼 꼴을 보여주는 참극이 벌어질 수도 있기 때문이다.

기간 7월 중
내용 머드탕, 머드사우나, 머드마사지, 머드팩, 머드커플슬라이드, 대형머드탕, 갯벌장애물마라톤대회, 머드해변풋살대회, 머드축제사진전, 캐릭터상품전, 머드화장품전 등
문의 보령머드축제조직위원회 1899-8225, www.mudfestival.or.kr

짚트랙

'짚트랙'은 고공 와이어를 따라 비행하는 신종 레포츠. 보통은 산악 지형의 경사도 차이를 이용해 짚트랙을 설치하는데, 대천 해수욕장의 짚트랙은 높이 52m의 대천타워에서 지면까지 길이 613m의 와이어를 연결해 만들었다. 덕분에 시속 80km/h로 바다 위를 비행하는 짜릿한 체험이 가능하다.

문의 041-934-3003, ziptrek.co.kr

서천 마량포

Point
일출 · 일몰
동백숲
주꾸미 · 광어

철마다 축제의 향연

서천군 마량리를 하늘에서 내려다보면 생긴 게 꼭 해마 같다. 불쑥 튀어나온 특이한 지형 덕분에 마량 일대는 석양을 본 지 약 10시간 만에 같은 장소에서 일출을 볼 수 있는 명소가 되었다. 이런 장점을 살려 마량포에서는 매년 12월 31일과 1월 1일에 해넘이와 해돋이를 동시에 즐기는 축제를 연다. 행사는 풍물패가 주도하는 길놀이에서 시작되어 난타, 풍등 날리기, 달집 태우기, 신년 카운트다운, 새희망 불꽃쇼, 떡국 나눠 먹기, 영화와 음악 감상, 시낭독으로 이어지며 1월 1일 일출 시각인 약 7시 40분부터 8시까지 소망 기원 풍선 날리기, 대북 공연으로 1박 2일의 대미를 장식한다. 5월 중에는 이곳에서 자연산광어·도미축제도 펼쳐진다. 5월 하순 서천 앞바다는 자연산 광어와 도미 잡이가 한창이다. 운

 충남 서천군 서면 마량리 마량포구
 서천군청 : 041-952-9525
 승용차 : 서해안고속도로 춘장대 I.C → 마량포
대중교통 : 서천터미널에서 '서천-동백' 버스 → 마량리 정류장 → 마량포

축제 해변

송 과정에서 신선도가 떨어지는 자연산 광어를 산지에서 직접 맛볼 수 있다는 것만으로 미식가들의 발길이 이어진다.

마량포구 옆 마량리 동백나무숲에서 매년 3~4월경 열리는 '동백꽃·주꾸미축제'도 여행 스케줄 표에 입력해 둘 만한 즐거운 현장이다. 수령 300년 동백나무들이 빽빽한 군락을 이루고 있는 언덕을 산책하고 내려와 맛보는 제철 주꾸미의 맛은 그 어디에서 먹는 것보다 탁월하다.

 숙박

내가그린바다펜션
주소 충남 서천군 서면 홍원길 131
문의 010-3408-9920, www.isketchsea.com
요금 6만~20만원

도깨비펜션
주소 충남 서천군 서면 서인로 438
문의 041-952-7123, www.doggaebi.net
특징 낚싯배 운영 요금 5만~37만원

즉석에서 떠주는 활어회&매운탕

덩치가 큰 마량포구는 하루 종일 고깃배가 들락거리고 시끌끌한 어시장이 열리는 곳이다. 신선한 해산물을 맛보려는 여행자들의 발길이 이어지는 것은 당연한 일. 1층에서 활어를 사 2층에서 먹는 시스템인데, 구매할 때 간판을 잘 봐두었다 2층의 같은 간판 식당에 가면 즉석에서 회를 떠주고 매운탕도 끓여준다. 서천의 특산 해산물로 붕장어, 주꾸미, 광어, 도미 등을 들 수 있다.

즐길거리 : 서천 마량리 3대 축제

해넘이·해돋이축제
장소 충남 서천군 서면 서인로 56(서면 마량리 339-2)
기간 12월 31일~1월 1일
행사 내용
해넘이행사 : 대북공연, 해넘이 감상, 화이어 레터, 달집 태우기, 축하공연, 관광객과 함께하는 레크리에이션 등
새해맞이행사 : 새해 소원 기원 촛불 밝히기, 신년 카운트다운, 새희망 불꽃쇼, 신년맞이 축하공연
해돋이행사 : 대북공연, 새해 소망 풍선 날리기, 일출 감상
부대행사 : 포토존, 서천 사진전, 모닥불 체험, 새해 떡국 나눔 행사, 덕담 엽서 보내기 등

자연산광어·도미축제
장소 충남 서천군 서면 마량리 마량포구 일원
기간 5월 중
행사 내용
광어·도미 맛보기, 맨손으로 광어 잡기, 어린이 광어 낚시 체험, 광어·도미 깜짝 경매, 광어·도미축제 포토존 등

동백꽃·주꾸미축제
장소 충남 서천군 서면 마량리 동백나무숲, 마량포구 일원
기간 3~4월 중
행사 내용
동백숲 산책, 주꾸미 요리 맛보기, 서천 특산품·먹을거리 장터, 어린이 주꾸미 낚시 체험, 바다생물 체험 등

※ 문의 서천군청 041-952-9525

영광 법성포

Point
- 굴비
- 백수해안도로
- 최초불교도래지
- 낙조

 한적함   만족도

깊이가 다른 문화 출발점

다분히 불교스러운 '법성'은 한반도에 최초로 불교를 전파한 인도 스님 마라난타를 기리고 이곳이 최초 불교 도래지라는 점을 강조한 지명이다. 조선 중기까지 서해 남쪽의 대형 포구에 속했는데 군산, 목포항이 커지면서 이제는 작은 포구 수준이 되었다. 그것이 오히려 영광 법성포 여행을 부추기는 일이 되었다. 조기잡이 어선들이 들락거리고 조금만 가면 영광군 특유의 색다른 풍경을 만날 수 있는 곳들이 있어서 영광 여행의 거점 역할을 톡톡히 하고 있다.

특히 독보적 존재인 '영광굴비'의 생산지로서의 법성포는 일 년 내내 여행자들의 발길을 끌어당기는 호남 지역 '먹방' 여행 중심지가 되어 있다. 법성포 단오제와 굴비축제는 이 지역의 문화를 깊이 이해할 수 있는 좋은 기회로, 그때에 맞춰 법성포를 찾는 사람들도 많다. 축제는 전통 제사와 굴비 '먹방' 축제가 열리는 현

 전남 영광군 법성면 법성리

 영광군청 문화관광과 1899-0950

 승용차 : 서해안고속도로 영광 IC → 영광읍 → 법성포
대중교통 : 영광고속버스터미널에서 '차고지-성산리' 농어촌 버스 → 해풍굴비 정류장 하차

축제 해변

장이다. 단오제인 만큼 전통문화를 제대로 재현하는데, 제전 행사로 산신제, 당산제, 수륙대재, 문굿(오방돌기), 용왕제 및 선유놀이 등을 진행한다. 민속놀이는 단오 씨름왕 선발대회, 윷놀이, 제기차기, 널뛰기, 투호 등이 준비되어 있고 전국 그네뛰기대회, 전국 국악경연대회(기악, 판소리, 전통무용), 창작연 시연회 등과 전국 굴비 요리 경연대회가 열린다. 영광은 백제 불교 최초 도래지, 불갑사, 수변공원, 백수해안도로, 보은강 연꽃 방죽, 숲쟁이꽃동산, 기독교인 순교지 등 축제 참여 후 돌아볼 연계 여행지들도 많다.

영광 하면 역시 굴비!

상표로서의 '영광굴비'는 칠산 앞바다에서 잡은 참조기를 가공, 건조한 굴비를 말한다. 영광굴비는 어선에서 잡은 조기가 냉동실로 직행하고, 법성포에서 가공 업자 손을 넘어간 뒤 일 년여에 걸친 해동, 간수 제거, 염장, 묶기, 세척 작업을 거쳐 건조된 뒤 밥상에 오르게 된다. 법성포에는 일번지식당(061-356-2268), 다랑가지(061-356-5588), 동원정(061-356-3323) 등 수많은 영광굴비 백반집이 즐비하다. 그 집이 그 집같이 보이지만 굴비의 품질, 가격 등이 천차만별이다.

숙박

노을하우스
주소 전남 영광군 백수읍 해안로 691 문의 061-356-7331 특징 반려동물 입실 금지, 노을 감상, 해수온천 요금 비수기 10만~25만원, 성수기 15만~30만원

숲쟁이펜션
주소 전남 영광군 법성면 숲쟁이길 77-22 문의 010-2023-3387 특징 한옥펜션, 편백나무 실내, 법성포항·숲쟁이 근처, 바비큐 요금 비수기 10만~25만원, 성수기 13만~30만원

즐길거리

법성포단오제와 굴비축제

우리나라에서 벌어지는 민속 축제 가운데 단오제만큼 다양하고 깊은 전통문화를 보여주는 축제도 드물다. 강릉단오제와 더불어 우리나라 양대 단오제로 불리는 법성포단오제는 '조기철'에 열리곤 한 난장에서 비롯되었다는 설과, 조선 시대 호남 지역 최대 조창지였던 이곳에 조운선이 들어올 때마다 열린 난장에서 비롯되었다는 두 가지 설이 있다. 어쨌거나 '난장'에서 출발한 것은 사실이니 조선 시대 때 시장에서 벌어졌던 흥정 풍경, 음식과 술, 윷놀이, 도박, 투전, 약장사, 공연 등을 재현하고 있다는 점에 그 가치가 있다. 단오제 시작을 알리는 '산신제', '당산제', '용왕제', '무속수륙제' 등으로부터 시작, 크고 작은 모든 공연이 펼쳐지고, 싸고 푸짐한 굴비도 등장한다. 축제는 단오(음력) 전후에 열린다.

위치 숲쟁이 공원, 법성포 일원
문의 1899-0950
기간 6월 중

목포 삼학도

| Point | 항구축제
목포스토리
공원
해양스포츠 |

한적함 / 만족도

바다를 노래하자, 목포항구축제

삼학도, 세 마리의 학이 만든 섬이다. 전설의 주제는 사랑과 이별을 담고 있다. 한 남자를 사랑한 세 여인이 끝내 학이 되어 하늘로 올랐다가 바다로 떨어진 섬이 삼학도다. 목포 사람들이 삼학도를 사랑하는 것도 그곳에 깃든 숱한 꿈과 만남과 이별의 이야기 때문이다. 삼학도를 주제로 한 문학이 등장했고, 대중가요가 발표되어 큰 사랑을 받기도 했다. 과거 바다에 떠 있는 세 개의 섬이었던 삼학도는 목포항 주변이 매립되고 공원화되면서 운하로 갈라진 21세기형 섬으로 다시 태어났다. 섬은 여전히 세 개의 형태를 취하고 있지만 다리와 산책로로 연결되었고 주변에 김대중노벨평화상기념관, 요트계류장이 있는 마리나베이와 시민 광장, '목포어린이바다과학관', '모형등대', 이난영공원('목포는 항구다'를 부른 가수) 등 시설들이 완공되면서 '갓바위공원'과 함께 목포 최대의 문화 공원으로 완성되었다. 마리나베이 광

 전남 목포시 삼학로 92번길 68
 목포시청 : 061-272-2171
 승용차 : 서해안고속도로 목포 TG 직진 → 목포 IC 직진 → 연산동교차로 우회전 → 동명동사거리 좌회전 직진 → 삼학도 김대중노벨평화상기념관 주차장
대중교통 : 목포종합버스터미널 200, 300, 800번 버스 → 동명동사거리(물양장) 정류장 하차 후 도보

축제 해변

장에 서면 정면으로 유달산이 보이는데, 깔끔한 삼학도 공원과 목포항에서 깃발 휘날리며 출항을 준비하는 고깃배 뒤로 우뚝 솟은 자태가 가슴을 뭉클하게 한다. 삼학도를 벗어나면 목포항 연안 길 나온다. 그 길을 따라 목포연안여객터미널까지 천천히 걸으며 항구와 길 건너 어구 상점, 음식점 등의 풍경을 보면 누구나 목포의 힘을 느끼고 목포를 좋아하게 된다. 이 코스는 '목포항구축제'가 열리는 중심 동선이기도 하다. 축제는 매년 7월에 개최된다.

마리나베이호텔
주소 전남 목포시 해안로 249번길 1
문의 061-247-9900, marinabayhotel.co.kr
특징 취사 가능 객실 보유
요금 정상가 6만~18만원

에프원호텔
주소 전남 목포시 수강로 12번길 29
문의 061-244-7744
요금 전화 문의

감성으로 기억될 맛 '목포 5味'

목포에는 5대 맛이 있다. 첫째, 세발낙지. 갈낙탕, 낙지회, 낙지비빔밥, 낙지무침 등을 유달산과 가까운 곳의 신안뻘낙지(061-242-6760), '독천식당'(061-242-6528) 등에서 맛볼 수 있다. 둘째, 홍탁삼합이다. 삭힌 홍어에 삶은 돼지고기, 묵은지 등 세 가지를 조합한 것을 삼합이라 하고, 삼합에 막걸리(탁주)를 함께 먹는 것을 보고 '홍탁삼합'이라 부른다. 평화광장과 가까운 '인동주마을'(061-284-4068), 법원 근처 '홍가홍탁'(061-281-1683) 등에서 맛볼 수 있다. 세 번째는 꽃게무침과 꽃게장. 네 번째는 여름이 제철인 민어회인데 유달산 아래 '영란횟집'(061-243-7311)이 명불허전의 진미를 보여준다. 다섯 번째 맛은 갈치조림이다. 북항 어시장(목포시 북항)에서 맛보는 갈치조림은 그 맛과 항구의 풍경이 어우러져 오랜 세월 잊을 수 없는 감성으로 기억되는 맛이다.

목포항구축제

목포 선장의 풍경과 해양문화를 재현했던 '목포해양숙세'가 '목포항구축제'로 그 명칭을 바꿨다. 공식 행사로 어물난장 도깨비 장터 파시, 목포항 풍어제, 갯가 풍어 길놀이, 물고기등 페스티벌, 살아나는 어시장 골목길 등이 열리고, 체험 코너에서 요트, 함정 승선, 카약, 카누 체험을 비롯해 고기잡이, 얼음조각 체험 등에 참여할 수 있다.

장소 삼학도, 목포항 문의 061-270-8441~2 시기 7월 중

갯벌 해변
20~32

20 인천 강화도 동막해수욕장

21 인천 무의도 포내마을

22 인천 선재도 당너머해수욕장

23 안산 대부도 선감마을

24 화성 국화리마을

25 화성 백미리마을

26 서산 중리마을

27 부안 모항마을

28 고창 만돌마을

29 고창 장호마을

30 무안 도리포 & 송계마을

31 무안 생태갯벌센터

32 신안 증도 우전해수욕장

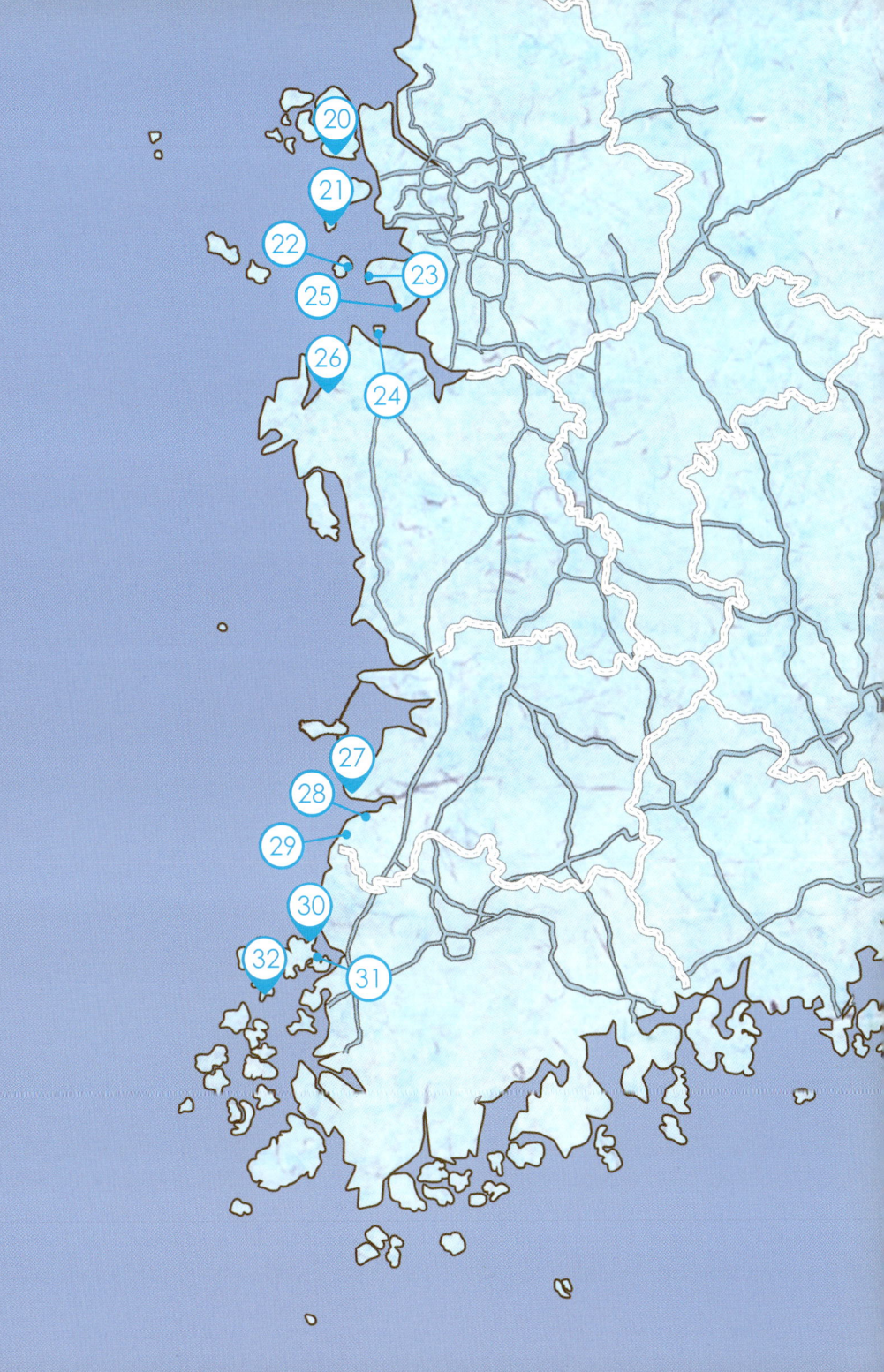

갯벌의 축복, '체험'으로 즐겨라

서해가 갯벌을 품은 것은 큰 축복이다. 끝없이 펼쳐진 갯벌 앞에 서면 생명에 대한 무한 애정이 솟구친다. 갯벌은 풍부한 해양 자원의 보고로 생태적 가치가 크고, 온갖 해양 생물들을 관찰하고 채취하는 체험 여행지로도 매력적이다. 갯벌 해변이 있는 곳은 대부분 한가한 여행지들이다. 오래된 어촌 풍경은 그저 그 마을을 걷는 것만으로도 힐링이 될 정도로 편안한 느낌이다.

갯벌에는 누구나 들어갈 수 있지만 어민들이 조개나 전복 씨알을 뿌려놓은 '어장'에는 아무나 들어갈 수 없다. 그래서 어촌체험마을 프로그램에 참여, 마을 주민의 설명을 들으며 바지락도 캐고 고동도 잡고, 낙지도 끌어올려 보는 체험 여행을 선택하는 여행자들이 많다. 어촌체험은 일정한 인원이 예약해야 실행되는 조건 행사다. 체험 행사가 없는 경우 어장이 아닌 곳을 선택해서 자유롭게 갯벌을 즐길 수 있다. 장화, 호미, 소쿠리, 장갑, 여벌의 양말과 신발은 준비해 가는 게 좋다.

인천 강화도 동막해수욕장

| Point | 갯벌
드라이브
사색과 탈출
꽃게·주꾸미 |

한적함 만족도

세계 5대 갯벌의 위용

물 빠진 강화도는 펄 섬이 된다. 주변은 온통 시커먼 갯벌뿐이다. 동막해수욕장은 강화도를 대표하는 해변이다. 네덜란드, 독일과 덴마크의 북해, 캐나다 뉴브런즈윅, 아마존 하구, 미국 조지아 주 등과 더불어 서해안 최북단의 강화도는 세계 5대 갯벌로 꼽힌다. 그중 동막해수욕장의 펄은 그 질과 양이 타 지역을 압도한다. 인천 영종도까지 이어질 태세의 갯벌이 마니산 능선 끄트머리와 어우러지고, 바다를 날고 있는 갈매기, 적당한 구름이 합쳐지는 오후 5시 무렵이면 동막해수욕장은 세상에서 가장 장엄한 누와르 스크린이 된다. 오후 5시를 강조하는 것은 그 시각에 시작되는 '동막 낙조쇼' 때문이다. 뷰 포인트는 해안 동쪽 끝 언덕 분오리돈대, 또는 갯벌 안이다. 역광이 주는 실루엣 비주얼과 울긋불긋 빛 대궐을 만들어 주는 낙조와 구름의 마법 쇼를 보고 있노라면 관조와 해탈의 세계로 빠져들고도 남는다.

 인천시 강화군 화도면 해안남로 1481
 동막해수욕장 : 032-937-4445
 승용차 : 강화초지대교 북단 좌회전 → 해안남로 → 동막해수욕장
대중교통 : 강화터미널 정류장 3번 버스 → 동막해수욕장 정류장 하차

동막해수욕장의 솔밭과 모래사장에는 캠 핑촌과 위락 시설들이 들어서 있는데, 피서철이면 발 디딜 틈 없이 많은 사람으로 붐빈다. 그러거나 말거나 갯벌로 들어가 보는 것은 이곳을 찾은 여행자가 지녀야 할 기본 미덕이다. 시커먼 개흙의 미끄덩한 느낌을 즐기고 싶다면 맨발로 살살 걷는 게 좋다. 더운 흙이 아니다. 정화되고 또 정화된 맑은 흙이다. 물이 차면 해수욕도 가능하다. 동막해수욕장은 주변에 캠핑, 펜션, 맛집 등 먹고 놀기반이 다양하지만, 그만큼 복잡한 것도 사실이다. 15분 거리로 이동해 식사나 숙박을 해결하는 것도 괜찮다.

알배기 꽃게와 직화 주꾸미

동막해수욕장과 인접한 부광꽃게전문점(032-937-2270)은 알배기 간장게장을 비롯해 꽃게탕, 꽃게찜 등으로 유명한 맛집이다. 좀 더 호젓한 곳에서의 식사를 원하면 초지대교 근처 맛집으로 이동하는 것도 괜찮다. 강화도 최대 특산물인 밴댕이회, 밴댕이탕 등을 맛볼 수 있고, 초지대교 남단 김포시 대곶면 약암리에 위치한 '황촌집'(031-989-7977)은 직화 주꾸미 막국수를 먹을 수 있다. 주꾸미를 순도 100% 직화로 구워 양념과 깨소금 팍팍 넣어먹는 메뉴다. 밥을 비비는 게 아니라 막국수를 버무려 먹는 게 특징인데, 그 오묘한 맛을 설명할 길은 없다.

숙박

꿈길속에펜션
주소 인천시 강화군 화도면 해안남로 1374-7
문의 032-937-1552, www.dreamway.x-y.net
요금 8만~25만원

메종드라메르펜션
주소 인천시 강화군 화도면 해안남로 1399
문의 032-937-7460, www.boonori.com
요금 8만~22만원

주변 여행지

소리체험박물관
동막해수욕장과 동검도 중간쯤에 있는 이색 박물관이다. 지구 상에 존재하는 모든 소리를 듣고 만들어 보고 느껴볼 수 있다. 규모는 작지만 알차게 체험하면 서너 시간으로도 모자랄 정도로 많은 것들이 전시되어 있다. 드라마나 영화에서 극적 효과를 위해 '만드는 소리'의 실체와 도구들, 공명 세계의 신비로움, 세계의 악기와 음향 기기 등을 보고 체험할 수 있다.
위치 인천시 강화군 길상면 해안남로 474번길 11
문의 032-937-7154

21

인천 무의도 포내마을

| Point | 바다낚시 체험데크 |
| 어촌체험 |
| 갯벌 트랙터 |

 한적함  만족도

갯벌 너머 이국적 풍경

갯벌 해변을 오로지 어촌체험마을로 조성한 곳이다. 마을은 체험 갯벌 공간, 휴식 공간, 발 씻는 곳, 그리고 바다낚시 체험 데크 등으로 이뤄져 있다. 압권은 데크다. 141m 길이로 바다 깊은 곳까지 이어져 있는 구조물 끝에 걸터앉아 바다 건너 영종도와 서해, 그리고 공항을 향해 천천히 하강하는 항공기의 모습을 보노라면 아득한 그리움에 빠지게 된다. 갯벌 체험은 조개 캐기, 바다낚시, 조개공예, 건간망 체험, 다슬기와 방게잡이, 굴봉 줍기 등이 있다. 도시 사람들이 혹하는 풍경도 있다. 갯벌 트랙터 타기 체험이 그것이다. 아파트촌에서는 상상도 할 수 없는 커다란 트랙터가 끌어주는 갯벌행 이동차를 타고 바다로 향하는 기분은 갯벌 해안이 아니면 맛볼 수 없는 특별한 추억이다.

 숙박

무의도펜션갤러리
주소 인천시 중구 대무의로 90
문의 032-751-3321, www.galley.co.kr 요금 5만~23만원

- 인천시 중구 대무의로 301
- 포내어촌체험마을 : 032-752-5422, www.seantour.com ▶ 어촌체험마을
- 승용차 : 인천공항고속도로 신불 IC → 영종해안남로 → 잠진도항 → 차도선 → 무의도 → 포내어촌체험마을
  대중교통 : 인천공항 3층 버스정류장 222번 → 잠진도항 하차 → 선박 → 무의도 하차 후 도보
- 하나개해수욕장, 실미도 바다갈라짐, 호롱곡산, 소무의도

인천 선재도 당너머해수욕장

Point 갯벌체험 / 갯벌투어 트랙터 / 바다갈라짐

한적함 / 만족도

갯벌이 열리고, 낙조가 펼쳐진다

선재대교 북단 주변에 있는 평화로운 마을이다. 이곳은 당너머해수욕장과 선재어촌체험마을이 연결되어 있어서 체험도 하고 해수욕도 즐길 수 있다. 체험마을은 해변이 짧고 좁지만 갯벌과 백사장, 그리고 바다갈라짐 '목섬'이라는 멋들어진 자연이 있다. 썰물 때면 백사장과 목섬이 갯벌과 함께 열리고 저녁이면 황홀한 낙조가 여행자의 마음을 뒤흔든다. 어촌체험마을 프로그램에 참여하면 갯벌 생태계를 관찰하고, 바지락, 동죽 등 갯벌 생물을 직접 채취할 수도 있다. 갯벌트랙터를 이용, 펄 깊은 곳까지 들어가 마을 주민의 시범을 따라 하며 호미로 바지락, 동죽 등 갯벌 생물을 채취하는 일은 특히 어린이들에게 인기 최고! 또한 바다가 열리면 350m 건너 목섬까지 걸어가며 서해 특유의 '바다갈라짐'도 경험할 수 있다.

 숙박

빠체펜션
주소 인천시 옹진군 영흥면 선재로 38-19
문의 010-4804-6282, pacepension.co.kr
요금 16만~29만원

향기나는 펜션
주소 인천시 옹진군 영흥면 선재로 38-30
문의 010-6329-7105, flowerps.co.kr
요금 7만~25만원

 인천시 옹진군 영흥면 선재리

 선재어촌체험마을 : 032-888-3110

 승용차 : 서해안고속도로 송산 마도IC → 탄도방조제 → 선재대교 → 선재어촌체험마을 → 당너머해수욕장
대중교통 : 오이도 '옹진군청-영흥도' 운행 790번 좌석버스 → 선재대교 정류장 하차

 목섬 바다갈라짐, 갯벌체험, 갯벌투어 트랙터

안산 대부도 선감마을

Point
갯벌 썰매
어촌체험
포도 따기
ATV

 한적함  만족도

탄도 지역 최고의 여행지 등극

원래 섬이었던 곳이 탄도방조제와 불도방조제가 생기면서 육지가 된 곳이다. 교통이 편리해지면서 대부도 펜션 타운이 생기는 등 탄도 지역 최고의 여행지로 등극했다. 선감마을은 그 중간에 있어서 주변 여행지에서 찾아오는 체험 여행자들의 즐거운 비명이 들리는 곳이다. 선감도 여행자들은 바다, 낙조와 함께 선감어촌체험마을에서 운영하는 갯벌 체험을 만끽할 수 있다. 조개잡이를 위해서는 트랙터를 타고 20여 분 나가야 하는데, 조개잡이만큼 즐겁고 아찔한 순간이 바로 트랙터 이동 시간이다. 망둥이, 숭어를 잡을 수 있는 후리질 체험, 미끄러지듯 달리는 갯벌썰매와 조개잡이 체험은 갯벌 마을에 사는 어부들의 삶의 애환을 느낄 수 있는 서정적 시간이기도 하다.

 숙박

판타루시아펜션
주소 경기도 안산시 단원구 본말길 118-2 문의 032-883-6900, www.fantalucia.com 부대시설 수영장 특징 자전거 대여 요금 8만~22만원

선돌바다향기펜션
주소 경기도 안산시 단원구 본말길 128 문의 010-6700-0072, www.sundolbada.com 요금 7만~26만원

 경기도 안산시 단원구 개건너길 78

 선감어촌체험마을 : 032-886-6133, www.seantour.com ▶ 어촌체험마을

 승용차 : 서해안고속도로 송산마도 TG 왼쪽 방향 → 화성로 → 전곡항로 → 탄도방조제 → 불도방조제 삼거리 왼쪽 도로 → 선감도 → 선감어촌체험마을
대중교통 : 안산시청정류장 123번 버스 → 선감장로교회 아침농장 정류장 하차

 누에섬 낙조, 안산어촌민속박물관

화성 국화리마을

해 뜨는 서해안 갯벌 섬마을

Point
일출·일몰
조개잡이
바다갈라짐
토끼섬

 한적함  만족도

행정구역은 경기도 화성시이지만 해돋이 마을로 유명한 왜목마을 장고항에서 가까운 섬이다. 왜목마을이 시끄러워지는 12월 31일, 차라리 국화도로 건너와 해넘이와 해맞이 즐기는 사람들도 많다. 40여 가구 60여 명이 살고 있는 국화도는 길쭉한 모양을 하고 있는데, 물이 빠지면 본섬인 국화도와 토끼섬 사이에 길이 열린다. 바다가 갈라지기 시작할 무렵부터 주민과 여행자들은 호미와 망태를 들고 쭈그려 앉아 조금씩 전진하며 갯벌 생물을 채취한다. 그야말로 펄 반, 조개 반이라 할 정도로 모두들 많은 패류들을 담아내곤 한다. 기본 요령만 배우면 한 시간이면 망태를 채울 수 있다. 채취한 조개들은 먹을 만큼만 남기고 갯벌에 되돌려주는 게 상식이고, 어린 조개는 잡지 않는 것 또한 자연에 대한 예의다.

 숙박

국화도해오름펜션
주소 경기도 화성시 우정읍 국화길 32
문의 031-357-7517, www.gukhwado.co.kr
요금 7만~17만원

국화도바위섬펜션
주소 경기도 화성시 우정읍 국화길 63
문의 010-8420-0312, www.kukhwado.kr
요금 5만~12만원, 성수기 별도

 경기도 화성시 우정읍 국화길 8번지

 국화리어촌체험마을 : 031-356-9940, www.seantour.com ▶ 어촌체험마을

 승용차 : 서해안고속도로 송악 TG 왼쪽 방향 → 38번 국도 → 장고항 → 차도선 → 국화도
대중교통 : 당진터미널 옆 주공아파트 정류장 12, 12-1 버스 → 장고항2리 정류장 하차

 어촌체험마을, 국화도해수욕장, 토끼섬, 당진 왜목마을, 당진 장고항, 당진 심훈문학관

화성 백미리마을

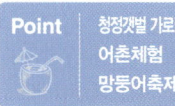

조용한 어촌, 광활한 갯벌

궁평에서 백미리를 거쳐 제부도로 이어지는 남양만은 광활한 갯벌과 풍부한 어족, 그리고 해안 마을을 포근히 감싸고 있는 소나무 산들이 예쁜 곳이다. 백미리는 주변의 궁평마을, 제부도 등의 명성에 비해 아직은 덜 알려진 조용한 마을이다. 마을에 들어서 눈에 보이는 방죽과 논밭은 여행자의 마음을 편안하게 해 주는 풍경이다. 함박산 자락을 끼고 해안으로 나가면 눈앞에 갯벌이 펼쳐진다. 갯벌 체험은 이곳에서 시작된다. 전통 어업인 사두질 체험은 백미리에서 경험할 수 있는 특별한 즐거움이다. 긴 대나무에 그물을 잇고 망태를 매고 바다로 들어가는 방식으로 잡은 망둥어 등 고기를 육지로 가져와 구워 먹는 맛이 기가 막힌다.

경기도 화성시 서신면 백미길 210-35

백미리어촌체험마을 : 031-357-3379, www.seantour.com ▶ 어촌체험마을

승용차 : 서해안고속도로 송산마도TG 왼쪽 방향 → 화성로 → 용두교차로 우회전 → 백미길 → 백미리어촌체험마을
대중교통 : 화성시청정류장 22-1, 999, 1001(평일)번 버스 → 남양사거리 정류장 400번 환승 → 영두2리 정류장 하차

늘봄평야, 서산창작예술촌

백미리 어촌체험은 이 밖에도 낙지잡기, 고둥과 게 잡이, 굴 따기, 바다낚시 등 어업과 카누, 카약, 노보트, 패들보트 등 해양 스포츠까지 포함하고 있어서 다양한 바다 체험을 누릴 수 있다. 9월 망둥어축제는 꼭 한 번 참여할 것을 '강추'한다. 초짜 어른은 물론 어린이도 쉽게 잡을 수 있어서 바다와 더 친해질 좋은 기회다.

숙박

백미리희망캠핑장
주소 경기도 화성시 서신면 백미길 210-24
문의 031-355-3364, www.hopecamping.co.kr 요금 2만5000~3만원

백미리바다뜰펜션
주소 경기도 화성시 서신면 백미길 210-35
문의 031-357-9093, oceanresort.co.kr
요금 6만~25만원

서산 중리마을

Point
함박산
포구
어촌체험

 한적함  만족도

가로림만 깊숙이 갯벌 천국

중왕리는 서해안 5대 청정 갯벌 가운데 한 곳인 가로림만 깊숙한 곳에 있는 갯벌천국이다. 바닷가에 나가 보면 갯벌 말고는 보이는 게 없다. 워낙 널리 분포되어 있어서 그 끝이 어디인지 알 수도 없다. 갯벌 체험을 할 수 있는 '중리어촌체험마을'은 마을 끝 '저섬'이 바라보이는 곳에 있다. 프로그램으로는 바지락 캐기, 선상낚시 체험, 좌대낚시 체험, 쪽대그물 체험 등 어업의 기본 체험과 더불어 마을 특산물 중 하나인 감태 체험이 특이하다. 가로림만에서 오직 손으로만 채취한 감태를 진흙이 모두 빠질 때까지 씻어준 뒤 작은 발에 감태를 붙이고 말리는 체험이다. 정성이 필요한 작업으로 중왕리 어민들의 삶을 가장 가까이에서 엿보고 갯벌의 위대함도 실감할 수 있다. 손바닥만 한 가리비 껍데기에 소원을 적어 붙이는 '소원가리비 체험'은 가족 여행의 또 다른 기쁨으로 추억될 만하다.

 숙박

갯마을별장펜션
주소 충남 서산시 지곡면 중왕연개길 96
문의 041-664-3352, www.seasidehome.co.kr 요금 15만~45만원

시골나들이
주소 충남 서산시 지곡면 왕산이로 595
문의 010-3340-9766, www.sigolnadri.net
요금 5만~11만원

 충남 서산시 지곡면 어름들2길 66

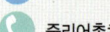 중리어촌체험마을 : 041-665-9498, www.seantour.com ▶ 어촌체험마을

 승용차 : 서해안고속도로 서산TG 좌회전 → 운산교차로 좌회전 → 잠곡1로 우회전 → 일람사거리 우회전 → 중왕교차로 좌회전 → 중리어촌마을
대중교통 : 서산공용버스터미널 260번 버스 → 망리산 정류장 하차

갯벌 해변

부안 모항마을

해지는 갯마을에서 소원 빌기

Point
갯벌해수욕장
낙조
어촌체험

한적함 만족도

변산반도 남단에 있는 모항은 지형이 뾰족 튀어나온 게 특징인데 그 때문인지 유난히 낙조 속도가 늦은 곳으로 소문이 나 있다. 이런 지형적 특징으로 모항은 우리나라에서 해가 제일 늦게 떨어지는 곳으로 인정, 1999년 12월 31일 '새천년을 잇는 영원의 불씨'를 채화하기도 했다. 천연기념물인 호랑가시나무 등 특별한 수종의 나무가 군락을 이루고 있어 변산반도를 여행하는 사람들이 꼭 한 번 들러볼 만하다. 모항의 중심에는 해수욕장이 있다. 직사각형의 축구경기장처럼 생긴 모항해수욕장 p166의 대부분은 갯벌이 차지하고 있지만 백사장도 넉넉해 숲과 바다, 갯벌을 즐기려는 여행자들이 찾는 곳이다. 3월부터 11월까지 열리는 '바지락체험프로그램'에 참여하면 직접 채취한 조개를 1kg까지 집으로 가져갈 수 있다.

숙박

모항레저타운펜션
주소 전북 부안군 변산면 변산로 3554-9
문의 063-584-8867, www.mohang.net
요금 7만~30만원

소나무에걸린노을펜션
주소 전북 부안군 변산면 모항길 39-6
문의 063-584-7544, www.mohanglove.com
요금 6만~39만원

 전북 부안군 변산면 모항길 107

 모항갯벌체험장 : 063-584-7788(, www.seantour.com ▶ 어촌체험마을

 승용차 : 서해안고속도로 줄포TG 좌회전 → 줄포용서길 우회전 → 줄포중삼거리 우회전 → 영전사거리 좌회전 → 마동삼거리 좌회전 → 국립변산자연휴양림 앞 → 모항
대중교통 : 부안버스터미널 정류장 201, 350번 버스 → 모항 정류장 하차

 모항해수욕장, 소원나무

고창 만돌마을

Point
- 갯벌 체험
- 천일염 체험
- 공원산책

단정한 논과 밭, 끝없는 갯벌

만 개의 굴뚝이 있는 동네라고 이름이 '만돌' 마을이 되었다. 선운산 옆 '개이빨산'에서 발원한 냇물이 계곡을 타고 내려와 바다와 만나고, 그 바닷가에는 단정한 논과 밭, 그리고 염전이 있으며, 마을 앞으로는 끝없는 갯벌이 펼쳐진다. 그저 아무 생각 없이 하루이틀 머물며 묵언 수행하기에 더없이 좋은 환경을 지녔다.

마을에 들어서면 어촌체험마을 베이스캠프가 있고 그 옆으로 마을 길과 '서해바람공원'이 있다. 최근에 조선된 공원으로 계명산을 오르내리는 둘레길, 해안 산책로, 풍차 등 사진 찍기 좋은 곳이다. 마을에서는 갯벌 체험, 천일염 체험, 어망 체험 등 어부들의 삶을 엿보고 직접 수확도 해 보는 어촌 체험도 운영 중이다.

 **숙박**

난호마을회관민박
주소 전북 고창군 심원면 만돌1길 42 **문의** 010-3645-5088 **특징** 통째로 임대, 방 3개, 거실, 욕실, 바비큐 별채 **요금** 13만~15만원

심원불한증막펜션
주소 전북 고창군 심원면 선운대로 **문의** 063-563-0066 **특징** 한증막(별도) **요금** 전화 문의

 전북 고창군 심원면 애향갯벌로 320

 만돌어촌체험마을 : 063-561-0705

 승용차 : 서해안고속도로 고창 TG 좌회전 → 22번 국도 애향갯벌로 방향 우회전 → 만돌마을
대중교통 : 고창버스터미널 정류장 '고창-만돌' 버스 → 만돌 정류장 하차

 갯벌체험학습장, 염전, 바람공원

고창 장호마을

Point 명사십리 갯벌체험

맞춤형 갯벌, 유별난 바닷가

장호마을은 상하우유 생산지이자 서해안에서는 드문 명사십리 해변이 있는 마을이다. 구시포해수욕장에서 4km 가량 이어지는 명사십리는 서해안 치고는 독특한 해안선이다. 모래 중심의 해안, 갯벌 중심의 해안, 그리고 모래와 갯벌이 섞여있는 해안 등 다채로운 지질이 여행자의 오감에 변화무쌍한 자극을 가한다. 바다와 논밭 모두 체험이 가능하다는 것도 장호마을의 특징. 일 년 내내 조개체험이, 4월부터 9월까지는 후리치기가, 5월부터 9월까지는 새우잡이가, 4월부터 10월까지는 어망체험을 할 수 있다. 갯벌체험의 종합 세트라 할 수 있는 '힐링갯벌체험'은 갯벌생태체험, 해안선 승마체험, 바지락칼국수, 오디 수확체험 등 바다와 농촌, 먹거리가 더해진 프로그램으로 많은 인기를 얻고 있다.

 숙박

장호어촌체험장 2층
주소 전북 고창군 상하면 명사십리로 282-42 문의 063-562-9390, 010-8626-7795 특징 12월~3월 휴무 요금 7만 ~ 12만원(체험비 별도)

네모의 꿈
주소 전북 고창군 상하면 봉수로 31-21 문의 063-564-3851, www.nemopension.co.kr 요금 12만~20만원

ⓒ 장호마을

 전북 고창군 상하면 명사십리로 282-42

 장호어촌체험마을 : 063-562-9390, www.seantour.com(어촌체험마을)

 승용차 : 서해안고속도로 고창TG 우회전 → 고인돌교차로 우측도로 → 대동교차로 우측도로 → 용사교차로 좌회전 → 장호어촌체험마을
대중교통 : 고창터미널 정류장 '고창 – 각동' 버스 → 동촌 정류장 하차

무안 도리포 & 송계마을

Point	포구 갯벌 체험 캠핑 해안 도로

한적함

만족도

1.7km에 달하는 해변&솔숲

도리포는 무안군 북서쪽 끝에 있는 어촌마을이다. 포구 특유의 쓸쓸한 느낌, 아무렇게나 내팽개친 듯 보이는 녹슨 닻, 길가에 쌓아둔 부표 더미 말고는 식당 댓 곳에 민박 한두 곳이 전부인 시골 포구다. 도리포는 함평만 끝 툭 튀어나온 곳에 있다. 툭 튀어나온 지형적 특징 덕분에 서해안에서 드물게 해맞이를 즐길 수도 있는 곳이다. 해변과 솔숲 길이가 1.7km에 달하고 무안 특유의 갯벌도 좋아 해수욕과 갯벌 체험을 동시에 즐길 수 있어 가족 여행지로 그만이다.

도리포 해변, 즉 송계마을 앞바다의 갯벌은 부드럽고 깨끗해서 맨발로 들어가면 순식간에 뒹굴며 놀고 싶은 동심이 인다. 체험 프로그램을 운영 중인데, 조개 잡기, 가래낙지 잡기, 후리질 등 가족 모두가 함께 즐길 수 있는 것들로 이루어져 있다(요금 성인 2

전남 무안군 해제면 송석리 30-4 / 전남 무안군 해제면 만송로 916

무안군청 : 061-450-5473, 송계어촌체험마을 061-454-8737, http://songgye.seantour.com

승용차 : 무안광주고속도로 북무안 IC → 해제, 현경 방면 → 현경교차로 좌회전 → 현경삼거리에서 지도 · 해제 · 영광 방면 오른쪽길 → 현해로 직진 → 수암교차로에서 우회전 → 만송로 → 도리포

대중교통 : 무안고속버스터미널 '무안-해제' 농어촌버스 → 송계 또는 도리포 정류장 하차

만원, 어린이 1만원). 특히 조개와 가래낙지 잡기는 송계마을에서만 맛볼 수 있는 특별한 체험이다. 참여하는 사람에게는 갯벌 장화(어른만 제공, 어린이는 별도로 준비), 호미, 삽, 후릿그물 등을 빌려준다. 갯벌이 부드럽지만 깨진 조개껍데기가 많다는 점을 잊어서는 안 된다. 체험 참여는 5~10월에 가능하다.

사철 넘치는 해산물, 수준급 회 맛

넓은 갯벌과 바다로 어업이 발달한 무안 최북단마을 도리포는 사시사철 해산물이 넘쳐난다. 특히 자연산 황가오리, 민어, 농어, 능숭어, 감성돔 등은 대도시에서도 맛보기 힘든 최고의 맛을 자랑한다. 포구 근처 횟집들은 황가오리찜, 민어회, 숭어, 오도리(새우) 등을 팔고 있는데, KBS <6시 내 고향>에 8번 출연한 '도리포횟집'(061-454-7890)과, '도리포해맞이횟집'(061-454-3388), '일억조'(061-454-0506), '수한횟집'(061-454-7645), '전망좋은횟집'(061-454-7333) 등 어느 집에 들어가도 수준급 회 맛을 즐길 수 있다.

체험마을 안내소 민박
주소 전남 무안군 해제면 만송로 916
문의 061-454-8737, http://songgye.seantour.com 요금 전화 문의

바다민박
주소 전남 무안군 해제면 만송로 554-1
문의 061-454-9160 요금 전화 문의

도리포민박
주소 전남 무안군 해제면 만송로 825-3
문의 061-454-9959 요금 전화 문의

새천년민박
주소 전남 무안군 해제면 만송로 535
문의 061-454-0580 요금 전화 문의

태공민박
주소 전남 무안군 해제면 만송로 464-14
문의 061-454-3902 요금 전화 문의

무안 생태갯벌센터

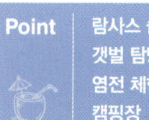

Point
람사스 습지
갯벌 탐방길
염전 체험장
캠핑장

한적함 / 만족도

갯벌에서 뒹굴고 놀며 하룻밤

무안 갯벌은 람사르 습지로 지정되었으며 우리나라 최초의 습지 보호지역으로 법적인 보호를 받고 있다. 이곳은 갯벌의 모든 것을 체험할 수 있는 국내 최대 규모의 생태갯벌 공원. '갯벌센터'라는 이름답게 갯벌을 체계적으로 배우고 느끼고 경험할 수 있다. 갯벌 위에 탐방 길을 만들어 갯벌을 보호함과 동시에 탐방객들은 신발을 벗지 않고 깊은 곳까지 들어갈 수 있도록 한 것도 특징. 주요 시설로는 지구의 가치를 느낄 수 있는 조경생태공원, 야생화단지, 생태연못, 야외무대, 피크닉공원 등이 있다. 갯벌 생태를 배울 수 있는 야외학습장에는 염전 체험장, 김 말리기 체험장 등이 있다. 갯벌 생태를 체험할 수 있는 곳으로는 염생식물단지, 갯벌과 해양생물 관찰 탐방로, 갯벌 체험장 등이 있다. 갯벌에는 주로

 전남 무안군 해제면 용산길 140

 무안생태갯벌센터 : 061-450-5631~4

▶▶ 운영 시간 : 09:00~18:00 (입장 마감 17:00, 1월 1일, 설날, 추석날, 매주 월요일 휴관. 단 월요일이 국경일인 경우 다음날 휴관)

▶▶ 요금 : 어른 2000원, 청소년 · 군인 1500원, 어린이 1000원

게와 짱뚱어가 놀고 있는데, 발걸음 소리에도 후다닥 구멍으로 숨어버리므로 살금살금 걸어야 제대로 관찰할 수 있다. 무안 갯벌에서 관찰되는 물새로는 민물도요, 알락꼬리마도요, 노랑부리백로, 괭이갈매기, 마도요, 붉은어깨도요 등이 있다. 또 염생식물로는 갯질경이, 갯잔디, 갯메꽃, 갈대, 나문재, 칠면초, 손비기나무, 지채 등이, 저서생물로는 갈대밭기수우렁, 농게, 칠게, 흰발농게, 댕가리, 방게, 바지락, 고둥, 밤게, 낙지 등이 있다.

숙박

무안갯벌캠핑장
주소 전남 무안군 해제면 용산길 140
문의 061-454-5632
요금 캐러밴 6만~12만원, 야영장 1만~2만원

주요 시설

갯벌생태관

무안에 서식하는 염생식물, 저서생물, 조류 등 해안의 생물을 볼 수 있는 곳이다. 또한 갯벌생물의 활기차고 다양한 움직임과 작은 기척에도 숨어버리는 갯벌생물의 모습을 게임 형식을 통해 재미있게 공부할 수 있다. 어린이가 직접 갯벌생물의 구멍에 들어갈 수 있는 시설도 마련되었다.

갯벌탐사관

다양한 갯벌생물을 그래픽과 확대 모형으로 재현했고, 갯벌의 종류도 특징별로 학습할 수 있다. 서해안이 어떻게 리아스식 해안이 되었는지 그 생성 원리와 과정을 탐구할 수도 있다. 또한 세계 5대 갯벌(캐나다 동부 연안, 미국 조지아주 연안, 아마존강 하구, 북해 덴마크와 독일과 네덜란드에 걸친 연안, 한국의 서해안) 가운데 한 곳인 서해안 갯벌의 특징을 비교해서 볼 수 있다.

무안갯벌캠핑장

갯벌에서의 하룻밤은 특별하다. 바다의 평야라 할 수 있는 드넓은 갯벌에 밤이 내리면 고요한 적막이 찾아오고 하늘에서는 별무리가 쏟아진다. 캠핑장은 일반 캠핑장과 캐러밴 캠핑장으로 나뉜다. 캐러밴의 경우 정원을 초과할 수 없으며 갯벌 센터를 무료로 관람할 수 있다. 5월부터 10월까지 성수기, 11월부터 4월까지 비수기로 운영된다. 캐러밴에는 개별 화장실, 주방 등 시설이 갖춰져 있고, 캠핑장에는 화장실, 족구장, 남녀샤워장, 공동개수대 등 공동시설이 마련되어 있다.

신안 증도 우전해수욕장

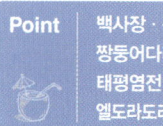

Point 백사장·갯벌
짱뚱어다리
태평염전
엘도라도리조트

한적함   만족도

펄떡이는 짱뚱어, 살아있는 갯벌

전남 신안군 1004개의 섬 가운데 육지와 다리로 이어진 최서단 섬 '증도'의 서쪽에 펼쳐진 해변이다. 호남의 명소인 엘도라도 리조트 바로 옆에서 시작, 4km나 이어지는 이곳은 갯벌과 백사장과 소나무숲으로 이뤄진 비단결 같은 해안선이다. 백사장 폭도 100m로 갯벌이 발달한 서해안에서 보기 드문 대형 해수욕장이다. 썰물 때는 끝이 보이지 않을 정도의 갯벌이 형성되고 밀물 때 바닷물에 잠겨 있던 키 작은 섬들이 수 표면으로 불쑥불쑥 올라와 우주 같은 풍경을 보여주곤 한다. 백사장에는 눈부시게 하얀 모래가 가득해서 밀물 때는 이곳이 서해인지 동해인지 분간할 수 없을 정도다. 백사장에 일렬로 설치된 억새 파라솔은 여행자의 공간 인지 기능을 더욱 떨어트린다.

 전남 신안군 증도면 우전리

 신안군청 : 061-243-2171, 010-3636-5054(체험 문의)

 승용차 : 무안광주고속도로 북무안 TG → 무안공항 IC → 망운교차로 우측 도로 → 목동교차로 왼쪽 방향 → 수암교차로 좌회전 → 지도사거리 → 증도 - 우전해수욕장
대중교통 : 무안버스터미널 무안-해제 버스 → 지도터미널 '지도터미널-증도' 버스 환승 → 장고 정류장 하차
※ 서울 센트럴시티터미널 - 지도여객자동차터미널 버스 운행 중

백사장에서 이어지는 짱뚱어 다리 일대는 갯벌 지대 증도의 진수를 볼 수 있는 필수 코스다. 썰물 때 짱뚱어 다리 위를 걸으며 갯벌 생태계를 관찰해 보면 수많은 짱뚱어와 게, 기타 갯벌 생물들의 생생한 모습을 확인할 수 있다. 군데군데 흐르는 갯벌 시내는 이곳이 얼마나 광활한 생태계인지를 보여준다. 우전해변의 우전마을에서는 연중 개매기 체험, 횃불낙지잡이, 재래김 체험, 굴따기 및 굴구이 체험 등 계절별 특징을 제대로 살린 갯벌 어촌 체험 프로그램을 운영하고 있다.

숙박

엘도라도리조트
주소 전남 신안군 증도면 지도증도로 176
문의 061-260-3300 부대시설 레스토랑, 클럽라운지, 해수온천사우나, 야외수영장, 키즈클럽, 해수테라피, 선셋요트크루즈, 노래방 등
요금 사이버회원 기준 12만7000~56만8000원(성수기 별도)

솔꽁펜션
주소 전남 신안군 증도면 지도증도로 1667
문의 010-2787-9954, www.thfRhdvpstus.kr
요금 6만~20만원

갯벌의 영양을 통째로 먹는 짱뚱어탕

증도의 특산물은 역시 갯벌 어족인 짱뚱어, 병어, 장어, 재래김, 활어회 등이다. 우전해수욕장에서 짱뚱어 다리를 건너 상정봉 아래와 시가지로 나가면 매일매일 갯벌과 바다에서 올라온 해산물로 음식을 만들어 파는 식당들이 즐비하다. '갯풍식당'(061-271-0248)은 장어, 장어국밥, 병어조림, 짱뚱어탕 등을 내놓으면서 지역 특산물도 함께 팔고 있다. '안성식당'(061-271-7998)은 짱뚱어탕, 갈낙탕, 백합탕 등과 갯벌낙지, 낙지백합탕 등 낙지를 주제로 한 메뉴가 많은 곳이다. 짱뚱어는 차마 먹기 힘들 정도로 어여쁜 녀석들이지만 막상 한 술 뜨고 나면 허겁지겁 먹게 되는 부드럽고 고소한 식감이 특징이다. 뼈째로 씹어도 전혀 부담 없다.

비밀 해변
33~44

33 인천 영흥도 십리포해수욕장
34 인천 영흥도 장경리해수욕장
35 태안 사목해변
36 태안 원안해변
37 태안 백리포해수욕장
38 태안 어은돌해수욕장
39 태안 갈음이해수욕장
40 보령 독산해수욕장
41 영광 백바위해수욕장
42 무안 홀통해수욕장
43 무안 조금나루해변
44 무안 톱머리해수욕장

덜 알려져 덜 붐비는
호젓한 나만의 해변

좋다고 소문이 나면 어느덧 여행자들이 구름떼처럼 몰려 그 정취가 사라지고 만다. 특히 성수기 해변 여행은 극심한 인파에 치여 이게 진정 힐링 여행인지, 피로만 더하는 여행인지 고개를 갸웃하게 만든다. 이런 이유로 요즘 여행자들은 덜 알려진 해변, 덜 붐비는 해변을 찾는 것 같다.

이곳에 소개하는 '비밀 해변'은 널리 알려지지 않아 성수기에도 극심한 인파에 치일 염려가 적은 해변을 묶은 것이다. 대형 해수욕장의 편리한 시설이나 관광 인프라를 다소 포기하는 대신, 호젓한 정취를 즐기고 싶은 이들을 위한 조용한 해변들이다. 서해안에 유독 비밀 해변이 많은 것은 지형적 특징과도 관련이 있다. 서해 해안선의 총거리는 약 2,100km이다. 경부고속도로가 약 417km, 동해안 강원도 고성에서 부산 송정까지는 약 500km이다. 서해 해안선의 총거리는 동해안의 4배, 경부고속도로의 5배에 이른다. 리아스식 해안선이기 때문이다. 덕분에 이동이 쉽지 않은 고립된 해변에서 고요한 휴식을 즐기기에 좋다. 서해 여행은 그래서 순환 여행이 아닌 정착 여행이다. 이것이 하루를 머물든 일주일을 머물든 자신이 선택한 바로 그곳에 파묻혀 지내다 돌아오게 되는 이유이다.

인천 영흥도 십리포해수욕장

Point
- 갯벌 체험
- 소사나무 숲
- ATV
- 승마장

한적함

만족도

호젓한 초현실적 바닷가

영흥도는 대부도에서 선재교 – 영흥교 등 연륙교로 이어지는 서쪽 끝 섬이다. 덕분에 다소 멀게 느껴질 수 있지만, 교통편이 잘 되어 있고 한가한 편이라 호젓한 여행을 원하는 사람들이 즐겨 찾는 곳이다. 십리포해수욕장은 영흥도 선착장에서 십 리(4km) 떨어진 곳에 있다 해서 이름이 그렇게 붙여졌는데 주차장에서 해수욕장으로 들어가는 입구에 있는 '소사나무' 숲이 인상적이다. 130여 년 전에 방풍림으로 심었다는 이 나무 군락은 십리포해수욕장은 물론 영흥도 전체에 골고루 분포하고 있다. 해변은 약 4km 정도인데 자잘한 자갈과 모래가 섞여 있어서 신발을 신고 다니는 게 안전하다. 해수욕장 주변에는 민박과 소형 리조트 등 숙박 시설이 있고 작은 승마장도 눈에 띈다. 바캉스 시즌에는 해양스포츠도 즐길 수 있다. 해변에서는 ATV(산악오토바이) 대여

인천시 옹진군 영흥면 영흥로 723

십리포해수욕장 관리사무소 : 032-885-6717, www.simnipo.com

승용차 : 평택시흥고속도로 송산 마도IC → 탄도방조제 → 선재도 → 영흥도 → 십리포해수욕장
대중교통 : 영흥도버스터미널 장경리행 마을버스 → 장경리 정류장 하차

가 이루어지고 있어 서로 주의를 필요로 한다. 갯벌 체험을 원한다면 해수욕장 홈페이지에 공개된 날짜별 조석표를 꼭 참고한다.

식탐 + 보양, 바닷가 영양 식단

피서 갔을 때 빼놓지 말아야 할 이벤트 중 하나가 '영양식' 먹기다. 식탐 더하기 보양이다. 그렇다고 피서지에서 직접 해 먹기는 부담스럽다. 바닷가에서 맛볼 수 있는 영양식 종류로는 닭요리나 전복이 들어간 해물찜 정도다. '십리포황토가든'(032-886-3750)은 식당 내외를 황토로 마감, 건강 식당이자 펜션임을 강조하고 있다. 주메뉴는 닭과 오리 요리. 토종닭육회, 한방백숙, 닭볶음탕, 옻닭, 황기백숙, 오리볶음탕, 오리주물럭, 오리로스, 옻요리, 오리한방백숙 등이 있다. '바다풍경'(032-881-8886)은 해물, 삼겹살 등을 파는 식당이다. 영양식단으로 아구찜, 해물찜 등이 있다. 갈치조림, 고등어구이, 해물칼국수, 바지락칼국수 등 가벼운 식사도 가능하다.

 숙박

우성리조트
주소 인천시 옹진군 영흥면 영흥북로 374-25
문의 032-882-1235, www.woosungresort.co.kr 요금 7만~80만원

쉴만한물가
주소 인천시 옹진군 영흥면 영흥북로 360
문의 032-886-0700, www.yhmulga.kr
요금 비수기 6만~50만원, 준성수기 8만~50만원, 성수기 6만~55만원

포엠펜션
주소 인천시 옹진군 영흥면 영흥북로 355
문의 032-887-7797, www.poemps.kr
요금 6만~24만원

인천 영흥도 장경리해수욕장

Point 낙조
해송 군락지
해수욕

한적함   만족도

달뜨면 더 예쁜 해안선

영흥도 끝에 있다. 평범한 시골 길을 달리다 고개 하나를 넘어가면 도톰한 해송 군락지가 구불구불 연결되어 있고 숲 사이로 펜션들이 납작 엎드려 있다. 그믐달을 닮은 해안선은 입꼬리를 바짝 치켜 올린 여인의 입술 같다. 실제로 이곳은 서해안 낙조 가운데 손꼽을 정도의 아름다운 정취를 자랑하고 있으며 쑥 들어와 있는 지형답게 달뜨는 모습도 황홀하다. 수도권에서는 당일치기 여행이 충분한 거리이지만 유난히 숙박 시설이 많은 것도 낙조와 달빛에 취해 발길을 돌리지 못하는 사람이 많기 때문이다.

산악오토바이 등 유원지 해수욕장에서 흔히 볼 수 있는 즐길거리가 비교적 잘 갖춰져 있다. 1.5km에 이르는 백사장은 여름 해수욕장으로도 손색없다. 시즌 때는 각종 해양스포츠 시설도 문을 연다. 해변 북서쪽 끝 바다로 달리는 능선의 풍력발전기들의 풍경도 장경리 해변에서 만날 수 있는 독특한 장면이다.

 인천시 옹진군 영흥면 내6리

 장경리해수욕장 : 032-886-5672 / www.janggyeongni.com

 승용차 : 평택시흥고속도로 송산 마도IC → 탄도방조제 → 선재도 → 영흥도 → 장경리해수욕장
대중교통 : 영흥도버스터미널 장경리행 마을버스 → 장경리해수욕장 정류장 하차

역시 칼국수·조개가 정답!

인기 해수욕장답게 수많은 식당이 있다. 한식은 물론 브랜드 통닭집까지 영업 중이다. 메뉴 선택이 마땅치 않을 때는 그저 서해안 대표 메뉴인 '칼국수'와 '조개'를 생각하면 된다. 그 중 '맷돌손칼국수'(032-883-1383)는 칼국수, 주꾸미, 파전, 김치전 전문점으로 식사와 함께 술까지 부르는 묘한 집이다. '장경리칼국수'(032-886-5574)는 담담하고 무난한 맛의 칼국수와 만두가 주메뉴이다. 푸짐한 한 상을 원한다면 '파도식당'(032-885-4097)을 찾는 게 좋다. 속을 든든하게 해 주는 닭볶음탕, 해물탕, 낙지볶음 등을 맛볼 수 있다.

 숙박

미리내펜션
주소 인천시 옹진군 영흥면 영흥서로 477
문의 032-884-2497, www.mirinae-house.co.kr 특징 미리내 패키지 삼겹목살 무한리필, 회, 매운탕, 아침식사까지 1인당 3만3000원
요금 7만~26만원

아름다운펜션
주소 인천시 옹진군 영흥면 영흥서로 465
문의 032-881-0409, www.beautifulps.kr
요금 10만~25만원

미리내펜션

태안 사목해변

Point
넓은 해변
캠핑장
솔향기길

한적함 만족도

이토록 꼭꼭 숨은 바닷가

꼬불꼬불 산길을 넘어 작은 마을로 들어가 다시 야트막한 언덕을 넘자 울창한 소나무숲이 나타난다. 소나무 사이사이로 모래사장과 바다가 어렴풋이 보인다. 펜션 몇 곳은 마을에 있고 솔숲 안에는 딱 한 곳의 펜션과 천주교 관련 시설인 살레시오수련관이 있다. 이토록 꼭꼭 숨은 바닷가가 또 있을까? 이곳은 옛날부터 모래가 많이 밀려와 이름도 '사목'이라고 했다. 육지로 쑥 들어온 만에 위치한 해변이지만 해안선이 약 1km에 달하고 폭도 200m라 여름철 며칠을 보내기엔 더없이 훌륭한 조건을 갖추고 있다. 솔숲에서의 야영도 가능하고 화장실도 갖춰져 있다. 식수는 충분히 준비해야 한다. 태안군 도보여행길 '솔향기길'이 사목해변을 지나간다.

 **숙박**

사목공원캠핑장
주소 충남 태안군 이원면 사목길 49
문의 010-5335-6443, cafe.naver.com/samokhealing 요금 3만원

천사의꿈
주소 충남 태안군 이원면 사목길 19-2
문의 041-674-7914 요금 전화 문의

 충남 태안군 이원면 내리
 태안군청 : 041-670-2433
 승용차 : 서해안고속도로 서산IC → 32번 국도 → 평천교차로 우회전 → 교통광장에서 직진 → 이원면사무소 → 사목길 → 사목해변
대중교통 : 태안시외버스터미널 '태안-원북' 농어촌버스 → 사목해수욕장 입구 정류장 하차

비밀 해변

태안 원안해변

Point 갯벌 체험 / 소나무숲

 한적함
 만족도

꼭꼭 숨은 여유만만 해안

원안해변은 연포해수욕장, 안흥항 등이 있는 근흥면 한쪽에 숨어 있다. 소나무숲이 꽤 굵직하고 다소 거칠어 보이지만 완만한 해안선 길이가 300m쯤으로 아담하며 숲 한쪽에는 건축의 완성미가 돋보이는 펜션도 두 채 있다. 체험마을에서의 민박도 가능하고 갯벌과 해양생물 채취도 체험할 수 있다. 조용한 곳을 좋아하는 가족의 여름 여행지로 적합해 보인다. 그러나 이곳은 특별히 목적지로 삼지 않는 한 그냥 지나치기 쉬울 정도로 눈에 띄지 않는다. 은둔의 매력 때문에 조용한 휴가를 원하는 사람들의 발길이 조금씩 늘어나고 있지만 해변을 관리하는 '용신어촌체험마을'에서는 원안해변을 널리 알리려 애쓰지 않는다. '무료한 해변'을 이곳의 특징으로 굳히고 싶기 때문이다.

 숙박

베이테라스
주소 충남 태안군 근흥면 용도로 410-11
문의 041-672-3336, www.bayterrace.co.kr
요금 12만~31만원

연포파인힐펜션
주소 충남 태안군 근흥면 용도로 410-86
문의 041-673-0878, www.yeonpopinehill.com 요금 8만~40만원

 충남 태안군 근흥면 용신리 915

 용신어촌체험마을 : 041-673-0401

 승용차 : 서해안고속도로 서산IC → 32번 국도 → 두야교차로 좌회전 → 용신삼거리 좌회전 → 원안해변
대중교통 : 태안시외버스터미널 '태안-근흥', '태안-소원' 농어촌버스 → 원안해변 또는 도항방앗간 정류장 하차 후 도보

태안 백리포해수욕장

Point 산책 / 작은 해변 / 숲길

한적함 / 만족도

그냥 지나칠 뻔한 '반달 해안'

만리포 – 천리포 – 백리포 – 십리포로 이어지는 해수욕장 시리즈 중 셋째다. 원래 이름은 방주골해수욕장인데 해수욕장 시리즈의 순서에 입각해 그렇게 불리게 되었다.

이곳은 해변이 국그릇처럼 움푹 파인 게 특징이다. 높은 곳에서 보면 반달을 닮았다. 백사장 길이가 1km도 채 되지 않고 폭 또한 150m에 불과하지만, 물이 맑고 모래도 으뜸으로 친다. 만리포나 천리포에 비해 조용해서 '은둔형' 여행자들이 즐겨 찾곤 한다. 규모가 작고 마을도 없어서 적당한 고립감을 즐길 수도 있다.

 충남 태안군 소원면 의항리

 태안군청 : 041-670-2691

 승용차 : 서해안고속도로 서산IC → 만리포 입구 우회전 → 백리포해수욕장
대중교통 : 태안시외버스터미널 '태안-천리포' 버스 → 천리포정류장 하차 후 도보

 **숙박**

씨앤스타 펜션
주소 충남 태안군 소원면 백리포길 54
문의 041-675-6007, www.seaandstar.net
요금 비수기 8만~28만원

산과바다사이펜션
주소 충남 태안군 소원면 백리포길 58
문의 041-675-8489, www.sanbadapension.co.kr 요금 6만~17만원

매콤하고 강렬한 '아나고 두루치기'

'이게 떡볶이야? 두루치기야? 뭐야?' '천리포횟집슈퍼'(041-672-9170)의 '아나고(붕장어)두루치기' 맛을 보면 백리포해수욕장에 음식점이 없는 것이 오히려 다행스럽기까지 하다. 백리포 여행자들은 밥 때가 되면 버너에 불을 붙이거나 천리포항에 넘어가 식사를 하게 된다. 아담한 크기의 천리포항 주변에는 몇몇 해산물 식당이 있다. '아나고 두루치기'는 대부분 사람들에게 '첫 경험'이다. 붉고 걸쭉한 양념이 끓을 때 아나고의 흰 살은 마치 떡볶이 떡같이 보인다. 매콤하게 익은 아나고 한 토막을 양념과 함께 뜨거운 밥 위에 올려 입에 넣으면 이 세상 더 이상 바랄 게 없어진다. 서해 특산물인 '갱개미회'(간재미), 회, 찜, 매운탕도 주력 메뉴로 내놓고 있다.

태안 어은돌해수욕장

Point 고깃배낚시 / 해수욕 / 갯벌 / 등대

깨끗한 바닷물, 뛰놀고 싶은 방파제

시간이 멈춘 듯, 풍경도 멈춘 듯 모든 게 정지된 것 같은 적막감마저 드는 곳이다. 깨끗한 바닷물, 뛰놀고 싶은 방파제와 등대, 야단법석인 갈매기, 한적한 버스정류장 등 그냥 둘러보는 시야 자체가 영화의 한 장면이 되는 해안이다. 소나무숲도 어은돌의 깊은 풍경 중 하나다. 어은돌을 품고 있는 솔숲에는 펜션, 마을 집, 캠핑장 등이 평화로운 모습으로 앉아있다. 1km에 이르는 백사장은 모래와 자갈이 섞여 있지만 모래가 곱고 바캉스 시즌마다 해안 정비 작업을 해 안전한 해수욕이 가능하다. 갯바위 낚시도 가능한데, 낚시를 좋아하는 가족이라면 방파제 근처에서 현장 섭외 가능한 낚싯배를 타고 근처 섬에 나가 고기잡이를 하고 오는 것도 즐거운 추억거리가 될 것이다.

 충남 태안군 소원면 연들길 111-29

 어은돌해수욕장 관리사무소 : 041-670-2616

 승용차 : 서해안고속도로 서산IC → 32번 국도 → 송원삼거리에서 좌회전 → 어은돌
대중교통 : 태안시외버스터미널 '태안-소원'(어은돌, 파도리 등) 농어촌버스 → 어은돌항 정류장 하차

작은 어촌 치고 다양한 식단

어은돌은 방파제와 등대가 우뚝한 예쁜 곳이다. 방파제에 나가면 고깃배과 낚싯배들이 아무렇게나 정박해 있는데, 이 배들의 주인들이 주로 마을 사람 가운데 식당 주인, 펜션 주인인 경우가 많다. 꼭 그렇지 않더라도 어은돌해변에 있는 몇몇 식당들은 대부분 포구에서 직접 거래하는 자연산이나 양식 생선을 받아 손님에게 내놓고 있다. 또한 근처에 전복과 해삼 양식장이 있어서 작은 어촌 치고는 다양한 식단을 즐길 수 있다. '자연산횟집'(041-672-9305), '장미회관'(041-672-9587), '영진횟집'(041-672-9702) 등이 무난히 해산물을 즐길 수 있는 집들이다.

 숙박

어은돌송림캠핑장
주소 충남 태안군 소원면 모항파도로 398-42
문의 010-3420-3470, www.songlimcamp.kr
특징 전복 양식체험 및 구입 요금 캠핑 3만~4만원, 캠핑하우스(방갈로) 4만~10만원

테티스펜션
주소 충남 태안군 소원면 연들길 116-37
문의 010-7467-1201, www.테티스.com
특징 천연화장품, 비누 체험 공방
요금 13만~34만원

어은돌은하수
주소 충남 태안군 소원면 연들길 96-3
문의 041-672-1524, www.eunhasups.net
요금 4만~40만원

태안 갈음이해수욕장

Point
- 캠핑장
- 독살 체험
- 해루질 체험

 한적함  만족도

클래스가 다른 프리미엄 비치

관리를 잘 하는 해수욕장이다. 일 년 중 딱 7월 중순부터 8월 말까지만 문을 연다. '공식 개장'에 들어가려면 한 사람 당 5000원(이틀째부터는 2000원)의 이용료를 내야 들어갈 수 있다. 머무는 동안 입장권을 잘 챙겨야 한다. 출입 시 필요하다. 일단 유료 입장을 하고 나면 주차와 샤워는 무료다. 텐트는 1박이 3만원, 비박일 경우 2만원이다. 입장료를 받는 만큼 관리도 철저해서 조용하고 안전한 여행을 즐길 수 있다. 즐길거리들도 갈음이해수욕장의 특징이다. 전통 어업 방식인 독살체험, 밤 갯벌에 나가 골뱅이, 낙지 등을 잡는 해루질체험, 가두리 안에서 체험하는 맨손아나고잡기, 조개잡이 체험 등은 누구나 신나게 즐길 수 있는 프로그램들이다. 프로그램 참여 시 필요한 렌턴, 운동화, 장갑 등은 개인이 챙겨야 한다. 체험은 무료이나 선착순으로 모집, 적정 인원까지 접수하면 마감한다.

 충남 태안군 근흥면 갈음이길 38-30

 갈음이해수욕장 번영회 : 041-675-1363

 승용차 : 서해안고속도로 서산IC → 32번 국도 → 두야교차로 좌회전 → 갈음이길 우회전 → 갈음이해수욕장
대중교통 : 태안시외버스터미널 '태안-근흥' 농어촌버스 → 정죽3리회관 앞 정류장 하차 후 도보

직접 잡은 '아나고'로 숯불 구이

입장료를 내는 대신 갯벌과 바다 체험, 가두리에서의 붕장어 잡이 등이 무료라는 생각을 하면 역시 숙박은 캠핑, 식사는 직접 요리하는 것을 생각하는 게 좋다. 아나고는 얕은 물에 풀어놓아 눈에 잘 띄고 체험 참가자들은 목장갑을 끼고 있기 때문에 대부분 몇 마리씩 잡을 기회가 있다. 그렇게 잡은 아나고를 캠핑 스타일로 요리할 수 있는 가장 쉬운 메뉴는 '소금구이'다. 아나고 머리와 내장을 다듬어 살코기만 남긴 뒤 약한 숯불에 서서히 소금을 뿌려가며 구워 초고추장이나 와사비 간장에 찍어 먹으면 간단 요리 끝.

 숙박

갈음이텐트야영장
주소 충남 태안군 근흥면 정죽리산 47-40
문의 041-675-5565
요금 캠핑장 3만원, 비박 2만원

비치빌펜션
주소 충남 태안군 근흥면 갈음이길 98-5
문의 041-674-6070, www.taean.net/7beachvill
요금 7만~10만원, 성수기 전화 문의

꿈꾸는 바다 펜션
주소 충남 태안군 근흥면 갈음이길 203-5
문의 041-674-9941, www.dreambada.net
요금 6만~40만원

보령 독산해수욕장

| Point | 해수욕
갯벌 체험
해송 |

 한적함
 만족도

지나치지 않도록 조심하세요~

이정표를 보지 못하면 존재 자체도 모른 채 지날 수 있는 조용한 해수욕장이다. 민박이 밀집해 있는 마을과 송림이 거의 붙어 있고 해수욕장 진입로와 백사장에 목책을 설치, 모래의 이동과 쌓임을 방지해놓은 모습이 이색적이다. 송림에서 야영도 가능한데, 5월부터 가족 단위의 야영객들이 몰리기 시작한다. 9월까지 조용한 휴식을 원하는 사람들이 찾아온다고 한다. 그러나 피서철에도 인파가 크게 몰리는 것은 아니어서 민박이든 캠핑이든 계획을 세워 찾으면 호젓한 시간을 보낼 수 있다. 물이 맑고 갯벌이 넓어서 해수욕과 더불어 조개, 맛살, 골뱅이 등 갯벌 생물을 관찰할 수 있는 천혜의 체험장으로 애용된다.

 충남 보령시 웅천읍

 보령시청 : 041-930-3520

 승용차 : 서해안고속도로 무창포IC → 무창포로 좌회전 → 기현삼거리 좌회전 → 독산사거리 12시 방향 → 독산해수욕장
대중교통 : 보령종합터미널 '대천-웅천', '차고지-성주' 일반버스 → 독산해수욕장 정류장 하차

'밀조개'탕으로 든든한 자연식

독산해수욕장은 무창포 해안선에서 캠퍼들이 제일 많이 찾는 곳이다. 당연히 준비해 온 음식을 만들어 먹거나 갯벌에 나가 조개나 고둥을 잡아 볶아먹고 끓여먹는 사람들도 눈에 많이 띈다. 독산 갯벌은 모래와 흙이 비교적 부드러워 호미 등 도구 없이 손으로 파도 채취가 가능하지만 혹시 모를 안전사고를 대비 장갑과 연장은 챙기는 게 좋다. 독산 갯벌에서 많이 잡히는 조개는 '밀조개'. 밀조개는 덩치도 크고 살코기도 굵직하며 식감이 쫄깃해 조개탕, 된장찌개로 끓여먹으면 끝내주는 국물과 맛있는 조갯살을 맛볼 수 있다. 작은 바구니 하나 정도면 2인 기준 두 끼는 거뜬하다.

 숙박

독산해수욕장캠핑장
주소 충남 보령시 웅천읍 독산리 **문의** 041-932-2023 **부대시설** 화장실 2동 **요금** 무료

다원하우스풀빌라
주소 충남 보령시 웅천읍 열린바다로 508
문의 010-9459-7401, www.dawinhouse.co.kr
부대시설 독립가옥 구조로 단독 수영장, 단독 바비큐, 개별 스파 **요금** 24만~45만원

JP하우스
주소 충남 보령시 웅천읍 열린바다로 482
문의 010-3336-6672, jp-house.co.kr
부대시설 단독 수영장, 단독 바비큐, 단독 스파, 단독 테라스 **요금** 19만~40만원

영광 백바위해수욕장

극한 고요에 소리마저 사라진 느낌

Point 캠핑 / 갯벌 체험 / 염전

 한적함
 만족도

백바위해변 풍경은 마치 무언극 무대와도 같다. 우리나라 최대 염전 지역인 영광군 염산면 서쪽 끝에 있는 이곳은 염전과 갯벌과 구릉만 있는 거친 마을을 지나쳐야 만날 수 있다. 도로를 달리다 보면 이런 곳에 해수욕장이 있으리라는 생각은 할 수 없다. 갯벌 체험마을로 유명한 두우리를 지나 얕은 산길을 구비 돌자 왼쪽으로 해변이 등장하는데, 그 모습에서 어쩐지 소리가 사라진 느낌이 일어난다. 백바위는 해안 북쪽 끝에 있는 하얀색 바위를 보고 지은 이름이다. 울창한 솔숲을 나가면 뜰이 나오고, 타일 벨트와 방파제 모양의 계단을 지나면 갯벌로 이어진다. 끝없이 펼쳐지는 바다와 맑은 날이면 황홀하게 빛나는 석양의 풍경이 아름답다.

전남 영광군 염산면 칠산로 899

염산면사무소 : 061-350-5964

승용차 : 서해안고속도로 함평IC → 함평 TG → 함영로 P턴 → 금산교차로에서 좌회전 → 손무로 → 산남리 우회전 → 염산면소재지 삼거리 좌회전 → 천년로영광약방 우회전 → 칠산로 → 양일노인정 우회전 → 두우리 → 백바위해수욕장

대중교통 : 영광고속버스터미널 '차고지-두우' 농어촌버스 → 상정정류장 또는 백사염전 하차

역대 최고 맛과 크기 '지산장어'

맛있는 무언가가 당긴다면 백바위에서 20분 거리 백수읍에 있는 '지산장어(070-4139-6242)'를 '강추'한다. 민물에서 키운 갯벌장어 전문점이다. 펼쳐놓은 장어 너비가 어지간한 여자 손바닥만 하거나 조금 더 큰 굵은 장어를 숯불 위에 올려 노릇하게 구워 채소무침, 깻잎, 마늘, 고추 등과 함께 먹는 그 맛이 역대 최고급이다. 장어가 동면에 들어가는 11월부터 2월까지는 문을 닫는다.

두리펜션
주소 전남 영광군 염산면 칠산로 791-49
문의 061-353-2400, www.dooripension.co.kr
특징 숭어 후리질 등 어촌체험, 자전거 하이킹, 담수 수영장　**요금** 6만~45만원

백바위가든민박
주소 전남 영광군 염산면 칠산로 892
문의 062-353-1255　**요금** 전화 문의

무안 홀통해수욕장

| Point | 해수욕
대하 · 주꾸미 |

한적함 / 만족도

상상 이상의 아름다운 해변

홀통해변은 영광군 – 무안군 – 함평군 등 세 개의 지역에 둘러싸인 오류리 일대의 해안을 말한다. 하늘에서 보면 고래 꼬리처럼 생긴 홀통해변 끝에는 잘생긴 소나무들이 가득한 구릉 지대가 있고 안쪽으로는 홀통해수욕장이, 그 너머에는 해양실습장이 있다. 내륙으로 들어온 바다에 자리하고 있어서 파도가 잔잔하고 바람이 산들거려 그저 걷기만 해도 기분이 좋아진다. 해수욕, 야영, 바다낚시, 윈드서핑, 해수찜 등 휴양과 해양스포츠를 동시에 즐길 수 있어서 여름철이면 알음알음 찾아오는 이들이 적지 않다.

목포, 광주 등 호남의 대도시와 가까워 현지인들이 즐겨 찾는 곳이지만 호젓한 해수욕장, 무안 갯벌에 관심 많은 경상도, 서울 수도권 여행자들도 많이 찾는 편이다.

 전남 무안군 현경면 홀통길 198-1
 무안군청 : 061-450-5628
 승용차 : 무안광주고속도로 북무안 IC → 해제, 현경 방면 → 현경교차로 좌회전 → 현경삼거리 직진 → 홀통해수욕장
대중교통 : 무안고속버스터미널 800번 좌석버스, '무안–해제', '무안–운남' 농어촌버스 → 마산리 하차
 홀통유원지

갯벌 낙지 맛보는 '무안 낙지 골목'

갯벌 천국 무안의 최고 특산물은 역시 낙지다. 일명 '뻘낙지'로 불리는 무안 낙지는 갯벌이 품어주는 편안한 환경과 무한 영양을 흡입하며 자라 특별히 영양과 맛이 뛰어나다. 무안군 곳곳에 많은 갯벌낙지 전문점이 있지만 역시 제대로 맛을 보려면 무안버스터미널 뒤에 있는 '낙지골목'을 찾아가는 게 좋다. 세발낙지, 기절낙지, 산낙지탕탕이, 낙지호롱구이, 낙지물회, 낙지비빔밥, 낙지볶음, 낙지연포탕, 갈낙탕(낙지+갈비), 낙지초무침 등 무안이 아니면 맛볼 수 없는 다양한 메뉴들이 있다. '무안참갯뻘낙지'(061-452-0888), '무안뻘낙지전문점'(061-452-9988), '무안가을뻘낙지'(061-452-9761) 등이 성업 중이다. 홀통해수욕장에 오가는 길에 꼭 들러볼 만하다.

숙박

바람의 바다
주소 전남 무안군 현경면 신정길 101
문의 061-453-0730, www.holtong.co.kr
특징 황토한옥, 통나무집 요금 10만~47만원

홀통하우스
주소 전남 무안군 현경면 신정길 101-9
문의 010-2706-7284, www.holtonghouse.co.kr 요금 7만~30만원

윈드빌아카데미아펜션
주소 전남 무안군 현경면 홀통길 65
문의 061-452-6525
특징 해양스포츠 전문 강습 및 실습(강습비 별도) : 수중레포츠(스노클링, 스킨스쿠버), 세일링(카이트서핑, 윈드서핑, 옵티미스트요트, 호비16요트, 레이저요트, 딩기급 이상), 수상 동력(수상스키, 웨이크보드, 동력보트, 땅콩보트, 바나나보트) 요금 8만~21만원

무안 조금나루해변

Point | 캠핑
긴 해안선
기철낙지

 한적함
 만족도

삼면이 바다인 아늑한 해변

조금나루는 조수간만의 차가 가장 적은 '조금'에도 나룻배를 탈 수 있다고 해서 붙여진 이름이다. 포구와 야영장이 있는 해안인데, 이곳을 지도에서 찾아보면 특이한 지형적 특성을 띤다. 바다 쪽으로 툭 튀어나온 땅끝에 해변이 위치해 삼면이 바다이며 신안의 섬들에 둘러싸여 매우 아늑한 느낌이다. 원래 이곳은 육지와 가까운 섬이었으나 매립 작업 후 연결되어 커다란 해안선을 이루게 되었다. 서해안에서 쉽게 볼 수 없는 긴 해변의 길이가 무려 4km에 이른다. 가도 가도 끝이 없는 해안선을 산책하고 바다낚시를 즐기기에 적당하다. 마을 끝에서 툭 불거져 나온 지형적 특성 때문에 시야가 좋고 낙조를 조망하기에도 그만이다. 워낙 넓은 규모라 여름철이면 단체로 놀러 오기에도 괜찮다. 단, 해수욕장으로는 적당하지 않다.

 전남 무안군 망운면 송현리 조금나루길

 무안군청 : 061-450-5628

 승용차 : 무안광주고속도로 북무안 IC → 해제, 현경 방면 → 현경교차로 좌회전 → 현경삼거리 망운 방면 좌회전 → 송현리사거리 우회전 → 조금나루유원지
대중교통 : 무안고속버스터미널 200번 좌석버스, '무안–현경' 농어촌버스 → 원송현정류장 하차

 전망대, 캠핑장, 갯벌(샤워, 개수대 없음)

기절할 정도로 맛있는 '기절낙지'

조금나루포구에는 일 년 내내 해산물이 풍요롭게 올라오는데, 특히 기절낙지가 인기 있다. 기절낙지란 살아있는 낙지를 소금물에 박박 씻어 잠시 기절시킨 뒤 요리한다고 해서 붙여진 이름이다.

기절낙지의 다리는 생으로 먹고 머리는 구워서 먹는데, 막걸리 식초를 소주잔에 담아 한 잔 마시고 기절낙지 머리를 먹으면 정말 기절할 정도로 맛이 좋다. 무안터미널 뒤에 위치한 횟집 타운에서 맛볼 수 있다.

 숙박

조금나루야영장
주소 전남 무안군 망운면 송현리 조금나루길
특징 화장실만 있음. 취사대, 개수대 기타 야영 시설 없음
요금 무료

노을빛연리펜션
주소 전남 무안군 운남면 와우로 154-55 **문의** 010-3647-0079, www.노을빛펜션.com **특징** 조금나루와 가장 가까운 펜션(8.5km, 승용차 20분 거리)
요금 비수기 8만~25만원

무안 톱머리해수욕장

Point
해수욕
횟집
갯벌

한적함

만족도

뜻밖의 대형 해수욕장

무안공항 활주로 끝 부분 근처에 있는 톱머리해수욕장은 대형 해수욕장의 규모를 갖추고 있다. 백사장 길이가 2km에 달하고 호텔, 여관, 펜션 등 숙박시설과 식당도 많다. 조수간만의 차이가 매우 심해 썰물이면 어마어마하게 넓은 백사장과 갯벌이 생긴다는 것도 특징. 덕분에 아름다운 경치와 풍요로운 갯벌에서 추억을 만들기에 충분한 해변이다. 바다낚시로도 유명한데, 돔과 숭어가 많이 잡힌다. 이곳의 해송은 보호림으로 지정될 정도로 좋은 나무들이라 편안한 휴식을 취하기에 최고의 환경이다. 어쩌다 항공기 착륙 모습이 포착되기도 하는데, 영화의 한 장면 같은 느낌이다.

 전남 무안군 현경면 망운면 톱머리길 66

 무안군청 관광문화과 : 061-450-5628

 승용차 : 무안광주고속도로 무안공항IC → 용교교차로 좌회전 → 삼거리 좌회전 → 톱머리해수욕장
대중교통 : 무안고속버스터미널 800번 좌석버스, '무안-해제', '무안-운남' 농어촌버스 → 마산리 하차

입맛 돋우는 바다 전망 횟집

톱머리해수욕장의 긴 백사장 주변에 많은 횟집들이 있다. 해수욕 후 싱싱한 생선회와 펄낙지를 즐길 수 있다. 횟감으로는 자연산민물장어, 민어, 돔, 농어, 우럭 등이 있고 무안의 대표 영양식인 낙지는 물론 닭백숙, 닭볶음탕을 파는 식당들도 많다. '해송별관'(061-453-0909)은 탁 트인 바다 전망이 회 맛을 돋운다. 포구 바로 앞 '톱머리횟집'(061-453-8050), '무안명가횟집'(061-453-7774), '피서횟집'(061-452-1296) 등이 영업 중이다.

숙박

무안톱관광펜션
주소 전남 무안군 망운면 톱머리길 118
문의 061-454-7878, www.topmeori.com
요금 비수기 9만~55만원

무안해양펜션
주소 전남 무안군 망운면 톱머리길 66-4
문의 061-452-0020, www.muanpension.co.kr
요금 8만~40만원

주변 여행지

초의선사 탄생지

차의 신성 초의(艸衣)는 조선 정조 10년(1786) 4월 5일 전남 무안군 삼향면 왕산리에서 태어났으며 속성은 흥성 장(張) 씨며 이름은 의순(意恂)이다. 초의라는 호는 출가 후 스승 완호, 윤우로부터 받은 것이다. 그는 15세 때 나주 남평에 있는 운흥사로 출가, 19세 때 해남 대둔사에서 완호 스님으로부터 구족계(具足戒, 출가한 스님이 지켜야 할 계율)를 받았다. 그는 탱화를 잘 그렸고 서예 솜씨 또한 대단했다고 전해진다. 32세 때 대흥사로 들어가 39세 때 일지암을 중건했고, 그곳에서 자신의 철학과 사상을 기록으로 남겼다. 차 문화를 정리하기 시작한 것도 그 시절의 일이었다. 그리고 45세인 1830년에 차 따는 시기와 방법, 차 만드는 법, 보관법, 물 끓이는 법, 마시는 법 등 차와 관련된 22가지의 지식을 정리한 〈다신전〉을 펴냈다. '해남 대흥사'에는 정약용, 김정희 등 당대 지식인과 예술가들이 수시로 찾아와 야생차를 우려 마시며 조선의 오늘과 미래를 논하곤 했다. 그는 고종 3년(1866) 7월 2일 세수 81세, 법랍(출가 이후의 나이) 66세로 천수를 누린 후 입적했다.

이곳에는 초의선사의 생가, 조선차역사박물관, 연수시설, 용호백로정, 차문화체험관 등이 있다. 초의선사 탄생지에서는 매년 음력 4월 5일 초의선사 탄생일 즈음에 초의신시단생문화제가 열린다. 시간을 맞춰 여행하면 영산제 공연, 길놀이, 시낭송회, 국악 공연, 남도 민요 합창, 천인헌다제, 어린이 행다 경연대회, 전통 다례복 발표회, 초의등 밝히기, 세계의 차 전시 등 다양한 프로그램에 참여할 수 있다.

주소 전남 무안군 삼향읍 초의길 30
문의 무안군청 관광문화과 061-450-5628
요금 무료

해수욕 해변
45~54

45 인천 을왕리해수욕장

46 태안 신두리해수욕장

47 태안 만리포해수욕장

48 태안 연포해수욕장

49 서천 춘장대해수욕장

50 부안 격포해수욕장

51 부안 모항해수욕장

52 고창 구시포해수욕장

53 영광 가마미해수욕장

54 함평 돌머리해수욕장

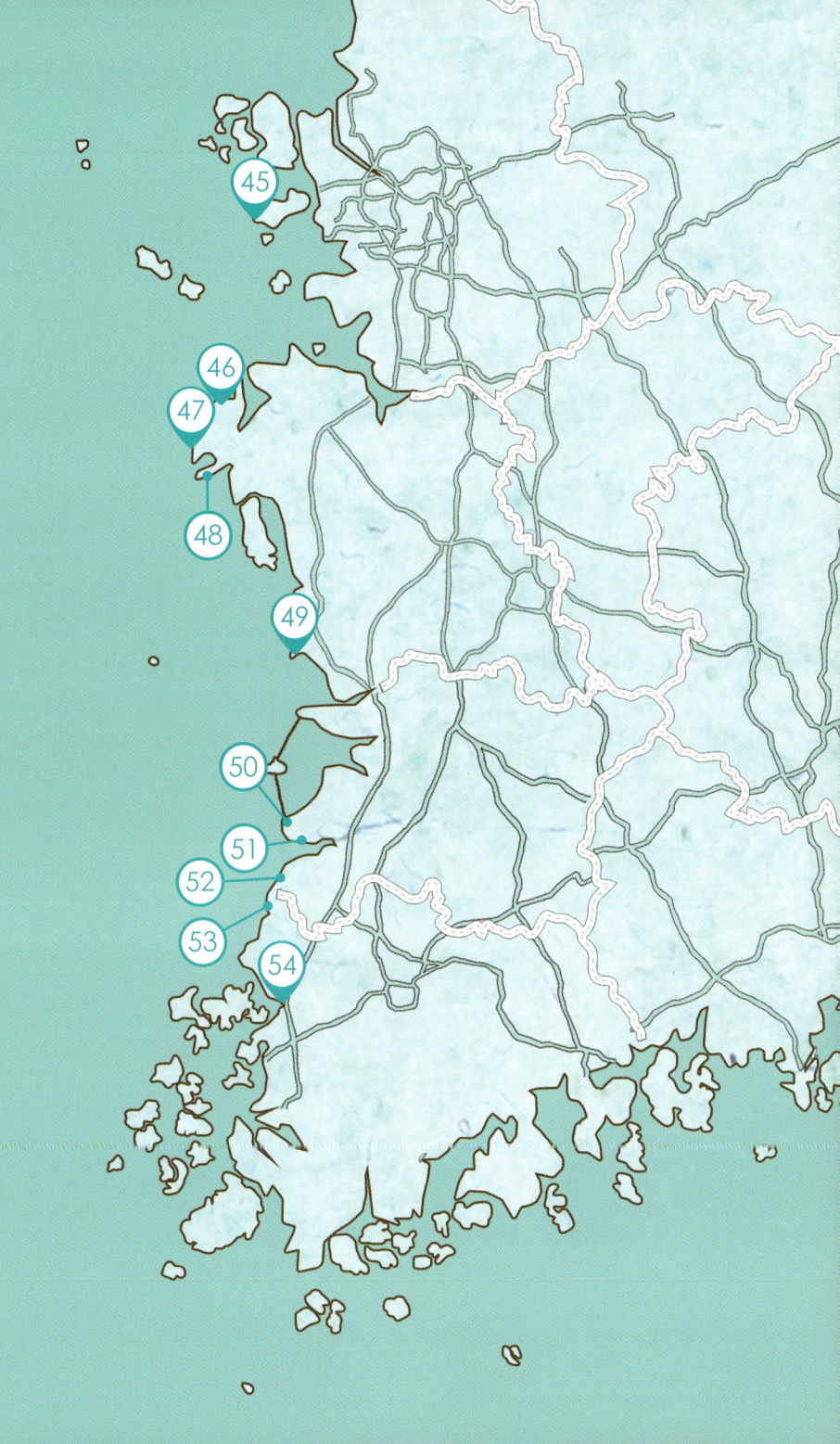

바닷가에 놀러 왔으면 바닷물에 들어가야지!

서해는 해수욕 권장 해변과 산책 권장 해변으로 나뉜다. 갯골이 있거나 경사가 심해 위험한 해변에서는 해수욕을 자제하는 게 좋다. 이왕이면 공식 해수욕장의 공식 개장 기간을 이용하는 게 재미있고 안전하다. 기간도 중요한 것은 그 시기에만 안전 요원과 시설이 준비되어 있기 때문이다.

'공식해수욕장'은 대부분 대형 해변이라 교통이 편리하고 리조트 등 기반 시설도 잘되어있다. 더욱 즐거운 것은 해양 스포츠. 끝없이 진화하는 수상스포츠의 종류는 상상을 초월할 정도로 놀랍고 즐겁다. 재미있게, 안전하게 바다를 만끽할 수 있는 서해안 대표 해수욕장들을 이곳에 모았다.

인천 을왕리해수욕장

| Point | 해수욕
조개구이
캠핑
낙조 |

 한적함  만족도

부담 없는 가족 물놀이

사계절 관광 해변이다. 백사장 폭이 최대 50m이고 썰물 때는 넓은 갯벌을 거닐 수 있다. 해변의 길이는 약 700m이고 수심이 1.5m 정도다. 북쪽에는 을왕리 선착장이 있어서 썰물 때는 갯벌에 어선들이 늘어서 있고 선착장 앞으로 조개구이집과 산책로가 있다. 아름다운 석양을 감상할 수 있는 낙조대도 그쪽에 있다. 남쪽은 솔숲과 백사장이 잘 발달되어 있다. 백사장에는 조개껍데기와 자갈이 많은 편이라 보기는 좋지만 맨발 보행은 삼가는 게 안전하다. 해수욕장으로서 좋은 환경을 갖고 있어서 한여름에는 해수욕을 위해 오는 사람이 많고 나머지 계절에는 연인, 친구들의 발길이 잦은 편이다. 관광 해변답게 식당이 즐비하고 손님을 받기 위한 길거리 경쟁도 치열한 편이다.

 인천시 중구 을왕로13번길 12

 을왕리해수욕장 번영회 : 032-752-0094, 032-746-4112

 승용차 : 인천대교 → 인천공항고속도로 → 신불IC 무의 방향 → 용유로 → 용유서로 → 을왕리해수욕장
대중교통 : 인천공항 3층 2, 13번 탑승구 302, 306번 버스 → 을왕리해수욕장

제철 활어와 조개구이

영종도에 공항이 들어서기 이전에 을왕리는 섬이었다. 당시 어업은 육지가 된 지금도 활발한 편이고 넓은 갯벌을 이용한 조개류 생산량도 많아 일 년 내내 해산물이 넘쳐난다. 제철 활어와 해산물 요리, 그리고 겨울철에는 조개구이가 가장 흔하다. 해변도로를 꽉 채우고 있는 식당 어느 곳에 들어가도 기본 수준의 메뉴를 만날 수 있다. 바닷가라 역시 회, 물회 등 제철 생선이 가장 흔하지만 막국수, 냉면, 보쌈 등 도시에서 부담 없이 즐겨 먹던 메뉴들도 눈에 띈다. 바닷가에서 벗어나 용유서로 건너편으로 올라가면 해물뚝배기 전문점인 선녀풍(032-751-2121) 등 맛 탐험가들로부터 인정받은 몇몇 유명 맛집들도 볼 수 있다.

숙박

영종스카이리조트
주소 인천시 중구 용유서로 379번지
문의 032-745-9000, www.yjskyresort.com
부대시설 골든스파&워터파크, 사우나, 헬스장, 웨스띠아(레스토랑), 카페빈(카페)
요금 15만2,720원부터

인천공항비치호텔
주소 인천시 중구 용유서로 373-1
문의 032-751-1177, www.incheonairporhotel.kr
부대시설 레스토랑, 스포츠마사지, 오락실, 나이트클럽 요금 10만~15만원

을왕관광호텔
주소 인천시 중구 용유서로304번길 12
문의 032-751-2233, www.ulwanghotel.com
부대시설 레스토랑 요금 13만~25만원

에버뷰펜션
주소 인천시 중구 용유서로348번길 16
문의 032-888-0815, www.view2011.co.kr
요금 6만~30만원, 성수기 전화 문의

대명펜션
주소 인천시 중구 용유서로302번길 14-2 을왕비취타운 2동 문의 032-746-0270 , www.dmpension.net 요금 5만~25만원, 성수기 전화 문의

금빛바다 예쁜펜션
주소 인천시 중구 용유서로302번길 11
문의 010-5011-2892, www.goldsea.kr
요금 7만~20만원, 성수기 전화 문의

을왕노을바다펜션
주소 인천시 중구 용유서로302번길 15
문의 032-751-9700, www.glowsea.com
요금 5만~25만원 성수기 전화 문의

아이보리민박
주소 인천시 중구 을왕동 709-6 문의 010-5797-8727, www.을왕리민박.krindex.html
요금 3만~15만원, 성수기 전화 문의

태안 신두리해수욕장

Point 사구 / 리조트 / 캠핑

 한적함
 만족도

해수욕장과 모래 언덕이 나란히

'사구'(砂丘)란 말 그대로 모래 언덕을 말한다. 주로 북서풍을 타고 날아온 모래가 집중적으로 쌓이고, 그 위에 풀씨, 꽃씨가 머물다 풀밭, 꽃밭이 된 곳이다. 해안선과 불과 300m 정도 떨어진 곳에 위치한 사구 꼭대기에 올라서서 보면 넓은 모래 평야가 마치 바다 위에 있는 것 같은 착각에 빠지게 한다. 그래서 바다를 향해 모랫길을 걸을 때면 신기루를 걷듯 휘청이는 느낌이 들기도 한다.

신두리해변은 일반 관광지와 사뭇 다른 분위기다. 클럽, 게임방, 노래방, 식당 등이 한두 곳 정도만 있을 뿐이다. 3.5km에 이르는 긴 백사장과 탁 트인 바다 전망, 완만한 경사와 높은 수온까지 가족 해수욕에 더할 나위 없는 조건. 이런 장점에 비해 널리 알려진 편이 아니라 북적이지 않는 오붓한 가족 휴가를 보내기에 이만한 곳이 없다.

 충남 태안군 원북면 신두리
 태안군청 문화관광과 : 041-670-2114
 승용차 : 서해안고속도로 서산IC, 해미IC → 태안 → 신두리
대중교통 : 태안터미널 원북 방면 농어촌 버스 → 신두리 정류장 하차

해수욕 해변

태안의 명물, 박속낙지탕

신두리 해수욕장의 식당은 주로 횟집들이다. 대하와 조개, 각종 해산물과 해장국을 파는 '태도수산'(041-675-5939), 깔끔하고 맛있는 해산물과 아

이들을 위한 배려심이 깊은 '신두리횟집'(041-675-9667), 조개구이와 해산물을 파는 '서해안조개구이'(041-675-6973), 우럭탕, 꽃게탕과 함께 태안군 특산물인 '박속낙지탕' 등을 맛볼 수 있는 '마로니에횟집'(041-675-1672) 등이다. '박속낙지탕'은 태안 7미, 즉 간장게장, 박속낙지탕, 대하구이, 우럭젓국, 꽃게탕, 게국지, 붕장어구이 중 하나로 '박속'(박의 열매 안에 씨가 박혀있는 부분), 파, 고추 등을 넣고 끓인 육수에 세발낙지를 넣어 샤부샤부로 먹다가 나중에 수제비나 칼국수를 넣어 마무리하는 태안 고유의 음식이다.

숙박

하늘과바다사이리조트
주소 충남 태안군 원북면 신두해변길 199
문의 041-675-2111, www.sky-sea.co.kr
요금 8만~80만원

샌드힐리조트
주소 충남 태안군 원북면 신두해변길 87
문의 041-675-3102, www.sandhill.co.kr
요금 10만~45만원

TIP 리아스식 해안이 선사하는 '공정 여행'

태안군 해안선만큼 오묘한 동선도 없다. 이곳에는 이원방조제를 제외하고 인공 해안도로가 없다. 몽산포 일대나 안면대교 남쪽과 같이 땅의 생김 자체가 직선인 경우 말고는 모든 길이 꼬불꼬불 오르락내리락의 연속이다. A 지짐에서 가까이 보이는 B 지짐으로 가기 위해서는 읍내로 나섰다 다시 들어가야 하는 경우도 있다. 그래서 불편하냐고? 그렇지 않다. 접안 도로가 없기 때문에 태안군의 자연은 훼손되지 않고, 바닷가 평화로운 마을의 풍경을 유지하고 있는 것이다. 그것이 태안군 해안 일대가 해안국립공원으로 지정된 결정적 이유이기도 하다. 태안군 해안마을을 여행할 계획을 세웠다면 설령설령 유람가 생각하지 말고 한곳에 콕 박혀서 자연을 느끼고 인심을 나누고 돈도 그 마을에서만 쓸 것을 권한다.

47

태안 만리포해수욕장

| Point | 대형해수욕장
해양스포츠
최서단
포구 |

서해 3대 대형 해수욕장

만리포해수욕장이 있는 태안군 소원면 일대를 지도로 내려다보면 꽃게 모습이 떠오른다. 또는 솟구치는 파도가 연상되기도 한다. 만리포해수욕장은 이 유쾌한 그림 지도의 중간에 위치하고 있다. 그 옆에는 천리포해변이, 또 한 구비 넘어가면 백리포해변, 십리포해변까지 있는데, 실제로 십리포, 백리포해변이 짧고, 그 다음이 천리포, 그리고 가장 큰 해수욕장이 만리포해수욕장이다. 태안팔경 가운데 한 곳인 이곳이 해수욕장으로 개설된 것은 1955년의 일이다. 보령시 대천해수욕장, 부안군 변산해수욕장과 더불어 서해안 3대 고전형 대형 해수욕장으로 손꼽히며, 명사십리 백사장, 주변의 천리포수목원, 풍부한 해산물 등으로 일 년 내내 많은 사람들이 찾는다.

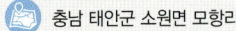

충남 태안군 소원면 모항리

태안군청 문화관광과 : 041-670-2544

승용차 : 서해안고속도로 서산IC → 32번 국도 만리포 방향 → 만리포해수욕장
대중교통 : 태안터미널 만리포행 시내버스 → 만리포해수욕장 하차

포구에서 맛보는 제철 활어회

만리포해수욕장 근처에는 결정적 포구 세 곳이 있다. 해수욕장 남쪽 끝에 있는 '만리포항', 고개 하나 넘어가면 있는 '모항항'과 천리포해수욕장과 붙어 있는 '천리포항'이 그곳들이다. 모두 고깃배들이 들락거리는 포구로 주변에 활어 직판장과 함께 횟집들이 있어서 싱싱한 제철 활어회를 맛볼 수 있다. 규모가 가장 큰 곳은 역시 '모항항'이다. 어선은 물론 배낚시를 즐기려는 낚시꾼들로 일 년 내내 북적거리는 전형적인 서해 포구의 모습이 낙조와 어우러져 낭만적인 풍경을 자아낸다.

 숙박

메이비펜션
주소 충남 태안군 소원면 만리포2길 229
문의 010-2262-3164, www.maybe.pe.kr
요금 9만~28만원

만리포바다풍경펜션
주소 충남 태안군 소원면 만리포2길 235-28
문의 041-673-9003, www.maliporental.com
요금 7만~65만원

만리포소풍펜션
주소 충남 태안군 소원면 만리포2길 98
문의 041-672-5424, www.mypicnic.co.kr
요금 5만~16만원

왈츠하임펜션
주소 충남 태안군 소원면 만리포1길 131
문의 010-5286-4995, waltzhiem01.cafe24.com
요금 7만~30만원, 극성수기 전화 문의

위드펜션
주소 충남 태안군 소원면 만리포2길 130
문의 041-672-8822, www.withpension.com
요금 5만~12만원, 성수기 전화 문의

천리포수목원

천리포수목원은 천리포해변에 위치하지만, 만리포해변에서 한 구비만 넘어가면 되는 가까운 거리다. 미국계 한국인 민병갈(칼 페리스 밀러 Carl Ferris Miller, 작고) 씨가 1962년부터 '인간을 위한 숲이 아닌, 숲을 위한 숲의 터를 만들자'는 뜻을 세워 오늘에 이른 '숲이 주인인 숲'이다.

인간의 눈요기를 위한 조림 작업이 아니었기 때문에 천리포수목원의 숲은 거친 편이다. 이곳에서 만나는 나무들은 구부러지면 구부러진 대로, 가지가 땅을 향하면 땅을 향하는 대로, 상처나 났다면 생채기 그대로를 드러내고 있다. 수목원 안에는 예전의 관리자와 일꾼들이 사용했던 숙소, 사랑채 등 기와집과 초가집 독립 가옥 8채가 있다. '가든 하우스'로 명명된 목가적인 풍경의 이 집들은 현재 '천리포수목원 후원기업'에 일정기간 우선 사용권을 주고 있는데, 사용 시점이 겹치지 않을 경우 일반에게도 개방한다. 현대식 인테리어와 위생 시설로 고급 펜션 수준이다. 또한 천리포수목원에서 운영하는 숙소이자 아카데미하우스인 '에코힐링센터'도 이용할 수 있다. 에코힐링센터에서의 취사는 1층 공동 취사장을 이용해야 하며 객실 내 조리 행위는 불가능하다.

가든하우스 A 13일 전 예약 가능
위성류 1,2층 요금 1,2층 각각 12만~20만원
사철나무집 요금 18만~27만원
배롱나무집 요금 24만~35만원

가든하우스 B 29일 전 예약 가능
동백나무집 요금 10만~12만원(겨울철 사용 불가)
소사나무집 요금 21만~27만원(겨울철 사용 불가)
다정큼나무집 요금 18만~27만원
해송집 요금 35만~50만원
벚나무집 요금 24만~35만원
호랑가시나무집 요금 24만~35만원
목련집 요금 50만~90만원

에코힐링센터
요금 4만~30만원(객실 주방 없음, 공동 주방 사용)

주소 충남 태안군 소원면 천리포1길 187
문의(숙소 예약) 041-672-9985, www.chollipo.org
수목원 입장료(숙박 고객 무료) 12월~3월 성인 6000원, 청소년 4000원, 어린이(만 4세 이상) 3000원 / 4월~11월 성인 9000원, 청소년 5000원, 어린이 4000원

태안 연포해수욕장

Point
- 대형해수욕장
- 백사장
- 갯벌 체험
- 일출 · 일몰

 한적함  만족도

의외의 규모, 빛나는 백사장

오래된 해수욕장이다. 알려진 것에 비해 규모가 크고 시설도 잘 갖춰진 편이다. 태안군 근흥면은 리아스식 해안의 전형적인 곳으로 태안군에서도 오지로 꼽힐 만큼 멀고 먼 곳에 위치한다. 연포의 장점은 사계절 물이 따뜻한 편이라는 점과 근흥항 등 커다란 어항으로 들어오는 해산물이 풍성하다는 점이다. 수온이 따뜻한 이유는 근흥면 앞바다가 서해 난류가 머무는 곳이라 그렇다. 또 울창한 송림이 있어서 여행자의 심신을 품어준다. 서해 해변에서 보기 쉽지 않은 백사장이 있다는 것도 이곳에 많은 여행자들이 몰리는 이유다. 썰물이면 고운 모래밭을 지나 갯벌로 들어가 조개잡이 등 어촌 체험을 할 수도 있다. 널리 알려지지는 않았지만 일몰은 물론 일출의 장관도 볼 수 있다.

 충남 태안군 근흥면 도황리
 연포해수욕장 번영회 : 041-674-0909
 승용차 : 서해안고속도로 서산IC → 32번 국도 → 두야교차로 좌회전 → 연포삼거리 좌회전 → 연포해수욕장
대중교통 : 태안시외버스터미널 '태안-근흥' 농어촌버스 → 연포해수욕장 정류장 하차 후 도보

속이 뜨끈해지는 서해 별미

연포해수욕장은 수온이 높은 편이라 물속에 한 번 들어가면 자연스럽게 오래 있게 된다. 피부는 잘 몰라도 속은 차가워지기 쉽기 때문에 음식도 차가운 것 보다는 따뜻한 게 좋다. 해안가에 있는 '소라횟집'(041-673-0786)은 우럭, 광어, 농어 등과 함께 '바지락칼국수' 맛이 예사롭지 않다. 일단 때깔이 선명하고 곱다. 바지락은 얼마나 깨끗이 해감하고 씻었는지 껍질에서조차 갯벌 색이 나지 않는다. 호박, 고추, 양파, 파 등 야채의 색깔에서도 곱디곱다. 맛은 두말할 필요도 없다. 자연산 활어회를 파는 '땜'(041-672-2144) 횟집 역시 여러 가지 활어회와 함께 속이 뜨끈해지는 '박속낙지탕'을 맛볼 수 있는 집이다.

숙박

도장동소암해변캠핑장
주소 충남 태안군 근흥면 도황리 404-1
문의 041-672-4397, cafe.naver.com/yunpoautocamping 요금 3만~3만5000원

마음속의 집
주소 충남 태안군 근흥면 용도로 126-10
문의 041-673-8893, www.hearthome.co.kr
부대시설 카페, 세미나실, 개별 테라스, 바비큐, 족구장, 베드민턴장 요금 비수기 7만~19만원, 성수기 전화

하늘바다펜션
주소 충남 태안군 근흥면 연포2길 38-99
문의 010-3747-6653, skyseahouse.co.kr
요금 5만~50만원

서천 춘장대해수욕장

Point
- 대형해수욕장
- 캠핑장
- 동백꽃 해변
- 해맞이·해넘이 축제

한적함

만족도

크고 넓고 편리한 해수욕장

해안선 길이 1.5km, 썰물 때 해변 폭 무한대! 해송과 아카시아가 숲을 이루고 있고 대형해수욕장 위용을 상징하는 종합안내소, 매점, 탈의장, 샤워장, 공중화장실 등 편의시설도 수준급이다. 백사장을 포함한 해수욕장 전체를 산책로로 조성한 것도 특징이다. 솔숲, 광장, 해안 등 공유 면적도 널찍해서 여행자들의 여유를 챙겨주고 있다. 비치에서 500m 안에 펜션, 오토캠핑장, 캠핑장, 민박, 음식점들이 뜨문뜨문 있어 여행자들이 해수욕장 존 안에서 의식주를 해결할 수 있게 한 것도 춘장대해수욕장이 전국구 대형 해수욕장이 된 이유 중 하나다. 교통이 편리한 것도 장점이다. 춘장대IC에서 나와 15분이면 주차장에 도착할 수 있으니 거의 아이언맨 급 접근 속도라 할 수 있다. 여름철에 한시적으로 운행하는 서울역 – 춘장대역 열차도 낭만 여행을 부추기는 좋은 친

 충남 서천군 서면 도둔리 산 46-1

 춘장대운영협의회 : 041-953-3383

 승용차 : 서해안고속도로 춘장대TG 좌회전 → 서인로 우회전 → 춘장대해수욕장
대중교통 : 서천터미널 정류장' 서천 – 동백' 버스 → 춘장대해수욕장 정류장 하차

구다. 주변 환경도 뛰어나다. 가히 먹거리 천국이라 불리는 홍원항, 해맞이·해넘이 축제 현장으로 유명한 마량리 마량항과 동백나무 숲은 오랜 시간 추억으로 남을 만한 아름답고 맛있는 바닷마을들이다.

온통 주꾸미 틈에 '항아리 짬뽕' 인기

서천 하면 주꾸미를 떠올린다. 홍원항, 마량항 등에 가면 주꾸미 맛집들이 즐비하다. 특이한 메뉴를 파는 집도 있다. 홍원항으로 들어가는 홍원길에 있는 중국집 '만리향'(041-952-8111)이 그곳. 지역이 온통 회, 주꾸미와 해물칼국수 전문점으로 뒤덮여 있는 틈에 뜬금없이 '항아리짬뽕', '통오징어짬뽕', '삼선전복쟁반짬뽕', '전복홍합짬뽕', '해물갈비짬뽕' 등 허를 찌르는 메뉴로 큰 인기를 얻는 집이다. 선도나 맵기 등 개인의 취향에 따라 호불호는 있으나 일단 재미있는 메뉴로 인정받은 것은 확실이다. 뽕잎 가루가 들어간 '뽕잎짜장', '탕수육'의 인기도 만만치 않다.

숙박

춘장대오토캠핑장
주소 충남 서천군 서면 춘장대로 106
문의 010-3780-7977 요금 3만원

서도하이빌펜션
주소 충남 서천군 서면 춘장대로 132
문의 041-953-0014, www.seodo.net
요금 5만~40만원

오성펜션
주소 충남 서천군 서면 서인로 471번길 61-21
문의 041-952-3383, ospension.com
요금 7만~14만원, 성수기 전화 문의

© 서천군청

즐길거리 & 주변 여행지

홍원항 전어·꽃게 축제
가을철 대표 생선인 전어와 꽃게를 주제로 하는 축제다. 9월에 산란기를 맞는 전어는 뼈가 물러지고 살이 포동하게 올라 이빨이 튼튼한 사람은 뼈째 와삭 씹어먹어도 될 정도로 부드러운 맛이 절정에 달한다. 전어구이와 전어회가 축제 현장에서 맛볼 수 있는 가장 흔한 메뉴다. 금어기가 풀린 가을 꽃게도 인기다. 맨손으로 전어잡기, 꽃게머그컵 페인팅 등 가족여행자들이 혹할 만한 이벤트도 열린다.

장소 홍원항 일대
문의 041-950-4256
기간 9월 중순경 2주 간

마량리 동백숲
우리나라 역대급 동백나무 군락지다. 여러가지 전설을 안고 있으나 해류를 타고 밀려온 동백나무가 이곳에 뿌리를 내리고 가지를 뻗어 군락을 형성한 것으로 보인다. 그런데 하필 그것이 바닷가 동산이어서 사람들 눈에 잘 띄었고, 자연스럽게 이곳에 사람들이 모여 풍어와 무사고를 빌었다고 전해진다. 일반적인 동백은 음력 입춘이면 꽃잎이 떨어지기 시작하는데, 마량포 동백은 4월까지 꽃잎을 내밀고 있어 봄철 여행자들의 가슴을 붉게 물들여 준다. 춘장대해수욕장에서 승용차로 10분 거리에 있다.

주소 충남 서천군 서면 마량리 산14
문의 041-950-4256

부안 격포해수욕장

Point
- 리조트
- 캠핑
- 채석강·적벽강
- 마실축제

 한적함  만족도

지구의 유산 가득한 해변

변산반도를 지도로 보면 곰의 옆얼굴처럼 생겼다. 격포는 콧구멍쯤에 있고, 해안선이 쏙 들어가 유난히 파도가 잔잔하고 안락한 분위기여서 해수욕장으로 빼어난 입지라 할 수 있다. 모래사장에 서서 바다를 바라보면 왼쪽으로 채석강, 오른쪽으로 수성당이 자리하고 있는데, 이곳 관찰과 함께 채석강 위에 있는 작은 봉우리인 닭이봉에 오를 것을 권한다. 수성당, 격포해변, 등대, 대명리조트, 격포항 등 변산 일대를 조망할 수 있는 최고의 전망 포인트다. 석양 무렵에 올라가면 빛나는 격포해수욕장의 풍경과 일생일대의 낙조 사진을 건질 수도 있다. 격포해수욕장과 거의 붙어있는 대명리조트는 바닷가에서 신나게 놀고 돌아와 쾌적하게 쉴 수 있는 부대시설을 잘 갖춘 손꼽히는 리조트이다.

 전북 부안군 변산면 격포리
 변산반도 국립공원 사무소 : 063-582-7808
 승용차 : 서해안고속도로 줄포 TG → 격포해수욕장
대중교통 : 부안버스터미널 정류장 100번 좌석버스 → 격포터미널정류장

어떤 먹거리를 원하든 그 이상

격포해수욕장은 맛있는 먹거리를 골고루 경험할 수 있는 최적의 조건을 지녔다. 격포항이 있어서 퍼덕이는 해산물을 쉽게 접할 수 있고, 부안의 전통 음식을 만들어내는 솜씨 좋은 식당들이 있고, 대명리조트 안에 있는 모던하고 현대적인 레스토랑까지 있으니 무엇이든 원하는 것을 얼마든지 먹을 수 있다. '향토'(063-583-0051)에서는 바지락죽, 칼국수, 백합죽 등 갯벌과 해안 특유의 전통 맛을 즐길 수 있다. 특히 바지락 음식이 눈에 띄는데, 바지락 회덮밥, 바지락 회무침까지 맛깔나게 내 놓는다.

격포터미널 앞 '신광식당'(063-581-6900)은 전복으로 지역을 평정했다. 전복장백반, 꽃게전복찜, 전복죽, 전복해장국 등 이름만 들어도 침이 넘어가는 특별한 메뉴를 팔고 있다. 대명리조트에 들어가면 '곰소젓갈 쌈밥정식'을 파는 '변산 Byeonsan'(063-580-8833) 등 부안 전통 음식은 물론 롯데리아, 임실치즈피자 등 세대를 아우르는 각종 먹거리들이 준비되어 있다.

 **숙박**

대명리조트변산
주소 전북 부안군 변산면 변산해변로 51
문의 1588-4888, www.daemyungresort.com
부대시설 아쿠아월드, 당구장, 오락실, 노래방, 스크린골프장, 실내야구타격장, 레스토랑, 슈퍼마켓   요금 회원 초청, 패밀리형 기준 10만2000~19만4000원

격포야영장&이순신글램핑힐
주소 전북 부안군 변산면 궁항로 178
문의 010-6639-8839, geokpoglamping.alltheway.kr   요금 10만~15만원

채석리조텔
주소 전북 부안군 변산면 격포 196
문의 063-583-8046   요금 4만~28만원

즐길거리

부안마실축제
부안군 전체에서 동시에 열리는 축제다. 격포야영장도 축제 지역 중 한 곳으로 격포캠핑장에서 열린다. 마실축제는 한 마디로 부안에서 보고, 걷고, 먹고, 놀고, 돕고, 자는 프로그램이다. '먹고'는 부안의 특산물인 소고기, 조개구이, 젓갈 등을 즐길 수 있는 장터 즐기기 프로그램이다. '놀고'는 변산면 도청리 두포마을에서 즐기는 갯벌체험이다. 바지락 잡기, 맛조개 잡기, 갯벌 밟기, 갯벌 게임 등의 프로그램이 예정되어 있다. '보고'는 부안자연생태공원에서 부안의 자연을 들여다볼 기회이다. '자고'는 격포해변의 야영장에서의 캠핑을 말한다. 50동, 400명을 수용할 수 있는 규모다. '돕다'는 오디, 감자 수확 체험이다. 공식 행사는 공설운동장에서 열리는데, 축제 참여 여행은 주제별 해당 지역으로 가면 된다.
문의 부안군청 문화관광과 063-580-4224, 063-580-3931

부안 모항해수욕장

Point
- 해수욕
- 낙조
- 드라이브
- 호랑가시나무군락

 한적함  만족도

상현달 닮은 부드러운 백사장

하루 종일 햇살을 안고 있는 반짝반짝 해변이다. 변산반도에서 전통의 변산해수욕장, 격포해수욕장 등 쟁쟁한 해변들에 비해 크게 알려지지는 않았으나 상현달을 닮은 예쁘고 부드러운 백사장과 소나무숲, 가족호텔과 펜션 등 고급스러운 편의 시설과 넉넉한 캠핑장 등으로 여행 마니아들에게 큰 사랑을 받고 있다. 변산반도 남쪽 해안을 달리는 30번 국도변에 있는 것도 모항해수욕장의 장점이다. 30번 국도는 변산반도의 해안을 달리는 꿈의 드라이브 코스이다. 모항해수욕장은 그중 남서쪽 끝에 위치하고 있다. 곰소만의 갯벌 지역에서 살짝 비켜 있어서 푸른 바다를 만끽할 수 있다. 모항해수욕장이 있는 모항마을의 해안 길은 자전거나 산책길로 그만이다. 전형적인 어촌의 모습을 한 마을 안으로 들어가면 어릴 적 향

 전북 부안군 변산면 도청리 모항해변길

 부안군청 문화관광과 : 063-580-4739

 승용차 : 서해안고속도로 줄포TG 좌회전 → 곰소항 → 모항해수욕장
대중교통 : 부안시외버스터미널 '격포, 모항' 버스 → 모항 정류장 하차

해수욕 해변

수를 자극하는 오래되고 낯선 풍경들을 실컷 볼 수 있다. 모항해수욕장은 '모항갯벌해수욕장'으로도 불리는데, 이는 마을 뒤쪽에 있는 드넓은 갯벌 때문이다. 모항갯벌 체험장 p113은 아이와 동행한 가족 여행자들에게 또 하나의 즐거움을 선사해 준다.

주변에 특별한 여행지가 없는 것도 이곳의 매력이다. 서해안 여행의 특징 중 하나인 '콕 박힌 채 한껏 즐기기'를 이루기에 더없이 좋은 환경인 것이다. 호랑가시나무 군락지도 모항에서만 볼 수 있는 특이한 자연의 선물이다.

전망을 함께 먹는 모항의 먹거리

모항은 변산반도 해수욕장 가운데 유난히 전망이 좋은 곳이다. 변산 끝자락이 만들어 준 절벽 아래에 위치하고 있기 때문이다. 몇몇 식당들이 비슷한 수준의 메뉴를 제공하고 있는데, 역시 전망과 함께 음식을 즐기려면 절벽 위에 자리한 식당이 제격이다. 모항비치텔에 있는 '모항횟집'(063-582-5544)은 모항 해수욕장은 물론 서해의 낙조를 한눈에 보며 광어회, 바치락초무침, 바지락죽, 백합죽, 백합탕 등 부안의 모든 별미를 맛볼 수 있는 음식점이다.

 숙박

모항레저타운펜션
주소 전북 부안군 변산면 변산로 3554-9
문의 063-584-8867~8, www.mohang.net
특징 바다 전망 요금 7만~30만원

모항비치텔
주소 전북 부안군 변산면 변산로 3554-5
문의 063-583-5545, www.mohangbeachtel.com 특징 바다 전망 요금 5만~30만원

모항레저타운펜션, 모항비치텔

고창 구시포해수욕장

Point 대형해수욕장 / 명사십리 / 갯벌 / 포구

한적함 / 만족도

모든 조건이 완벽하다

이렇게 길고 크며 백사장과 갯벌 구분이 확실하고 해안선 끝에 아담한 포구가 있는 바다 앞에 서면 누구나 가슴이 서늘해진다. 평원 수준의 넓은 해변에는 피서 피크 때 가도 여행자 밀도가 쾌적한 수준이니 책에 소개하기조차 꺼려지게 된다. 고창 구시포해수욕장은 어지간한 실내수영장보다 안전한 수영을 즐길 수 있다는 이야기가 나돌 정도로 경사가 완만하고 수심이 얕은 편이다. 거기에 특별한 지형 가운데 하나는 '갯골'이 없다는 점이다. 이것은 고창군 해안선의 결정적 특징이기도 하다. 대부분 지역의 갯벌이 지역을 온통 감싸고 있는 것에 비해, 고창군은 모래와 갯벌의 구별이 뚜렷하고 갯바위가 발달되지 않아 갯골(갑자기 푹 들어가는 갯바위 지형)이 없어서 더욱 안전하다. 바다 앞에 나란히 서 있는 섬들의 모습도 구시포해수욕장을 더욱 사랑하게 만드는 매력덩어리들이다.

전북 고창군 상하면 진암구시포로 545

상하면사무소 : 063-560-8272

승용차 : 서해안고속도로 고창TG 우회전 → 15번 국도 → 대동교차로 우측도로 → 지로사거리 좌회전 → 상하교차로 우측도로 → 자룡교차로 우회전 → 구시포해수욕장
대중교통 : 고창버스터미널 정류장 '고창-구시포' 버스 → 구시포휴게소 정류장 하차

방파제, 솔밭, 포구

닥치고 흡입! 회와 장어

긴 해안선, 솔숲, 포구 등 서해안이 보여주는 모든 것을 갖춘 해수욕장답게 맛집들 또한 서해 특산물을 대부분 맛볼 수 있는 '종합 횟집'들이 즐비하다. 농어, 돔, 광어, 우럭, 소라, 멍게, 붕장어(아나고), 주꾸미 등 서해안 회부터 백합칼국수까지 먹을 게 천지다. 신선도는 기본이고 양마저 푸짐해 입맛 까다로운 도시 여행자들을 '닥치고 흡입!' 모드로 만들어 버린다. '구시포정자나무횟집'(063-563-0713), '가막도횟집'(063-563-2072)가 들를 만하다. 고창 하면 '풍천장어'인데 구시포만 해도 풍천인 주진천(고창군을 가로질러 서해로 나가는 강 이름)과 조금 떨어져 있어 장어 전문점을 만나기가 쉽지 않지만 '장어장터'(063-564-8218)가 있어서 멀리 가지 않고도 맛볼 수 있다. 풍천장어는 기본, 풍천장어볶음, 바다장어, 노지 풍천장어에 자연산 풍천장어까지 판매한다.

 숙박

풀하우스펜션
주소 전북 고창군 상하면 구시포안길 291
문의 010-4563-1987, www.고창펜션.net
요금 8만~27만원

행복충전펜션
주소 전북 고창군 상하면 진암구시포로 539-28
문의 063-564-6096, www.행복충전펜션.kr
요금 8만~27만원

영광 가마미해수욕장

| Point | 대형해수욕장
백사장
송림
낙조 |

반달 닮은 백사장

말의 꼬리가 휘날리는 모양이라 해서 '가마미'라 명명된 지역의 해수욕장이다. 영광군 해안도로를 굽이굽이 달리다 불쑥 등장하는데, 해안선 모습이 하현달을 살짝 세워놓은 것 같이 예쁘다. 주차장 뒤로 굵은 소나무가 숲을 이루고 있고 군데군데 텐트를 친 모습이 한가로워 보인다. 솔밭 끝에는 정자와 데크를 설치, 해수욕장 관리소에 2만5,000~3만원 정도를 지불하면 텐트를 치거나 휴식 공간으로 이용할 수 있다. 소나무밭을 지나면 본격적인 바다가 나오는데, 여기가 서해 맞나 할 정도로 넓고 단단한 백사장이 인상적이다. 바닥이 딱딱해 달리고 싶은 욕구가 일어나지만 모래밭과 갯벌이 뒤섞여 있고 그 안에 게, 소라 등 해양생물이 잔뜩 살고 있다는 점을 염두에 두어야 한다. 유명세가 덜해 한여름

 전남 영광군 홍농읍 칠곡리 799-1

 가마미해수욕장 관광협의회 : 061-356-1020

 승용차 : 서해안고속도로 영광TG 좌회전 → 단주사거리 우회전 → 신평교차로 우회전 → 법성포 → 홍농 버스터미널 → 가마미해수욕장
대중교통 : 영광시외버스터미널정류장 '차고지 - 가마미' 버스 → 가마미해수욕장 주차장 하차

 안전요원 감시대, 정자, 계마항

에도 비교적 한산한 편이라 조용한 바닷가를 찾는 사람들에게 적당한 곳이다. 바닷가 앞에는 올망졸망한 섬들이 불쑥불쑥 올라와 있어 그저 바라만 보아도 평화롭고, 낙조 때면 섬들이 연출하는 짙고 붉은 하늘색으로 황홀경에 빠져들 수 있다. 해수욕장 개장은 7월 10일부터 8월 20일까지다.

숙박

가마미펜션
주소 전남 영광군 홍농읍 계마길1길 27-1
문의 061-356-8333, http://gamami.kr
요금 5만~17만원

능선민박
주소 전남 영광군 홍농읍 63-10
문의 061-356-5563 요금 전화 문의

밀바민박
주소 전남 영광군 홍농읍 가마미로 339-9
문의 010-8229-1659 요금 전화 문의

법성포 굴비와 자연산 회

가마미해수욕장은 영광 법성포와 가까워 이곳까지 온 김에 '굴비 정식'을 꼭 맛보자. 법성포터미널에서 법성포구로 들어가는 길목에 줄줄이 서 있는 식당에 들리면 얼마든지 맛볼 수 있다. 유명 굴비집에 들어가면 가격도 비싼 편이고 필요 이상의 반찬들로 다소 부담스러운 게 사실. '국제식당'(061-356-4243), 풍성한 집(061-356-0733), '토박이식당'(061-356-2335) 등에 가면 적당한 양과 깔끔한 맛의 굴비 정식을 즐길 수 있다. 또 가마미해수욕장은 '자연산 생선'의 천국이다. 바로 옆에 붙어 있는 '계마항'에서 그날그날 올라오는 신선한 생선으로 만든 회, 탕 등은 도시에서는 상상도 하기 어려울 정도의 차진 맛과 어촌 식탁 특유의 식감을 제공한다. 계마항 '칙사별미횟집'(061-356-7160)은 회로, 가마미해수욕장 바로 옆 '솔밭식당'(010-3100-3348)은 서대탕, 꽃게탕, 광어회, 제철병어찜 등으로, 자연산횟집겸 민박인 '능선민박'(061-356-5563)은 자연산 회로 여행자의 입맛을 사로잡는 곳들이다.

함평 돌머리해수욕장

Point 해수풀장 / 해수면 걷기 / 해수찜 / 갯벌 체험

한적함 만족도

'인공해수풀장'이 빚어낸 착각

해변 가까이 가니 놀라운 장면이 눈에 잡힌다. 사람들이 일렬로 바다 위를 걷고 있다. 눈을 비비고 다시 봐도 사실로 보인다. 이런 비현실적 장면은 해안가에 인공해수풀장을 만들며 설치한 물막이 담장의 높이가 수표면과 일치하면서 생긴 즐거운 착시 현상이다. 돌머리해변은 함평군 내륙과 함평만이 만나는 곳에 있는, 뾰족 튀어나온 곶의 끝에 있는 해수욕장이다. 돌출 지역 중앙은 구릉으로 캠핑장과 민박이 집중해 있고 북쪽으로는 돌머리해수욕장이, 남쪽으로는 전원과 산책로가 조성되어 있다. 해수욕이 가능하지만 서해안의 다른 해변에 비해 경사가 급한 편이라 수영은 해수풀장에서만 가능하다. 화장실 등 기반 시설이 잘되어 있고 캠핑도 가능하다.

 전남 함평군 함평읍 석성리 523

 함평군청 : 061-322-0011

 승용차 : 서해안고속도로 함평IC → 함평TG → 영암, 나주, 함평 방향 오른쪽 → 함영로 양림 교차에서 돌머리해변, 주포 방향 우회전 → 주포로 → 돌머리해변
대중교통 : 함평공용터미널 500번 농어촌버스 → 석두정류장 하차

 물막이 해수욕장, 화장실, 샤워장, 해수찜, 함평갯벌생태체험학습장

전망 좋고 맛도 좋아라, 해산물&장어

갯벌과 포구가 아름다운 돌머리해변 근처에는 역시 해산물과 장어를 주제로 한 맛집들이 포구 주변에 자리하고 있다. 해수욕장 바로 옆에 있는 '주포수산장어구이'(061-322-3090)는 민물장어와 조개구이 전문점으로 장어구이, 전복구이, 낙지 등 횟거리와 간재미무침, 장어탕, 우럭매운탕, 석화 등을 파는 인기 식당이다. 바닷가에 위치해 전망도 즐길 수 있다. 가까운 포구인 '주포' 근처에는 '보해횟집'(061-322-9142), '선창횟집'(061-322-9295), '선미횟집'(061-322-9335) 등이 문을 열고 있다.

기쁨이 가득한 곳
주소 전남 함평군 함평읍 주포로 553
문의 061-323-4856
요금 6만~20만원

돌머리한옥황토민박
주소 전남 함평군 함평읍 주포로 614
문의 010-8600-9427
요금 전화 문의

즐길거리

갯벌생태체험 & 참숯뱀장어잡기대회
돌머리해변 개장 기간(7~8월)에는 갯벌생태체험 프로그램이 열린다. 갯벌 전문가의 지도로 갯벌의 생성과 변화 과정, 자연정화 능력과 갯벌의 신기한 생물 환경을 배우며 체험할 수 있어서 자연과 생명을 알게 되는 계기가 된다. 해변의 게, 고둥, 조개류 등 갯벌 생물 30여 종이 수족관 안에서 살아 유영하는 갯벌수족관의 모습도 재미있다.
참숯뱀장어잡기 대회도 돌머리해수욕장의 인기 프로그램이다. 인공 풀장에서 열리는 대회는 매회 70kg(약 500마리)의 함평산 뱀장어가 제공되며 관광객이면 누구나 무료로 참가할 수 있다. 장어의 미끄러움을 방지하기 위해 장갑은 착용할 수 있으나 족대 등 그물류는 사용할 수 없고, 잡은 장어는 모두 집으로 가져갈 수 있다.

함평해수찜
해수찜은 데워진 바닷물에 수건을 적신 후 그것을 몸에 얹어 푹 찌는 것을 말한다. 바닷물을 끌어들여 탕에 채우고 장작으로 달군 유황 약돌을 탕에 넣은 채 가열하는데, 쑥과 숯도 함께 넣어 가마니로 덮어 데운다. 뜨거운 해수에 유황과 숯까지 들어갔으니 피부가 정화되고 근육이 이완되며 몸의 독소가 빠져나오는 효과를 기대할 수 있다. 돌머리해수욕장 근처 신흥삼거리 일대에 몇몇 집이 성업 중이다.

신흥해수찜
주소 전남 함평군 손불면 석산로 69
문의 061-322-9900

주포해수찜
주소 전남 함평군 손불면 석산도 79
문의 061-322-9489

바다갈라짐
해변
55~59

55 인천 실미도해수욕장

56 인천 소야도 떼뿌리해변

57 화성 제부도

58 보령 무창포해수욕장

59 부안 고사포해변

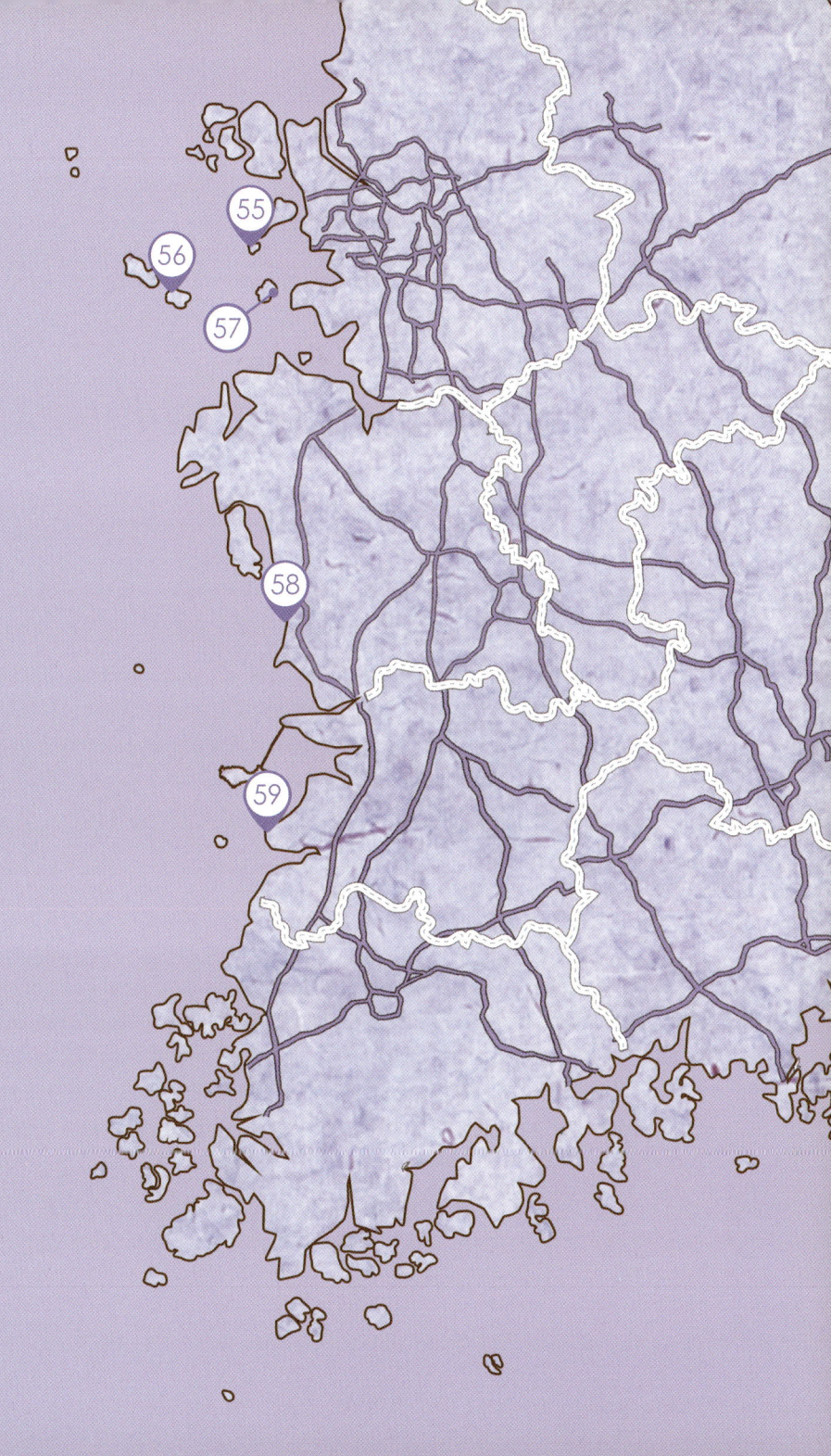

바다가 열리면 특별한 체험이 시작된다

　　　　　섬과 육지 사이에 이른바 '능선 길' 같은 게 밀물 때는 바닷속에 있다가 썰물 때 바다 위로 나타나는 현상이 바로 '바다갈라짐'이다. 바다갈라짐 현상이 일어나면 바다가 양쪽으로 갈라진 것 같은 신기한 모습을 볼 수 있고, 실제로 갈라진 바다 사잇길을 걸어 다닐 수도 있다. 이런 곳을 일컬어 '모세의 기적 바다', '열리는 바다'라 부르기도 하지만 공식 명칭은 '바다갈라짐'이다. 육지에서 섬으로 이어지는 길 옆으로 광활한 갯벌이 펼쳐지면, 해삼, 소라, 낙지, 게, 조개 등을 줍거나 관찰할 수 있다. 제부도는 이 길을 포장, 자동차도 들락거릴 수 있게 해서 유명한 관광지가 되었다.

국립해양조사원에서 공식적으로 인정한 서해의 바다갈라짐 지역은 인천시 무의도와 실미도 사이 약 330m, 화성시 서신면과 제부도 사이 약 2.2km, 보령시 무창포와 석대도 사이의 약 1.5km, 부안군 변산반도 고사포와 하섬 사이의 약 1km 등이다. 국립해양조사원의 공식 자료에는 포함되지 않았지만 안산의 누에섬도 바다갈라짐 명소로 많은 여행자들이 찾고 있다. 바다갈라짐은 서해 여행에서 꼭 한번 체험해볼 만한 일이지만 시간적 제한이 있다는 점, 그 시간을 놓칠 경우 섬이나 바닷물에 고립될 수 있다는 점을 잊어서는 안 된다. 안전수칙을 꼭 지키고 목적지의 바다갈라짐 시각 예보를 인지해야 한다. 당일을 포함한 1년 바다갈라짐 예보는 국립해양조사원 웹사이트(www.khoa.go.kr)에서 확인할 수 있다.

인천 실미도해수욕장

Point
바다갈라짐
갯벌체험
캠핑·낙조
조개구이

한적함

만족도

수도권에서 가까운 명사십리 해변

'영화 실미도'로 잘 알려진 실미도는 무의도에 있는 실미도해수욕장 건너에 있다. 바다갈라짐이 있는 이곳은 순전히 그 열린 바다를 건너기 위해 찾는 여행자들이 많을 정도로 인기다. 한 번 열리면 4시간 정도 그 상태를 유지, 천천히 실미도를 산책하고 돌아올 수 있다. 실미도는 서쪽과 동쪽의 해안이 각각 다른 모습을 하고 있다. 고운 백사장을 가지고 있는 서정적 느낌의 서쪽 해안은 무의도를 향해 있으며, 각종 기암괴석들이 많은 동쪽 해안은 거친 힘이 느껴진다. 실미도해수욕장은 유원지 형태로 조성되어 있어서 담수풀장, 송림 캠핑장, 식당, 매점은 물론 방갈로 등 숙박 시설도 갖추고 있어서 이곳에 들어앉아 몇 날 며칠을 지내도 불편함이 없다.

인천시 중구 무의동 729-15

실미도해수욕장 번영회 : 032-752-4466

승용차 : 인천공항고속도로, 인천대교 → 잠진도 선착장 → 무의도행 차도선 → 무의도 큰무리선착장 → 실미도
대중교통 : 인천국제공항 222번 간선버스 → 잠진도 정류장 하차 - 무의도행 선박 → 무의도 큰무리선착장 → 마을버스

운항 시간 : 오전 7시 30분부터 오후 7시까지 30분 간격(시즌에 따라 달라짐)
소요 시간 : 조류, 바람, 간조에 따라 10~20분
요금(왕복) : 개인 3000원, 자전거 5000원, 경차 1만8000원, 승용차 2만원, SUV 2만1000원, 반려견 800원

» **실미도유원지 입장료** : 2000원(유원지로 입장해야 바다갈라짐 체험), 주차비 3000원
문의 : 무의도해운 032-751-3354~6, www.muuido.co.kr

바다갈라짐 해변

소나무숲 속 해산물 맛집

실미도 해수욕장은 해수욕장, 소나무숲, 바다갈라짐, 담수풀장, 방갈로, 그리고 식당까지 정문 안에 모여 있다. 식당의 수는 적은 편이지만 모두 널찍하고 떨어져 있어서 서로 경쟁하지도 않는다. 누구나 마음에 드는 곳에 들어가 해산물과 바지락칼국수 등을 먹을 수 있다.

소나무숲 중앙에 있는 '해송회식당(032-752-4752)'은 조개구이, 활어회, 매운탕, 산낙지연포탕, 영양굴밥, 바지락칼국수 등 서해안 특유의 메뉴들을 제공하는 친절한 집이다.

 숙박

실미도 방갈로
주소 인천시 중구 무의동 136-49 문의 032-752-4466, www.silmi.net 특징 호룡곡산 트레킹, 갯벌 체험 요금 10만~30만원(입장료, 주차비 별도)

실미원
주소 인천시 중구 무의동 433
문의 032-752-7600, www.silmiwon.co.kr
요금 12만~20만원

주변 여행지

큰무리어촌체험마을
볼거리가 있는 체험마을이다. 4~10월에는 바지락, 가무락, 동죽 등을 잡는 갯벌체험을 할 수 있으며, 무인도 갯벌체험도 가능하다. 일 년 내내 바다낚시가 가능하여 낚시 어선을 타고 우럭, 광어 등도 잡을 수 있다. 5~9월에는 후릿그물 체험이 가능하다. '후릿그물질'이란 길고 넓은 그물을 강이나 바다에 던져 넣었다가 양쪽 끝에서 여러 사람이 그물을 당겨 고기를 잡는 것을 말한다.

주소 인천시 중구 무의동 298-1
문의 032-751-0310
참가비 무인도 갯벌체험 2만원, 후릿그물체험 1만5000원, 바다낚시 4만원(1인 기준)

실미원농장
포도와 포도 가공식품을 만드는 농원이다. 예전에 논농사를 짓던 곳에 연을 심어 초여름이면 연꽃 가득한 작은 농원의 정취를 즐길 수 있다. 섬 지역 특유의 바닷바람과 충분한 일조량이 농사를 도와줘 과일의 때깔이 곱고 당도도 높은 편이다. 박하를 심어 해충과 벌레를 몰아내고 기계가 아닌 몸과 연장으로만 농사를 지으며 토착미생물로 흙을 관리하는 친환경농법도 실미원농장의 특징이다. 포도 재배, 연근 캐기 등의 체험도 할 수 있고 농산물 구매도 가능하다.

주소 인천시 중구 무의동 433
문의 032-752-7600 www.silmiwon.co.kr

인천 소야도 떼뿌리해변

| Point | 바다갈라짐
해수욕
캠핑·갯벌
석양 |

한적함 / 만족도

인적 없는 한적한 휴가

인천항에서 여객선으로 한 시간 정도 걸리는 소야도는 90여 가구, 200여 명의 주민이 살고 있는 작은 섬이다. 워낙 무명의 섬인 데다 바다가 갈라진다는 사실도 잘 알려지지 않아서 성수기 때도 인적이 드문 편이다. 물이 빠지면 지도가 달라질 만큼 엄청난 갯벌이 생기는 것이 소야도의 가장 큰 매력. 떼뿌리해변에서 죽노골, 큰목과 작은목, 무푸리섬 등으로 연결되는 바닷길은 깨끗한 바다와 함께 특별한 운치를 준다. 떼뿌리해변의 백사장은 금색과 은색으로 빛나며, 썰물 때의 모래벌판은 마치 비단을 밟는 것 같은 느낌을 주기도 한다. 해변에서 캠핑도 가능해 가족, 연인, 단체 모두에게 좋은 휴가지가 될 수 있다. '떼뿌리'란 이곳에 넓은 풀밭이 있고 그 뿌리가 많은 것에서 유래했다. 서해 여행의 결정적 매력이 썰물 때 갯벌에 나가는 것이지만 정신 놓고 머물다 밀물이 들어오면 치명적 사고를 당할 수도 있으니 갯벌에 나갈 땐 꼭 서너 명이 한 조로, 스마트폰이나 시계에 알람을 설정하는 게 안전하다.

진리항 횟집의 서해 진미

소야도에는 식당이 없다. 주로 캠퍼들이 찾는 섬이라 사먹는 음식보다는 직접 해먹는 캠핑푸드를 즐기는 게 당연. 또한 여행자들은 소야도에만 몇 날 며칠 머물지 않고 소야도가 속해있는 '덕적군도'를 유랑하는 경우가 대부분이다. 소야도 항구에서 덕적도 진리항까지는 배로 10분 거리, 해서 서해 섬 특유의 먹거리를 맛보고 싶은 사람들은 진리항에 밀집해 있는 식당을 즐겨 찾게 된다. 횟집에서는 주로 자연산 광어와 잡어 등 해산물의 진미를 맛볼 수 있고 서해 어느 곳에서든 쉽게 보이는 바지락칼국수, 섬 사람들이 좋아하는 중국음식점 등 대부분의 메뉴를 선택할 수 있다.

 **숙박**

한별펜션
주소 인천시 옹진군 덕적면 소야로 240-1
문의 032-831-6363, www.소야도.kr
특징 슈퍼마켓 운영 요금 5만~20만원

소야도 바다애 펜션
주소 인천시 옹진군 덕적면 소야로 202번길 38
문의 032-831-2330, blog.naver.com/soyadobadaae 요금 전화 문의

솔향수 펜션
주소 인천시 옹진군 덕적면 소야로 194
문의 010-3463-7712, cafe.daum.net
요금 전화 문의

인천시 옹진군 덕적면 소야리 106번지

옹진군청 관광문화과 : 032-899-2210

 여객선터미널까지
승용차
인천항연안여객터미널 : 경인고속도로 → 연안부두 제1국제터미널 → 인천항연안여객터미널
안산방아머리항여객선터미널 : 영동고속도로 월곶JC → 제3경인고속화도로 정왕IC → 정왕TG 우회전 → 오이도 → 시화호 → 시화방조제 끝 우회전 → 안산방아머리항여객선터미널
대중교통
인천항연안여객터미널 : 국철 1호선 인천역 정류장 15, 28, 306번 버스 → 국제여객터미널 정류장 하차
안산방아머리항여객선터미널 : 지하철 4호선 안산역 123번 버스 → 안산방아머리항여객선터미널 정류장 하차

 인천항연안여객터미널 → 소야도&덕적도
소요시간 및 요금 : 스마트호, 코리아나호 1시간 10분, 2만3,750원
　　　　　　　　　대부고속훼리5호 2시간 30분, 1만3,200원
>> 운항 시간 : 수시 변경
>> 문의 ; 고려고속훼리 스마트호, KS해운 코리아나호 1577-2891
　　　　대부해운(차도선) 032-887-6669

안산방아머리항여객선터미널 → 소야도&덕적도
소요시간 및 요금 : 약 1시간 40분 개인 9,800원, 자전거 1만원, 경차 4만5000원, 중·소형승용차 5만원, 대형승용차 5만5000원, SUV 5만원
>> 문의 : 대부해운 032-887-6669 / www.daebuhw.com

화성 제부도

Point
갯벌 체험
해수욕
해안산책로
낙조

한적함 만족도

당일치기 바다갈라짐 명소

바다갈라짐으로 가장 유명한 곳 중 하나로, 하루 두 번 썰물 때 열린 바닷길이 약 6시간 동안 지속된다. 갈라지는 코스에 도로를 포장, 자동차도 다닐 수 있다. 도로 양쪽으로 광활한 갯벌이 열려 있어 짧지만 꿈길 같은 드라이브를 즐길 수 있다. 제부도해수욕장은 모래사장과 갯벌이 함께 있어서 좋다. 수심이 얕아 가벼운 물놀이하기에 적당하다. 해수욕을 할 수 있는 기간은 하루에 3~5시간 정도, 물이 빠지면 모래사장 끝으로 갯벌이 드러나 갯벌 배구, 갯벌 축구 등을 즐길 수 있다. 갯벌 해산물을 채취할 수도 있지만 현지 주민의 생계를 보호하기 위해 금지 또는 제한 구역으로 설정해 놓은 곳이 있으니 주의해야 한다. 제부도는 특히 아름다운 낙조와 맛 좋은 조개류가 유명하므로 반드시 즐겨 보자. 제부도 갯벌, 바지락 캐기, 그물선 체험, 갯벌 체험, 굴 따는 체험 등도 할 수 있다.

 경기도 화성시 서신면 해안길 442번길 81

 제부도 유원지 사무소 031-355-3924, 369-1679, 1577-4200

 승용차 : 제2서해안고속도로 송산마도 IC → 322번 지방도 → 302번 지방도 → 상안2교차로 좌회전 → 제부도

대중교통 : 화성시 서신터미널 330번 버스 → 제부도 입구 정류장 하차 → 바다 갈라졌을 때 도보(제부도 바다갈라짐 시간표 http://www.jebumud.co.kr)

'입맛' 따라 식당 고르는 재미

제부도 식당들의 간판을 보면 마치 메뉴판을 살피는 느낌이다. 간판에 세트 메뉴의 종류와 사진을 크게 붙여놓아 여행자의 선택을 돕는다. 왕새우, 키조개, 가리비, 바지락 등 보기만 해도 군침이 넘어가는 메뉴들이다. 간판의 형식이 비슷해서 그 집이 그 집 같지만, 자세히 보면 식당 마다 '포인트' 한 가지 씩을 갖고 있다. 라면 사리와 떡이 들어간 도시락을 주는 집이 있는가 하면 숙박을 겸하는 식당에서는 세트에 '조식 + 갯벌 체험용 호미 대여'를 포함하기도 한다. 어떤 식당은 등심 등 고기를 세트에 넣는다.

숙박

제부도카라반캠프
주소 경기도 화성시 서신면 해안길 226
문의 010-3589-8031, www.caravancamp.kr
요금 12만~25만원

라비에벨펜션
주소 경기도 화성시 서신면 해안길 178번길 11
문의 031-357-0119, www.lavieestbelle.co.kr
요금 8만~20만원

테라스의 아침
주소 경기도 화성시 서신면 해안길 412-13
문의 031-357-8326, www.mterrace.net
요금 8만~25만원

> **TIP** 제부도에 가기 전에는 미리 주유를!

제부도에는 주유소, 차량 정비소, 은행이 없다. 현금지급기는 있지만 성수기 때는 현금이 동나는 경우도 있다. 제부도에서 가장 가까운 주유소는 서신 바로 전에 있는 광평주유소이며, 주변에 LPG 충전소도 없기 때문에 미리 급유, 충전을 충분히 해둬야 한다.

즐길거리

제부도 해안산책로
선착장에서 탑재산 주변을 지나 해수욕장 앞까지 연결된 1km의 산책로이다. 밀물 때나 썰물 때나 운치가 있고 낙조 감상 포인트이기도 하다. 산책로 방파제 방향 끝 지점에 있는 가게에서는 핫도그, 어묵, 번데기, 고동 등 70~80년대 추억의 먹거리를 팔고 있다. '제부도 핫도그'는 최고 먹거리로 소문났는데, 광속으로 뿌려주는 빗살무늬 케첩도 압권.

제부도항 방파제 등대와 노을 전망대
방파제로 올라가는 계단에 착시 계단화가 있다. 카메라 앵글을 잘 맞추면 방파제가 아닌 꽃길 언덕 꼭대기에 등대가 있는 것 같은 사진을 만들 수 있다. 평범해 보이는 이 등대는 그러나 조석간만의 차가 심한 제부도 해안을 운항하는 모든 선박들에게 특별히 중요한 길잡이가 되고 있다. 등대 옆으로 이어지는 데크를 이용해서 더 들어가면 낙조를 감상할 수 있는 전망 시설이 있다.

갯벌체험장
제부도 갯벌에는 다양한 조개와 갯지렁이, 낙지 등이 서식하고 있는데 아무 곳에서나 채취하는 일은 불법이다. 따라서 체험장 프로그램에 참여, 갯벌도 배우고 갯벌 생물을 관찰하거나 잡아보는 일도 공정 여행을 즐기는 하나의 방법이다. 가이드가 있기 때문에 안전하게 갯벌을 즐길 수 있고 초보자들도 배운 대로만 하면 바지락 한 바구니 정도는 쉽게 채취할 수 있다. 갯벌 생태 관찰, 조개 캐기, 그물 체험, 고기 몰아잡기, 맨손 고기 잡기, 김 건조 등의 어촌 체험과 함께 바다낚시, 선상유람, 경비행기 등 레저 체험도 가능하다.
문의 031-357-8616, www.jebumud.co.kr

제부랜드
해수욕장이 정면으로 보이는 곳에 위치한 제부랜드는 바다에서 즐길 수 있는 모든 레포츠가 있다. 사계절 내내 사륜 오토바이, 가족이나 연인들이 즐겨 이용하는 커플 바이크와 패밀리 바이크를 즐길 수 있으며, 여름에는 바나나보트와 제트스키도 탈 수 있다. 놀이 시설로는 바이킹, 범퍼카, 회전목마, 야구장, 사격장, 당구장, 디스코 팡팡 등이 있다. 어른 4인 이상이 이용할 수 있는 패키지 상품을 선택하면 다양한 놀거리를 즐길 수 있다.
주소 경기도 화성시 서신면 제부리 190-190
문의 031-357-5658, www.jebuland.kr
요금 1인당 3만2000원, 4만2000원, 5만7000원(2015년 기준)

바다갈라짐 해변

보령 무창포해수욕장

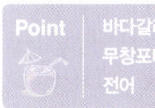

석대도까지 걸어서 1.5km

1928년 우리나라 '최초의 해수욕장'으로 개장한 무창포해수욕장은 백사장의 길이가 1.5km에 달하고 1~2m 정도의 수심에 물도 따뜻한 편인 약 22°C여서 가족 여행지로 적당한 곳이다. 해수욕장 뒤로는 울창한 송림과 갯바위까지 연결되는 데크 등 여행자를 위한 기반 시설이 잘되어 있다. 바로 옆에 무창포항이 있어서 1년 내내 싱싱한 해산물을 맛볼 수 있다. 백사장 중앙에 서면 바로 앞에 섬이 하나 보인다. 바다갈라짐으로 연결되는 '석대도'다. 매월 음력 보름날(15일)과 그믐날(30~31일)을 전후해서 2~3회 해변에서 석대도까지 1.5km 길이 열리는데, 그저 걷는 재미만 있는 게 아니라 해삼, 소라, 낙지, 게, 조개 등을 줍거나 관찰하는 절호의 기회이기도 하다. '신비의 바닷길 축제'는 8~9월에 열린다. 축제 기간에는 몰려든 여행자들로 북새통을 이룰 게 뻔하니 하루는 무창포에서, 나머지 일정은 용두해수욕장, 독산해변 등 주변 여행지에서 보내

 충남 보령시 웅천읍 열린바다1길 10

 041-936-3561

 승용차 : 서해안고속도로 무창포 IC → 무창포
대중교통 : 보령종합터미널 901번 버스 → 보령요양병원 정류장 하차 501번 환승 → 비체콘도 앞 하차 → 무창포

는 것도 좋다.
얼마 전 새로 등장한 무창포타워(입장료 2000원)는 무창포해수욕장을 찾는 여행자들을 더욱 기쁘게 해 주는 명소로 자리 잡았다. 45m 높이의 무창포타워에 오르면 신비의 바닷길, 대천해수욕장, 성주산까지 볼 수 있다.

갓 잡은 전어 굽는 냄새 '솔솔'

신비의 바닷길 축제가 열릴 즈음 무창포에는 전어를 만선으로 채운 고깃배들이 깃발 휘날리며 항구로 돌아온다. 무창포는 바다갈라짐으로도 유명하지만 사시사철 신선한 해산물이 쏟아지는 어항으로도 명성을 날리는 곳이다. 축제가 열릴 즈음이면 무창포 일대는 전어 굽는 냄새로 정신이 아득할 정도다. 무창포구 일대의 식당 어느 곳에 가도 갓 잡은 전어를 맛있게 구워 먹을 수 있다. '바닷길식당'(041-932-3177)은 우럭탕, 꽃게탕 등 해산물은 물론 닭발볶음, 삼겹살도 파는, 밑반찬이 맛있는 집이다. 무창포항에 있는 '신비회타운'(041-935-1770)도 가볼 만하다. 홍정이 만만치는 않지만 무창포어촌계에서 직영하는 곳으로 신선한 회를 맛보기엔 괜찮은 곳이다.

> **TIP**
> **바다가 궁금해? 국립해양조사원 앱 '종합해양정보'**
>
> 국립해양조사원에서 무료로 배포하는 앱이다. 애플 앱스토어, 구글 플레이 등에서 다운받을 수 있다. 실시간 연안정보, 바다갈라짐, 조석정보, 항행정보, 항행통보, 지역설정, 해변스케치, 내지역정보 등의 카테고리를 이용할 수 있다. 연안정보에서는 조위(바다 수위), 파도 높이, 기온, 기압, 풍향, 풍속 정보를 확인할 수 있다. 조석정보는 주요 연안의 밀물과 썰물 시각과 바닷물의 높이 정보다. 항행ㆍ경보는 실시간으로 해당 해역에서 벌어지는 사격 훈련 등과 관련된 정보로 바다낚시 등 선박 운항을 할 때 꼭 알아둬야 할 내용을 담고 있다. 해변스케치는 별도의 애플리케이션으로 전국 37곳의 주요 해수욕장의 실시간 영상, 날씨, 기온, 해수욕 최적 시간, 바다날씨, 주변지도, 가는 길, 관광안내소 전화번호, 사진 등을 제공한다.

바다갈라짐 해변

 숙박

브로콜리펜션
주소 충남 보령시 웅천읍 삼정골길 64
문의 010-8653-1519, www.broccolips.com
특징 반려견(개) 두 마리까지 동반 입실 가능, 한 마리 추가 당 1만원 **부대시설** 반려견 전용 펜션, 수영장, 바비큐, 머드체험관 등
요금 8만~23만원

무창포미리내펜션
주소 충남 보령시 웅천읍 관당리 231-2번지
문의 010-5457-5723, www.무창포미리내펜션.kr
특징 반려견 5kg 이하 동반 입실 가능, 23평 10인 기준 단독 사용, 제철 야채와 과일 무료 시식(가져가지는 못함), 바비큐 가능
요금 7만~25만원

 즐길거리 & 주변 여행지

무창포 신비의 바닷길 축제
주소 충남 보령시 웅천읍 열린바다1길 10
문의 웅천읍 041-933-2301, www.muchangpo.or.kr
기간 8~9월
행사내용 공연(축하공연, 불꽃공연, 열린음악회), 체험(횃불어업 재현과 체험, 조개잡기, 선상가두리낚시, 맨손고기잡기, 독살어업 등)

무창포항
활기 넘치는 어항이다. 고깃배와 낚싯배들이 꽤 많이 정박해 있고 회를 먹으러 온 여행자들과 낚시꾼들로 어항 전체가 시끌시끌하다. 항구 바로 앞에 커다란 건물이 하나 있는데, 무창포어촌계위판장, 무창포 수산시장, 그리고 횟집들이 있다. 제철 생선회를 먹고 예쁜 노란색 다리를 건너 방파제 산책을 하거나 무창포 해변을 걷는 사람들이 많다. '신비의 바닷길 축제' 외에 매년 3~4월이면 '무창포주꾸미축제'가 열린다.

부안 고사포해변

Point
- 바다갈라짐
- 길고 넓은 해안선
- 소나무숲
- 바지락·백합죽

한적함 / 만족도

광활한 우주 갯벌

서해안에서 가장 아름다운 해안으로 손꼽히는 변산반도에 있는 고사포해변은 밀물과 썰물에 따라 그 범위가 어마어마하게 달라지는 광활한 바닷가다. 밀물 때는 백사장과 솔숲 정도가 해수욕장의 전부이지만 썰물 때 오면 고사포 기준 11시 방향으로 보이는 하섬 일대까지 연결되는 갯벌이 끝도 보이지 않을 정도로 널리 분포한다. 한때 이곳은 썰물 때만 되면 전국에서 몰려든 '갯벌 사냥꾼'들에 의해 해양 생태계가 위협받을 정도로 많은 사람들이 찾던 곳이다. 갯벌 채취가 금지된 이후에도 바다갈라짐과 조용한 풍광을 즐기려는 여행자들이 찾고 있다. 국립공원에 속한 고사포는 건축이 엄격히 제한되고 있어서 해변에는 국립공원 지정 이전 시설 몇 곳과 소나무숲만이 남아 있는 서해안 특유의 아름다운 풍경을 간직하고 있다.

바닷길은 매월 음력 보름과 그믐에 4~5일 간격으로 열린다. 바닷길 너머의 하섬은 울창한 숲과 여러 기암괴석으로 천혜의 자연을

 전북 부안군 변산면 노루목길 28

 변산반도 국립공원 관리사무소 : 063-582-7808, 063-582-8932

승용차 : 서해안고속도로 부안 IC → 30번 국도 좌회전 → 변산바다로 직진 → 고사포해변(하섬 입구 해안도로 주차 금지, 단속)

대중교통 : 부안종합버스터미널에서 100번 좌석버스, 200, 201, 210, 213, 301번 농어촌 버스 → 고사포해변 정류장 하차

자랑한다. 1950년대에 원불교 재단에서 사들여 해상수련원으로 사용하고 있어서 바다가 열리는 때를 제외하고는 접할 수 없다. 울창한 소나무숲, 200여 종의 식물 등으로 해금강 못지않은 아름다움을 가지고 있으며, 남쪽에는 백사장을 가진 해수욕장이 있다.

이름난 '명인'의 바지락 요리

고사포 근처에는 변산의 특별한 음식으로 대박 난 식당이 두 곳이다. '변산명인바지락죽'(063-584-7171)은 6년근 인삼과 함께 쑤어주는 '인삼바지락죽'으로 큰 인기를 끄는 집이다. 바지락회비빔밥, 바지락회무침, 바지락탕, 우리밀바지락전, 웰빙바지락쌈(예약한) 등 다양한 바지락 음식을 맛볼 수 있다. 천연조미료만 사용해 그렇지 않아도 담백한 바다 요리 맛을 더욱 깔끔하게 마무리했다. '대장금'(063-581-8447)은 '대장금 정식'으로 변산 전통 맛을 완성했다. 백합탕, 바지락무침, 백합죽, 생선구이에 칼국수 사리가 조합되었는데, 변산의 대표 음식을 골고루 맛볼 수 있어 인기다. 일품 메뉴로는 백합죽, 바지락비빔밥, 바지락회무침, 바지락칼국수, 해물칼국수, 생선구이 백반, 백합탕 등이 있다. 꽃게장 맛도 깔끔하고 갑오징어 돌판볶음은 저녁때 '부안뽕주'와 함께 먹기에 딱 좋다.

고사포야영장
주소 전북 부안군 변산면 노루목길 28
문의 063-582-7808 특징 여름철에만 개장, 이외 기간 캠핑 금지, 송포항 · 성천항 등으로 산책 가능 요금 3만원

솔레이뷰스파펜션리조트
주소 전북 부안군 변산면 변산해변로 799-0
문의 010-7607-6967, www.soleiview.com
요금 10만~45만원

품안에서해바다펜션
주소 전북 부안군 변한면 고사길 65-75 문의 063-583-0206, www.seohaebadapension.com 요금 5만~24만원

섬 해변
60~66

60 인천 백령도 사곶·콩돌해변

61 인천 신·시·모도 수기해수욕장

62 인천 덕적도 서포리해수욕장

63 군산 선유도해수욕장

64 신안 흑산도

65 신안 홍도빠돌해수욕장

66 신안 가거도 동개해수욕장

'섬'이라서 가능한
짜릿한 청량감

——— 다양한 이동 수단, 모험심 발동, 적당한 고립감, 이런 것들을 여행의 목적으로 삼는 사람들에게 '섬'보다 더 만족스러운 곳이 있을까? 항구가 있는 도시로 떠나고, 그곳에서 여객선터미널까지 가서 뱃시간을 기다리고, 두근거리는 마음으로 배에 올라 바다를 달리고, 이윽고 섬에 도착했을 때의 안도감은 일반 여행에서 느낄 수 없는 짜릿함이다. 섬 여행은 작은 섬 안에서 해수욕을 하고 등산과 트레킹, 자전거 등 레저까지 즐길 수 있어서 육지 여행에 따분함을 느낀 사람들의 새로운 에너지가 되어준다.

서해안 섬 여행은 주로 '군도'를 찾게 된다. 인천항에서 가까운 덕적군도, 군산항에서 가까운 고군산군도, 목포항에서 출발하는 다도해 등이 그곳이다. 군도 여행은 군도의 중심 섬에 조용히 머물다 돌아오는 정적인 여행과 중심 섬을 베이스캠프로 삼아 주변의 부속 섬 등을 탐험하는 동적인 여행으로 나뉜다. 또는 여객선에 자전거를 싣고 섬으로 들어가 취미 생활을 함께 즐기고 돌아오는 '팀 여행자'들도 점점 늘어나고 있다.

섬 여행은 또한 청정을 만끽하게 해 준다. 깨끗한 백사장, 극강의 해산물, 바람이 씻어주는 맑은 공기 등은 섬이 아니면 맛볼 수 없는 청량감이다. 게다가 한밤중 하늘에 펼쳐지는 별들의 잔치는 평소 무뚝뚝하기로 소문난 사람들마저 눈시울을 촉촉하게 만들어 주는 초현실적 장면이다.

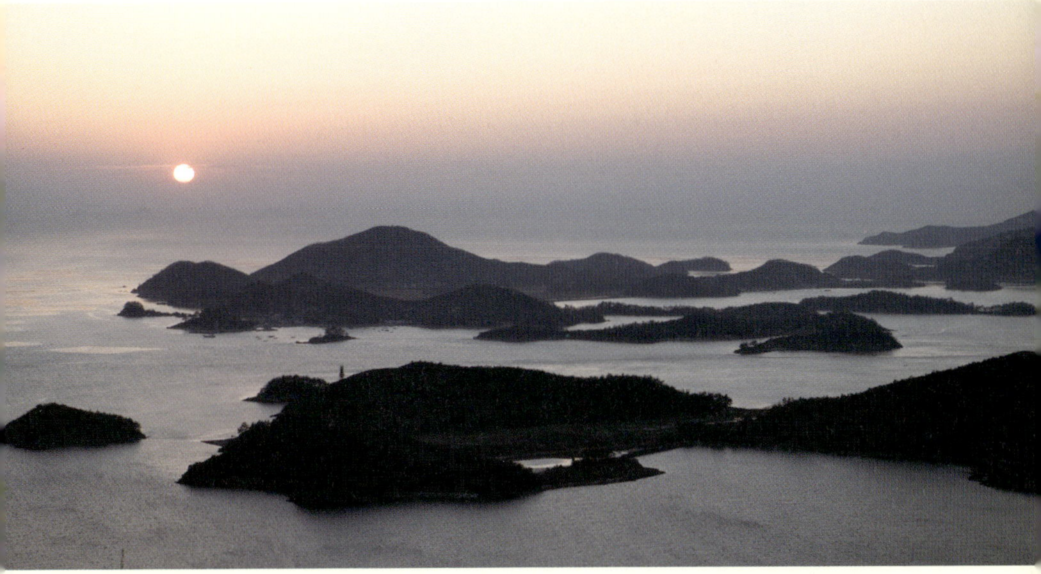

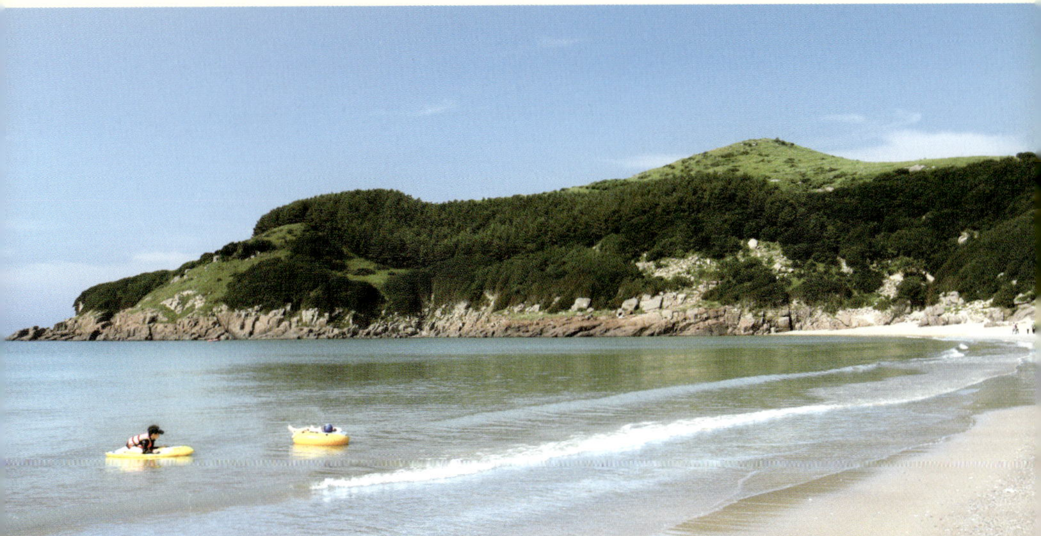

인천 백령도 사곶·콩돌해변

Point 모래사장 vs 콩돌 기암괴석

한적함　만족도

광활하고 단단한 모래사장, 사곶해변

백령도 가는 길은 멀고도 험하다. 바다 위를 떠서 달리는 초고속 부력선을 타도 빨라야 4시간, 파도가 일렁일 때는 5시간 이상 걸린다. 직선 항로가 있지만 멀리 공해로 나갔다 다시 우리 해역으로 들어와야 하는 뱃길이다. 파도가 조금만 높아도 배가 뜨지 못하고, 오늘 잔잔하다고 내일 되돌아 올 수 있다는 기약도 없다. '서해의 파도가 일주일 내내 잠잠할 것이라는 주간 기상 예보가 있을 때 1박 2일, 2박 3일 일정으로 훌쩍 떠나야 이 아름다운 백령도를 볼 수 있을 것'이라는 백령도 토박이들의 말을 명심해야 할 것이다.

백령도의 대표 해변은 '사곶해변'이다. 넓고 깨끗하고 단단한 모래사장으로 유명하다. 백사장이 얼마나 단단하기에 오랜 세월

© 옹진군청, 백령도

비행장 활주로로 사용했을까? 탄력감 있는 규조토 모래사장은 밟는 힘을 흡수해 걷기가 편하다. 한참 걷노라면 정말로 하늘을 날 수 있을 것 같은 기분마저 든다. 3km에 달하는 자연이 열어놓은 하늘길 옆에는 끝없는 바다가 찰랑거린다. 파도 소리, 바람 소리를 들으며 오랜 세월이 빚어놓은 신비한 시간을 걷는 기분이 묘하다.

별이 구르는 소리, 콩돌해안

이름 그대로 콩알만 한 돌들로 이뤄진 해안의 모습이 절경이다. 커다란 돌이 오랜 세월 바닷물에 닦이고 서로 부딪쳐 콩알 모습의 자갈로 변했다. 각각의 콩돌을 자세히 살펴보면 표면이 매끄럽고 색깔도 회색, 청회색, 적갈색 등 다양해 앙증맞은 느낌이다. 돌들이 해안에 지천으로 깔려 반짝이는 모습도 장관이다. 햇볕을 쬐 따끈해진 콩돌을 맨발로 밟으면 발바닥이 따끔따끔 간질간질, 이히힛! 저절로 웃게 된다. 발바닥이 자극을 받으니 그 순간만이라도 몸이 참 좋아하는 게 '콩돌 맨발로 걷기'다. 남쪽 해안을 따라 약 1km 정도나 형성되어 있는 해변에 앉아 있으면 파도가 들락거리며 내는 '자갈자갈자갈' 소리가 마치 우주의 소리 같은 느낌마저 들게 한다.

- 인천시 옹진군 백령면 진촌리 사곶해변, 인천시 옹진군 백령면 남포리 콩돌해변
- 백령면사무소 : 032-899-3510, 백령면 관광문화과 : 032-899-2210
- 인천항연안여객터미널까지
  승용차 : 경인고속도로 인천IC → 인천항사거리 좌회전 → 서해사거리 우회전 → 인천항연안여객터미널
  대중교통 : 국철 1호선 동인천역 정류장 24번 버스 → 인천항연안여객터미널
- 인천항연안여객터미널 → 백령도 용기포항 : 매일 2~3회(날씨, 시즌에 따라 변동) 07:50, 08:30, 13:00 출항
  백령도 용기포항 → 인천항연안여객터미널 : 08:00, 13:00, 13:50 출항

》 소요시간 : 4시간
》 요금(왕복) : 씨호프호 / 코리아킹호 어른 15만원, 중고생 10만5000원, 어린이 6만5750원
　　　　　　 하모니플라워호 어른 13만1500원, 중고생 11만8500원, 어린이 6만5750원
　　 ※ 주의 : 신분증 지참, 인천-백령도 여객선 운항 여부 당일 오전 발표, 확인 필수

안 먹으면 후회할 세 가지 맛

백령도까지 갔다 안 먹고 돌아오면 평생 후회할 세 가지 맛이 있다. 첫째 '기러기요리'다. 낯선 음식이지만 사실은 육지에서도 어렵지 않게 찾을 수 있는 게 기러기 요리다. 맛은 닭고기, 오리고기와 비슷한데, 잡내가 없고 육질이 고소해 한 번 맛본 사람은 꼭 다시 찾게 된다. 백령도 '평화식당'(032-836-0535)에서 맛볼 수 있다.

둘째 냉면이다. 백령도에는 사곶냉면과 옹진냉면 두 가지가 있는데, 사곶냉면은 돼지 육수에 까나리액젓(선택)을 넣은 오묘하고 중독성 있는 맛 때문에 백령도 여행의 필수 코스가 되어버렸다. '옹진냉면'은 황해도식 냉면이다. 돼지고기 편육과 함께 씹히는 백령도 메밀 특유의 거친 식감이 매력적이다. '옹진냉면'(032-836-3637) 등에서 맛볼 수 있다.

 **숙박**

백령리조텔
주소 인천시 옹진군 백령면 백령로280번길 55
문의 032-836-3233, www.brdo.co.kr
요금 7만~16만원

콩돌하우스
주소 인천시 옹진군 백령면 백령로254번길 49
문의 032-836-8890 요금 12만~20만원
※ 2015년 휴무

칼국수도 빼놓을 수 없다. 백령도에서 제일 흔한 식당이 횟집과 칼국숫집이다. 칼국수를 먹는 사람치고 달랑 칼국수만 먹는 사람은 거의 없다. 특히 '장촌칼국수'(032-836-7009)의 메밀들깨칼국수와 돼지수육은 잊을 수 없는 맛의 조합이다. 특히 수육 위에 무김치 하나 올리고, 그 위에 새우젓 딱 한 마리만 올려서 먹는 방식이 재미있다.

TIP 백령도 주요 안내 정보

백령도닷컴 www.baengnyeongdo.com
백령도문화투어 www.0328367001.co.kr
백령면사무소 032-899-3510~5
옹진군청 관광포털 www.ongjin.go.kr/tour

농협 032-836-0880
수협 032-836-6006
백령병원 032-836-1731

주변 여행지

심청각

아버지의 행복을 위해 목숨을 던진 심청의 이야기가 담긴 심청각에 들르면 부모님 생각이 간절해진다. 이곳에서는 아버지 심 봉사의 눈을 뜨게 하기 위해 공양미 삼백 석에 몸을 던진 인당수가 가깝다. 황해도 장산곶 앞에 위치한 인당수는 바다의 물살이 빠르기로 유명하다. 이곳에 배가 잘못 들어가면 바닷속으로 소리 없이 빠져들어 갈 정도다. 심청각에는 심청의 환생 장면이나 관련 판소리, 영화, 고서도 전시하고 있다.

주소 인천시 옹진군 백령면 백령로316번길 109-117
문의 032-899-2210
입장료 1000원

두무진 형제 · 장군바위

제 2의 해금강 또는 금강산의 총석정을 옮겨 놓았다고 할 만큼 기암절벽이 많은 두무진은 백령면 연화3리 해안지대를 일컫는 지명이다. 신선대, 형제바위, 장군바위, 코끼리바위 등이 푸른 바닷물과 어울려 아름다운 비경을 이룬다. 통통배를 타고 이 일대를 해상 관광하는 관광객들은 특히 장군바위의 모습에 입을 다물지 못한다. 두무진을 둘러볼 때는 물개바위를 주목해야 한다. 운이 좋다면 천연기념물 물범이 바위 위에 올라가 게으름 부리는 모습을 볼 수도 있다. 두무진을 등진 바다 건너편에는 북한 지역인 장산곶과 몽금포 해안도 볼 수 있다.

주소 인천시 옹진군 백령면 연화리

주변 여행지

통일염원탑

용기포에 우뚝 솟은 이 돌탑은 통일을 염원하는 소망을 돌 하나하나에 담아 쌓아 올린 마음의 탑이다. 백령도 이곳은 하늘 끝, 바다의 섬, 그리고 깊이 묻어둔 고향의 끝 땅네다. 태고의 신비를 간직한 깨끗한 섬, 심청이의 숨결이 배어있는 땅, 저 멀리 북녘땅 황해도 장산곶과 희미하게나마 하얀 파도가 내려다보이는 인당수, 넓고 푸른 서해와 백령도를 수호하며 풍요한 삶을 위해 묵묵히 살아가는 섬 주민들의 염원을 쌓았다.

주소 인천시 옹진군 백령면 진촌리

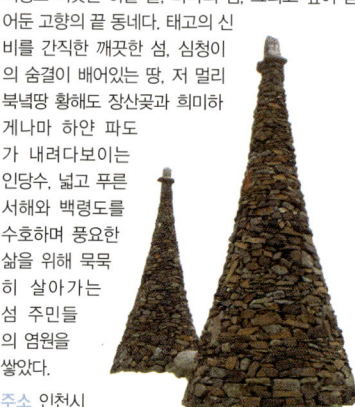

중화동교회

1896년에 세워진 중화동교회는 우리나라에서 두 번째로 세워진 장로교회다. 역사적 가치가 큰 성지로 한국 기독교 역사의 중요한 사료이기도 하다. 이 교회를 보기 위해 백령도를 찾는 사학가, 종교 연구가들도 많다. 바로 옆에 위치한 백령기독교역사관은 100년 넘은 한국 기독교의 역사를 한눈에 볼 수 있다.

주소 인천시 옹진군 백령면 중화길 230-7

진촌리 패총

옹진군의 향토유적으로 지정된 선사시대의 유적이다. 백령면 사무소에서 동북쪽으로 약 500m 떨어진 진촌리 해안의 구릉 지대 표고 10m 지점 일대에 걸쳐 위치해 있다. 이 패총은 1958년 서울대학교 학술조사단에서 답사, 선사유적지임을 확인하고 보고서까지 만들어 기록해 둔 곳이다. 패각 하층부에서 채집된 타제각편석기편이 발견된 것으로 미루어 백령도에는 최소한 석기시대 때부터 사람이 살았다는 유추가 가능하다.

주소 인천시 옹진군 백령면 진촌리

400년 노송

400여 년 전(조선 선조)에 장촌마을이 형성되면서 당시 거주민들이 심은 백령도의 조상 나무다. 임진왜란, 일제강점기, 6·25 전쟁 등 국난 중에도 훼손되지 않고 꿋꿋하게 생존한 거목으로, 앞으로도 천 년 동안 백령도 수호신으로 있어주기를 바라는 마음으로 '천년송'으로 불리기도 한다.

주소 인천시 옹진군 백령면 남포리 산194

감람암 포획 현무암 분포지

지구 속 수십㎞ 아래에서 만들어진 감람암이 용암이 분출할 때 함께 올라와 만들어진 것으로 심연의 상태를 연구하는 데 매우 중요한 자료로 쓰인다. 천연기념물로 지정된 이곳은 백령면 진촌리에서 동쪽으로 1.3㎞ 정도 떨어진 해안에 있다. 해안선을 따라 지름 5~10㎝ 크기의 노란 감람암 덩어리가 들어있는 용암층이 형성되어 있다. 용암층은 두께가 10m 이상이며, 검은 현무암으로 이루어져 있다.

주소 인천시 옹진군 백령면 진촌리 154-2

> **TIP**
> 섬 여행 정보의 '끝판왕' 앱 <가보고 싶은 섬>
>
> 한국해운조합에서 만든 애플리케이션이다. 해운조합은 우리나라의 모든 선박회사를 회원으로 두고 있는 단체다. 해상을 운항하는 선박 정보도 모두 이곳에 모인다. 앱을 설치한 뒤 '섬 여행 도우미' – '이야기가 있는 섬'에서 서해, 동해, 남해의 섬들을 검색하거나 '이달의 추천 섬'에서 가이드를 받은 후 여행이 결정되면 '내 정보 설정'에서 로그인 환경을 설정한 후 '승선권 예매' 절차, '예매 조회/취소'를 이용하면 된다. 선박선사 정보와 시간, 요금 조회는 '섬 여행 도우미'에서 할 수 있다. iOS, 안드로이드 모두 사용 가능하며 무료다.

TIP
섬 교통편, 정보 확인이 필수

섬으로 떠나는 여객선 운항은 기준이 있을 뿐, 약속도 기약도 없다. 수시로 달라지는 기상 상황 때문이다. 도시의 교통 체계와 지하철의 정확성에 익숙해진 도시 사람들로서는 분통 터지는 일이 한두 가지가 아니다. 그래서 섬 여행은 여행 일정 앞뒤로 2~3일간의 여유를 확보해야 한다. 선박 운항정보는 연안여객선터미널 웹사이트나 해운회사 웹사이트에서 확인할 수 있다. 해운회사 정보는 '행정 구역 군청' 웹사이트 '관광·문화 카테고리'의 '관광정보' – '여객선사정보'에 들어가면 링크할 수 있다. 선사 사이트에 가면 운항 정보, 요금 등 기본 정보는 물론 운항 선박의 선령 등 제원도 공개되어 있다(일부 선박 비공개).

인천 신·시·모도 수기해수욕장

Point
배 여행
연도교 연결 섬
드라마 촬영지

 한적함
 만족도

영종도에서 배로 10분, 강화도와 마주한 해변

인천 영종도와 강화군 사이에 있는 신도, 시도, 모도 삼 형제는 각기 떨어져 있지만 '연도교'를 통해 이동할 수 있다. 신도의 옛 이름은 '진염'이다. 소금을 생산하는 데서 비롯된 이름이다. 이후 듬직하고 믿을 만하게 생겼다고 신도(信島)로 이름을 바꿨다. 시도는 고려의 군사들이 강화도에서 이 섬을 향해 화살(矢)을 쏘았다고 붙여진 이름. 모도는 70여 가구가 사는 작은 섬이다.

시도로 들어가는 연도교를 건너면 드라마 '슬픈 연가', '풀하우스'의 촬영지였던 수기해수욕장이 나온다. 이곳은 드라마 속의 주인공인 이영재(비)와 한지은(송혜교) 커플이 계약 결혼을 하고 거주한 풀하우스 촬영지이다. 수기해수욕장은 신·시·모도에서 유일한 공식 해수욕장이며 입자가 고운 모래 해변과 병풍처럼 감싼 소나무숲이 인상적이다. 썰물 때 넓게 등장하는 갯벌에서 자유롭게 해양 생물을 관찰할 수 있고 낙조 때는 바다 건너 강화도 마니산 실루엣과 함께 아름다운 풍경을 감상할 수 있다.

섬 해변

서해 해산물의 종합판

신·시·모도 모두 갖가지 식당들이 자리 잡고 있는 서해 해산물의 종합판이라 할 수 있다. 신도항 근처 '신도식당'(032-752-9588)은 어촌 식당의 분위기가 제대로 나는 집이다. 조림 요리가 일품이다. 반찬으로 나오는 간장게장, 낙지젓갈, 굴무침 등도 입맛을 돋우는 먹거리들이다. 그 옆 '부자신도식당'(032-752-8207)은 신도산 망둥어 등 해산물과 직접 기르는 닭, 농사지어 수확한 야채 등으로 직접 꽃게해물탕, 닭볶음탕, 망둥어탕, 백반 등 음식을 만들어 주는데, 주인 아주머니의 진도식 손맛이 깔끔하고 맛있다. 신도에서 떠날 때 배 시간에 맞춰 한 끼 즐기기 좋다. 섬 여행에서 횟집을 빼놓을 수 없는데, 수많은 횟집 중 제일 크다는 '전망대횟집'(032-751-7536)은 어마어마한 양의 화려한 밑반찬으로 손님 입을 다물지 못하게 하는 곳이다.

 숙박

아일랜드스토리
주소 인천시 옹진군 북도면 시도로86번길 321
문의 010-5115-8889, www.islandstory.kr
요금 5만~15만원

엠큐브펜션
주소 인천시 옹진군 북도면 신도로 809
문의 010-3448-3559, www.mcubeps.com
요금 10만~40만원

주변 여행지

구봉산
선착장에서 바로 보이는 구봉산은 해발 178m 정도의 아담한 산으로 인적이 드물고 울창해서 깊은 원시림 같은 느낌을 받을 수 있다. 정상에 오르면 멀리 산 아래 마을과 들판이 보이며 고개를 돌리면 그림 같은 바다와 섬이 보인다. 산에 올랐다가 내려오는 길에는 한적한 농촌의 정취를 만날 수 있다.

- 신도 : 인천시 옹진군 북도면 신도리
- 시도 : 인천시 옹진군 북도면 시도리
- 모도 : 인천시 옹진군 북도면 모도리

 북도면사무소 : 032-899-3410

 삼목여객터미널까지
승용차 : 인천공항고속도로, 인천대교고속도로 공항신도시JC → 영종해안북로 화물터미널 좌회전 → 삼목교차로 우회전 → 삼목선착장
대중교통 : 인천공항 정류장 202, 223번 버스 → 풍림아파트 정류장 307번 버스 환승 → 삼목선착장 정류장 하차

삼목여객터미널 → 신도항 : 매일 12회(날씨에 따라 변동) 07:10, 08:10, 09:10, 10:10, 11:10, 12:10, 13:10, 14:10, 15:10, 16:10, 17:10, 18:10, 19:10(성수기 주말), 20:40 출항
신도항 → 삼목여객터미널 : 매일 12회(날씨에 따라 변동) 07:30, 08:30, 09:30, 10:30, 11:30, 12:30, 13:30, 14:30, 15:30, 16:30, 17:30, 18:30, 19:30(성수기 주말) 출항

» 소요시간 약 10분
» 요금(왕복) : 어른 8000원(섬 시민 6000원), 청소년 5200원(4400원) / 자전거 2000원 / 바이크 5000원
※ 주의 : 신분증 지참

인천 덕적도 서포리해수욕장

Point
해수욕
솔숲
낚시

한적함

만족도

서해 최대의 자연휴양지

덕적도에는 특색 있는 해수욕장들과 해당화, 해송, 소사나무, 갈대 군락지가 있기로 유명한 덕적 본섬부터 소야도, 문갑도, 지도, 백아도, 울도, 굴업도 등 아름다운 장면을 연출하는 42개의 섬들이 밀집해있다. 덕적도는 인천 연안부두에서 쾌속선을 타고 1시간 남짓 정도면 본섬의 진리나루터에 도착한다. 섬사람들은 이 나루터를 '덕적 바다역'으로 부른다.

덕적도에는 드넓은 백사장의 '서포리해수욕장'이 있다. 길이 2km, 폭이 500m에 달하는 해수욕장은 경사가 완만하여 물놀이 사고가 날 확률이 낮고, 간조 때도 갯벌이 나타나지 않는다. 해변을 둘러싸고 100년이 넘는 노송이 울창한 숲을 이루고 있어 더위를 피하기에도 좋다. 이곳에서 배를 타고 1시간 정도만 나가면 바다낚시를 할 수 있어 낚시를 즐기는 관광객들의 발길이 끊이지 않는다.

© 옹진군청

섬 해변

산과 바다 사이에 펜션
주소 인천시 옹진군 덕적면 덕적남로182
문의 010-8675-1313, www.sanbada.or.kr
요금 10만~40만원

365아일랜드
주소 인천시 옹진군 덕적면 덕적남로606번길 166-22 문의 010-5332-1164, www.pension365.co.kr 요금 5만~40만원

인천시 옹진군 덕적면 서포리

덕적면사무소 : 032-899-3710, 서포리해변 : 032-831-6623, 방아머리선착장 매표소 : 032-832-8090, 대부해운 : 032-886-7813

① 인천항연안여객터미널까지
승용차 : 경인고속도로 인천IC → 인천항사거리 좌회전 → 서해사거리 우회전 → 인천항연안여객터미널
대중교통 : 국철 1호선 동인천역 정류장 24번 버스 → 인천항연안여객터미널

② 안산방아머리항여객선터미널까지
승용차 : 제3경인고속화도로 정왕IC 월곶 방면 → 정왕교차로 우회전 → 시화방조제 → 방아선착장 방면 우회전 → 안산방아머리항여객선터미널
대중교통 : 지하철 4호선 안산시 중앙역 → 안산버스터미널 정류장 11, 22, 66, 99, 707, 909번 버스 → 안산문화예술의전당 정류장 123번 버스 환승 → 안산방아머리항여객선터미널 정류장 하차 후 도보

① 인천항연안여객터미널 출발
인천항연안여객터미널 → 덕적도 진리항(소야도 포함) : 매일 3~4회(날씨, 시즌에 따라 변동 - 인천항연안여객터미널 웹사이트 '월별운항계획' 확인 필수) 08:30, 09:00, 13:00, 14:30 출항
덕적도(소야도) 진리항 → 인천항연안여객터미널 : 매일 3~4회(날씨, 시즌에 따라 변동 - 인천항연안여객터미널 웹사이트 '월별운항계획' 확인 필수) 10:30, 13:30, 14:40, 16:00 출항

>> 여객선 소요시간 : 약 1시간 10분

② 안산방아머리항여객선터미널 출발
안산방아머리항여객선터미널 → 덕적도(자월도, 소야도 경유) : 매일 1회(날씨, 시즌에 따라 변동 - 대부해운 확인 필수) 09:30 출항
덕적도 진리항 → 안산방아머리항여객선터미널(자월도 경유) : 매일 1회(날씨, 시즌에 따라 변동 - 대부해운 확인 필수) 15:00 출항

>> 여객선 소요시간 : 약 1시간 40분

>> 요금(왕복) : 스마트호 / 코리아나호 어른 4만6000원, 중고생 4만1500원, 어린이 2만2950원
　　　　　　　카페리호 어른 5만2700원, 중고생 4만7500원, 어린이 2만6350원
　　　　　　　대부고속카훼리 어른 2만5200원, 어린이 1만2600원　　　　　　　※ 주의 : 신분증 지참

근해에서 일품 재료 공수하는 맛집

덕적군도의 중심 섬인 덕적도에는 진리항 주변, 덕적면사무소 근처, 그리고 서포리해수욕장 입구에 많은 식당들이 밀집해 있다. 나름 내공 깊은 맛집들이다. 그중 눈에 띄는 식당으로 진리항에 있는 '회나라식당'(010-7106-6500)을 소개한다. 덕적도 단골 여행자들이 즐겨 찾는 이곳은 모든 재료를 덕적도 인근 바다에서 잡은 자연산 우럭, 노래미, 광어, 간재미, 장어, 잡어, 꽃게, 건착 등으로 이용, 활어회와 탕을 제공하고 있다. 자연산만 취급하기 때문에 회는 시세에 따라 가격이 달라진다. 바지락칼국수, 동태찌개 등 일품식사도 가능하다.

주변 여행지

덕적도 비조봉·국수봉

덕적도 여행은 등산과 해수욕을 동시에 할 수 있어 좋다. 덕적도에는 비조봉과 국수봉이 투톱을 이루고 있어서 트레킹을 즐기는 여행자들의 발길이 이어지는 곳이다. 진리항에서 시작되는 정규 코스는 밧지름을 내려다보며 서서히 올라가기 시작, 비조봉 – 운주봉을 찍고 동고령을 넘어 덕적도항 앞으로 내려가는 약 2시간 30분 여정이다. 진땀을 흘리며 오른 정상에서 맞는 시원한 바닷바람과 멀리 보이는 서해의 평화로운 모습은 덕적도 여행의 오랜 여운으로 남기에 충분하다.

국수봉 코스는 벗개저수지 둘레길을 걸어 가파른 산길을 올라 바갓수로봉을 거쳐 올라가게 되는 코스다. 문갑도, 굴업도 등 덕적군도의 아름다운 섬들을 조망하며 걷는 산길의 풍경이 기가 막힌다. 순전히 국수봉 트레킹을 위해 당일치기 일정으로 덕적도를 찾는 사람들도 적지 않다.

섬 해변

군산 선유도해수욕장

Point | 군도
모래사장
해수욕 · 낙조

한적함   만족도

태곳적 시간을 품은 바다

고군산군도는 선유도, 신시도, 무녀도, 장자도, 방축도 등 크고 작은 섬이 천혜의 경관을 선사한다. 그중 선유도는 '신선이 머물다 가는 섬'이라는 뜻이다. 이름처럼 일몰이 아름다운 선유 낙조, 고운 백사장과 코발트 빛 바닷물이 출렁이는 선유도해수욕장, 7~8개의 물줄기가 쏟아지는 망주폭포 등 아름다운 경관으로 사랑받는 곳이다. '명사십리해수욕장'이라 불리는 선유도해수욕장은 투명하고 유리알처럼 고운 모래가 십리에 걸쳐 깔려 있다. 곱고 단단하게 깔려 있는 모래는 밟으면 족적이 그대로 남을 정도. 100m 정도 바다로 들어가도 허리밖에 차지 않는 물 높이와 높지 않은 파도 덕에 해수욕을 즐기기에 안전하다.

선유도에서 선유대교를 건너면 무녀도에 들어갈 수 있다. 지역은 넓지만 서남쪽에 솟아 있는 무녀봉 빼고는 높은 산이 없는 것이 특징이다. 이름의 유래는 무당이 굿을 하며 너울너울 춤추는 모습 같아 붙여졌다고 전해진다.

회 반, 밥 반의 일품 회덮밥

회덮밥은 도시에서도 언제든지 맛볼 수 있는 음식이다. 그러나 섬마을 식당에서 만나는 회덮밥은 그 격이 다르다. 어지간한 사람이 입을 '쩍' 벌릴 수밖에 없는 이유는 '회 반, 밥 반'의 눈 앞 그림이 주는 위엄 때문이다. '군산진식당'(063-465-0715)의 회덮밥은 그 중 단연 돋보인다. 그릇 위에 덮여있는 김 가루와 양념 야채를 벗겨내면 두툼한 회가 잔뜩 깔렸다. 거기에 초장과 뜨거운 공깃밥을 넣어 젓가락으로 쓱쓱 비벼 먹는 데 걸리는 시간은 평소의 두 배. 고군산열도의 적지 않은 횟집들이 신선한 자연산 활어로 이런 푸짐한 회덮밥과 활어회를 제공하고 있다.

 숙박

밀파소펜션
주소 전북 군산시 옥도면 명사십리길 235-7
문의 063-466-6024, www.milpaso.com
특징 자연산 회 식당   요금 5만~20만원

선유도바다민박펜션
주소 전북 군산시 옥도면 명사십리길 224-6
문의 063-466-4649   www.sunyudo119.com
특징 낚시, 여행 패키지(요금 별도)
요금 4만~17만원

꿈꾸는바다펜션
주소 전북 군산시 옥도면 장자도2길 55-9
문의 063-462-0013, www.dreamofsea.com
요금 8만~35만원

장자도바위섬펜션
주소 전북 군산시 옥도면 장자도2길 55-8
문의 063-466-8005, www.bawiseom.com
특징 여행 패키지(요금 별도)   요금 8만~35만원

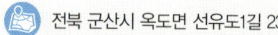

전북 군산시 옥도면 선유도1길 235

군산시 관광진흥과 : 063-454-3330, 옥도면사무소 : 063-454-7280, 군산연안여객터미널 : 063-472-2712, 1666-0940, 월명유람여객선 : 063-462-4000, 한림해운 : 063-461-8000, 063-468-7074

군산연안여객터미널까지
승용차 : 서해안고속도로 군산 IC → 경암사거리 우회전 → 군산항
대중교통 : 군산시외버스터미널 정류장 61, 62, 63, 64, 65, 66, 81, 82번 버스 → 신풍버스터미널 정류장 7번 버스 환승 → 군산항 하차

군산연안여객터미널 → 선유도 : 매일 4회(날씨, 시즌에 따라 변동 : 군산연안여객터미널 확인 필수) 09:00, 11:00, 13:20, 14:40 출항
선유도 → 군산연안여객터미널 : 매일 2회(날씨, 시즌에 따라 변동 : 군산연안여객터미널 확인 필수) 11:00, 15:30 출항

>> **여객선 소요시간** : 약 50분~1시간 30분
>> **요금(왕복)** : 진달래호 어른 3만600원, 중고생 2만7600원, 어린이 1만5400원
　　　　　　　옥도훼리호 어른 2만4600원, 중고생 2만2200원, 어린이 1만2200원
　　　※ 주의 : 신분증 지참

섬 해변

주변 여행지

망주봉

선유도에 유배된 한 충신이 매일 산봉우리에 올라 한양에서 오는 유배 끝 소식을 기다리다 바위가 되었다는 전설과 젊은 남녀부부가 천 년 도읍을 이룰 임금님을 기다리다 그만 굳어져 바위산이 되고 말았다는 이야기들이 전해진다. 두 번째 설에 의하면 큰 봉오리는 남편이고 작은 봉오리는 아내라고 한다. 갯벌 위에 불룩 솟은 모습이 산수화에서 빠져나온 듯하다. 여름철에 큰비가 내리면 큰 망주봉에서 7~8개의 물줄기가 폭포처럼 쏟아져 절경을 이룬다.

위치 전북 군산시 옥도면 선유도리

장자도

장재미와 가자미, 생선 이름에서 가져온 이름이 장자도다. 이 섬은 고군산군도 3대 섬 가운데 제일 작지만 움푹 파인 만이 고깃배들을 안전하게 보호해 주고 있어 옛날부터 많은 어선이 몰리던 풍어의 섬이다. 장자도의 장자봉은 생긴 게 달리는 말의 머리 앞에 있는 밥그릇처럼 생겼다. 지도를 보면 실제로 밥그릇 앞에 말 대가리 모습이 보인다. 풍수가들은 이런 지형을 '인재가 날 기운'으로 해석한다. 실제로 이 작은 섬에서 적지 않은 '성공인'이 배출되었다고 한다. 한편, 남편에게 큰 배신을 당한 후 돌이 되었다는 '장자할매바위' 등 고즈넉이 걷고 바라볼 만한 해안과 풍경이 곳곳에 있다.

위치 전북 군산시 옥도면 장자도리

선유대교 선유 낙조

서해에 점점이 떠 있는 섬들 사이로 해가 지면 선유도의 하늘과 바다가 온통 붉은빛으로 물든다. 마치 불타는 듯한 광경에 정신을 놓은 채 무념무상의 세계로 빠진 여행자가 한 둘이 아니다. 선유봉이나 대장봉에서 바라보는 일몰, 선유도와 무녀도 사이의 선유대교나 다리 아래의 해안도로에서도 바라보는 일몰, 그리고 망주봉에서 바라보는 일몰 장면은 모두 각별한 장관을 연출하지만 역시 군도의 매력을 제대로 만끽하기엔 망주봉이 최고다.

위치 전북 군산시 옥도면 무녀도리

선유도팔경

낙조 시간에 바라보는 고군산열도, 무녀도와 이어지는 세 곳의 무인도를 가리키는 삼도귀범, 가을 신시도 월영봉의 월영단풍, 망주봉 앞 평사낙안, 선유도해수욕장의 명사십리, 망주봉의 망주폭포, 지금은 예전 같지 않지만 장자도 앞바다의 밤 고깃배들이 밝히는 어화를 일컫는 장자어화, 선유도 일대의 방파제 역할을 해 주는 무산십이봉 등을 일컫는다. 선유도를 일주해야 모두 볼 수 있는 풍경이다.

위치 전북 군산시 옥도면 선유도리

다도해 기암괴석

방축도의 독립문바위와 책바위, 관리도의 천공굴 등 선유도 북쪽에 빙 둘러선 섬들은 배를 타고 감상하는 것이 제격이다. 횡경도 한가운데의 할배바위는 장자도 할매바위와 부부다. 이 섬들 덕분에 선유도가 호수 안의 섬처럼 보인다.

위치 전북 군산시 옥도면 선유도리

© 박명화(사진가)

신안 흑산도

Point  일주도로 트레킹 등산로

 한적함 만족도

일주도로 따라 즐기는 매혹의 해변

다도해해상국립공원은 전라남도 앞바다에 집중된 섬 지역을 말한다. 권역별로는 목포 앞바다 흑산도를 중심으로 하는 서남해안, 진도와 해남 앞, 그리고 여수 앞 바다 등으로 나눌 수 있다. 서남쪽 다도해는 목포와 거의 붙어있어서 연륙교를 통해 지상으로 접근할 수 있는 섬들이다. 조금 더 먼 바다로 나가면 흑산도가 그 중심에 있다. 목포를 떠나 서남쪽 다도해를 향하는 여객선은 모두 흑산도를 거쳐 홍도, 상태도, 가거도 등으로 이어진다. 그래서 서해 다도해해상국립공원 여행을 계획한다면, 딱히 섬 한 곳만 생각하지 말고 흑산도를 베이스캠프로 가거도, 홍도 등에서 1박씩 하는 일정을 잡는 것도 생각해볼 만하다. 섬 여행이란 게 결코 쉽게 떠날 수 있는 길이 아니기 때문이다.

하늘에서 내려다본 흑산도는 검푸른 바다, 검푸른 숲, 검푸른 바위로 이뤄져 있다. 푸른색이 태양의 빛을 받으며 차라리 검은색으로 보인다. 그래서 이 섬의 이름도 '흑산'이 되었다. 흑산도는

© 신안군청

섬 해변

섬 자체가 갖고 있는 풍광은 물론 다도해해상국립공원 서남쪽 여행의 터미널 역할도 한다. 흑산도는 주 섬인 대흑산도와 11곳의 유인도, 89곳의 무인도로 되어 있다. 모두 흑산도 본섬에서 접근할 수 있는 섬들이다. 본섬인 대흑산도에는 트레킹 코스, 등산로, 그리고 일주도로가 잘 되어 있어서 도보여행, 등산, 자전거, 드라이브 등을 맘껏 즐길 수 있다. 흑산도에는 현재 공식 해수욕장이 없다. 섬 특유의 침식 활동으로 이미 폐쇄되었거나 곧 폐쇄될 예정이다. 그러나 해안의 정취는 여전하고 산책, 가벼운 물놀이 정도는 즐길 수 있다.

 숙박

흑산도통나무펜션
주소 전남 신안군 흑산면 예리3길 41
문의 061-246-0111, blog.daum.net/intermap
요금 25만~30만원

민박
신영민박 061-275-9231
명성민박 061-261-3322
가족민박 061-275-9405
진리민박 061-275-9279
만수민박 061-275-9956
부두민박 061-246-3587
남도민박 061-275-9621
사촌민박 017-610-3029
지피민박 061-246-2632
명일민박 061-246-3774

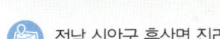 전남 신안군 흑산면 진리

흑산면사무소 : 061-275-9300, **목포연안여객터미널** : 1666-0910, **남해퀸, 뉴남해퀸, 남해프린스** : 061-244-9915~6, **유토피아, 동양골드, 뉴골드스타** : 061-243-2111, **대흥페리7** : 061-244-9915~6

목포연안여객터미널까지
승용차 : 서해안고속도로 목포IC → 영산로 → 동부광장교차로 좌회전 → 산정로 → 해안로 → 목포항 연안여객터미널
대중교통 : 목포종합버스터미널 정류장 1, 1-1, 1-2번 버스 → 목포연안여객터미널 정류장 하차

목포연안여객터미널 → 흑산도항 : 매일 5회(날씨, 시즌에 따라 변동 : 목포연안여객터미널 확인 필수) 07:00, 07:50, 08:10, 13:00, 15:30 출항
흑산도항 → 목포연안여객터미널 : 매일 2회(날씨, 시즌에 따라 변동 : 목포연안여객터미널 확인 필수) 13:30, 15:30 출항

» 여객선 소요시간 : 약 50분~1시간 30분
» 요금(왕복) : 남해퀸, 남해엔젤, 동양골드 어른 68,600원, 중고생 62,200원, 어린이 34,200원
    대흥페리 45,600원, 중고생 41,400원, 어린이 22,400원
※ 주의 : 신분증 지참

'홍어'라고 읽고 '바다'라고 쓴다

흑산도 먹거리 하면 홍어에서 시작해 바다에서 끝난다. 홍어 요리의 오대천왕은 홍어회, 홍어찜, 홍어무침, 홍어탕, 홍탁삼합. 이 중 홍어회와 홍어무침은 홍어 특유의 향기를 거부하는 사람들도 무난히 먹을 수 있는 메뉴다. 전혀 삭히지 않은 홍어도 있다. 홍어의 찌릿찌릿한 진미를 경험하고 싶다면 홍어찜, 홍탁삼합이 그만이다. 홍탁삼합은 적당히 삭힌 홍어와 돼지고기, 묵은지에 탁주 한 사발이 세트이다. 중요한 것은 흑산도까지 와서 홍어 한 점 먹지 않는다는 것은 '매우 거시기'한 일이라는 것이다.

흑산도항 주변에는 홍어 식당들이 줄줄이 있다. 바다횟집(061-275-5152), 성우정식당(061-275-9101) 등이 비교적 거론이 많이 되는 맛집들이다.

주변 여행지

흑산도 진리의 초령목
흑산면 진리마을 당산 내에 있는 희귀수목이다. 우리나라에서는 흑산도에서만 서식했으나 이제는 거의 멸종하고 현재 남아있는 한 그루도 거의 고사 상태에 있다. 단지 주변에 초령목으로 판단되는 나무 300여 그루가 자라고 있어서 이 나무를 애틋하게 바라보는 주민, 여행자들에게 작은 꿈을 선물하고 있다. 초령목이란 이름은 이 나뭇가지를 불전(佛前)에 꽂아 귀신(鬼神)을 부른다는 설에 따라 붙여진 것이라 일명 '귀신나무'라 부르기도 한다.

위치 전남 신안군 흑산면 진리
문의 061-242-6501

진리지석묘군
지석묘는 청동기시대의 지배 계층의 장례 형식인데, 이 먼바다 섬에 지석묘가 존재한다는 점에서 학계와 여행자들의 주목을 받고 있다. 큰 덮개돌(상석)을 작은 고임돌(지석)이 받치고 있는 전형적인 모습을 하고 있다. 바다와 약 300m 떨어진 곳에 위치한 곳으로 칠락산 구릉 끝자락에 맞닿아있다는 점도 절묘하다. 1994년 1월 31일 문화재 자료 제194호로 지정되었다.

주소 전남 신안군 흑산면 진리 102-2
문의 061-242-6501

정약전 유배지

흑산초등학교 근처 산기슭에 자리한 초가가 손암 정약전의 유적지 복성재다. 복성재(사촌서당)는 손암이 개설한 흑산도 최초의 서당이다. 정약전은 천주교에 귀의했다가 1801년 신유사화 때 유배돼 15년 세월을 이곳에서 보냈고 이곳에 묻혔다. 고독한 시간은 천재에게 지혜와 영감을 주는 걸까. 동생인 다산 정약용이 유배지 강진에서 방대한 저술을 남겼듯이, 손암은 이곳에서 흑산도 근해의 해산물을 조사·채집해 〈자산어보〉를 엮어냈다.

주소 전남 신안군 흑산면 흑산일주로 1499-11
문의 061-242-6501

대흑산도일주도로
흑산도를 종횡무진하는 도로다. 개통된 지 그리 오래되지 않았는데 이미 새로운 명물이 되었다. 바닷가를 달리다 숲으로 들어가는가 하면 묵령고개, 한다령고갯길에서 바다를 향해 내려갈 때는 Z자 도로 모양에 바짝 긴장하게도 된다. 도로는 바다와 마을도 지나고 있어 어디서든 내려 섬마을 감성을 담을 수 있다. 일주도로 마리재 근처에는 '상라정'이라는 전망대도 있어서 흑산도 일대의 풍광을 넓게 볼 수 있다.

섬 해변

신안 홍도빠돌해수욕장

Point 몽돌 / 기암괴석 / 산책길

 한적함  만족도

죽기 전에 꼭 가봐야 할 '서해의 보석'

홍도는 붉게 일어나 푸르게 살다 붉게 사라지는 섬이다. 석양 속 홍도는 섬이 아니다. 그저 또 하나의 붉은 태양이다. 이 섬의 이름이 홍도(紅島)가 된 연유도 그렇다. 섬 전체가 천연기념물로 지정된 곳답게 홍도에는 아름다운 풍경에 붙는 모든 수식어가 달려있다. 기암괴석, 쪽빛 바다, 푸른 숲, 청정 해수욕장 등이 그것들이다. 청정 해수욕장 중 한 곳인 홍도빠돌해수욕장은 홍도 마을에서 얼마 떨어지지 않은 곳에 위치한다. 홍도 사람들은 몽돌을 '빠돌'이라 부르기도 한다. 파도가 만든 둥근 돌이라 해서 그렇게 부른다. 홍도해수욕장 해변은 모래 한 톨 없이 오직 '빠돌'로만 이뤄져 있다. 다른 지역의 몽돌이 대부분 검은색을 띄고 있는 것과 달리 이곳의 빠돌은 붉은 기가 섞여 있다. 밀려온 바다와 빠돌이 만드는 소리가 오묘해서일까? 이곳에서는 상념에 잠겨있는 사람들의 모습이 종종 목격되곤 한다. 1년에 홍도를 찾는 여행자가 무려 16만 명에 이른다. 그만큼 여행자의 로망이요, 죽기 전에 꼭 한 번 가 봐야 할 서해의 보석인 것이다. 홍도항에서 시작, 깃대봉을 거쳐 홍도 2구 마을을 지나 등대까지 이어지는 탐방로도 절대 잊을 수 없는 환상의 산책길이다.

배 위에서 쓱쓱 썬 활어회 한 접시

섬 여행에서 꼭 타봐야 할 게 유람선이다. 섬 안에 있으면 근처 섬만 보이지만 유람선을 타면 바다에서 홍도의 전망과 기암괴석을 자세히 살필 수 있다. 홍도 유람선 여행에는 특별한 이벤트가 있다. 바로 어선과의 해상 도킹이 그것이다. 유람선에 어선이 바짝 붙으면 갑판에 나가 '회'를 주문, 어선에서 접시로 전해주는 방식이다. 판매는 '접시' 단위다. '한 접시!' 하며 현금을 내면 배 위에서 쓱쓱 썬 활어회가 접시에 담겨 손에 들어온다. 먹는 건 유람선 안에서 해결한다. 가격은 3만원 선이다.

주변 여행지

동백나무숲
동백나무숲은 홍도의 유일한 산책로로, 누구나 오를 수 있도록 개방되어 있다. 이곳은 전체가 동백나무로 형성되어 있어 캄캄할 정도이다. 길을 따라 조금 더 깊이 들어가면 음력 섣달그믐에 풍어제를 지내는 당집이 등장한다. 살짝 으스스해지는 지점이다. 그러나 가까이 다가가 들여다보면 섬사람들의 삶과 정서를 느낄 수 있어서 좋다. 계속 길을 오르면 불쑥 나타나는 전망대에서 바라보는 홍도의 모습이 정답다.

숙박

- 골샘쉼터 010-3551-2632
- 홍도여관 061-246-2500
- 대한장모텔 061-246-3777
- 유성여관 061-246-3723
- 로얄제일여관 061-246-3837
- 신흥여관 061-246-3767
- 호모텔 061-246-3758
- 서해호텔 061-246-3764
- 선유모텔 061-246-3708

전남 신안군 흑산면 홍도리

홍도 : 061-240-8356, 061-246-3700, **목포연안여객터미널** : 1666-0910, **남해엔젤** : 061-244-9915~6, 동양골드 : 061-243-2111

목포연안여객터미널까지
승용차 : 서해안고속도로 목포IC → 영산로 → 동부광장교차로 좌회전 → 산정로 → 해안로 → 목포연안여객터미널
대중교통 : 목포종합버스터미널 정류장 1, 1-1, 1-2번 버스 → 목포연안여객터미널 정류장 하차

목포연안여객터미널 → 홍도항 : 매일 2회(날씨, 시즌에 따라 변동 : 목포연안여객터미널 확인 필수) 07:50, 13:00 출항
홍도항 → 목포연안여객터미널 : 매일 2회(날씨, 시즌에 따라 변동 : 목포연안여객터미널 확인 필수) 10:30, 15:30 출항

- 여객선 소요시간 : 약 2시간 30분(쾌속정)
- 요금(왕복) : 남해엔젤, 동양골드 어른 8만4000원, 중고생 7만6000원, 어린이 4만2100원
  ※ 주의 : 신분증 지참

신안 가거도 동개해수욕장

Point | 검은 몽돌해변
등산
트레킹

최서남단 기묘한 섬 풍광

우리나라 최서남단에 위치한 섬이다. 이곳은 바다에서 솟아난 산이다. 섬 전체를 둘러봐도 평지가 거의 없고 사방이 가파르다. 섬 전체에는 후박나무가 덮여 있는데 이곳에서 생산되는 후박나무 약재는 전국 생산량의 40%를 차지한다. 영화 '극락도 살인사건'의 배경이기도 했던 가거도는 마을만 벗어나면 인적이 드물다. 가거도항에서 곧장 연결되는 회룡산 선녀봉, 독실산, 신선봉 등 등산 코스와 '영화 한반도'의 배경으로 등장했던 항리마을 트레킹, 그리고 가거도 출신으로 4·19 혁명 때 시위를 주도하다 총탄에 맞아 산화한 김부연 열사를 추모하는 김부연 하늘공원 트레킹 코스도 '강추'한다. 해수욕장도 빼놓을 수 없는 지점이다. 검은 몽돌로 이루어진 동개해수욕장은 어원이 '똥개'라 일단은 피식 웃게 되지만 풍경이 주는 격조는 품격 그 자체다. 섬의 기본 색인 푸른색과 검은색이 선사하는 선물이다.

섬에서 맛보는 최고의 밥상

국토 최서남단 작은 섬에서 먹을 수 있는 게 무엇이 있을까. 읊어보니 줄돔, 참돔, 광어, 우럭, 뿔소라, 홍어, 전복, 미역, 톳, 홍합, 장어, 고구마줄기, 감자조림, 호박무침, 고사리나물…, 끝이 없다. 생선은 모두 자연산이다. 이런 음식들은 주로 민박과 식당을 겸한 집에서 먹을 수 있다. 따라서 가거도 여행 시 숙박은 식당과 붙어있는 민박집을 선택하는 게 좋다(숙박 정보 참조). 그야말로 섬에서 먹을 수 있는 최고의 밥상을 그곳에서 받을 수 있다. 매일 잡히는 어종이 달라지기 때문에 그때그때 잡힌 생선으로 회도 떠주고 찌개도 끓여주고 구워주기도 한다. 생선이 워낙 신선해서 가거도 회를 먹어본 사람은 도시의 활어회는 당분간 먹기 어려울 정도다.

 **숙박**

해우리네민박식당 010-5310-8253
가거도중앙식당민박 010-9882-5467
한보낚시민박 061-246-3413
동구횟집민박 061-246-3292
남해민박식당 061-246-5446
도현이네집 민박낚시가이드 010-4858-3948
섬누리민박 061-246-3418

전남 신안군 흑산면 가거도리

가거도 출장소 : 061-240-8620, 목포연안여객터미널 : 1666-0910, 동양고속훼리 유토피아 : 064-243-2111

목포연안여객터미널까지
승용차 : 서해안고속도로 목포IC → 영산로 → 동부광장교차로 좌회전 → 산정로 → 해안로→ 목포연안여객터미널
대중교통 : 목포종합버스터미널 정류장 1, 1-1, 1-2번 버스 → 목포연안여객터미널 정류장 하차

목포연안여객터미널 → 소흑산·가거도 : 매일 1회(날씨, 시즌에 따라 변동 : 목포연안여객터미널 확인 필수) 08:10 출항
소흑산·가거도 → 목포연안여객터미널 : 매일 1회(날씨, 시즌에 따라 변동 : 목포연안여객터미널 확인 필수) 08:10 출항

 여객선 소요시간 : 약 3시간 45분
 요금(왕복) : 유토피아 어른 12만1100원, 중고생 10만9300원, 어린이 6만550원
※ 주의 : 신분증 지참

주변 여행지

독실산
후박나무, 동백나무, 구실잣밤나무, 굴거나무 같은 상록수림이 울창하다. 절벽과 나무의 아름다운 조화에 입이 떡 벌어진다. 날씨가 금방 변하는 덕분에 길 잃기가 쉽기에 이곳의 지리를 잘 아는 주민과 동행하는 것이 좋다. 정상에는 전경부대가 있어 초병의 안내를 받아 올라야 한다. 정상의 조망은 일품이다. 주변이 망망대해이며 깨끗한 공기 덕에 날씨가 좋을 때는 제주 한라산도 보인다.

장군바위
가거도의 창조 설화가 담겨 있는 곳이다. 가거도의 초입을 장식하는 1구 마을 대리항의 우측 끝에 위치한다. 용머리 형상이며 그 모양은 남쪽으로 구불구불 뻗어 내린다. 장군바위는 회룡산의 맞은편에 있다. 대리항 왼편이다. 아버지 용이 분노한 나머지 아들 용을 바위로 변하게 했다는 설화가 전해진다. 울창한 나무숲이 장식되어 있고 커다란 굴이 있어 '굴섬'이라고도 불린다.

돛단바위와 기둥바위
돛단바위는 이름 그대로 마치 돛을 달아놓은 것 같은 형상이다. 두 개의 직벽이 물 위에 떠 있는데 어느 방향에서 봐도 바람을 품어 지금이라도 출항할 것 같은 배의 돛 같이 보인다. 기둥바위는 높이가 40m에 달한다. 기괴한 형상은 자연의 아름다움에 경탄하게 한다.

섬등반도 절벽과 망부석
섬등반도는 2구 마을에 자리하고 있다. 동쪽에서 뻗어 내린 기암절벽은 조금이라도 땅을 더 넓히려 안간힘을 쓴 것처럼도 보인다. 반도로 향하는 오솔길을 걷다 보면 온 세상에 나 혼자뿐인 것 같은 고립감을 느끼게 된다. 망부석은 얼핏 보기에 여인의 형상으로 보인다. 한 아낙네가 아기를 안고 고기잡이를 나간 남편을 돌아오길 기다리다가 바위가 되었다는 전설이 전해온다.

구곡앵화와 빈주암
독실산에서 뻗어 내려와 있는 골짜기 안에 위치한다. 크고 작은 9개의 골이 있어 이를 구곡앵화로 부르고 있다. 빈주암은 구곡앵화와 이어져 뻗어있다. 깎아지른 듯한 절벽의 모습이 일품이며, 해뜬목에서 걸어가다 보면 빈주암과 구절곡의 풍경이 가슴 벅차게 펼쳐진다.

소등 일출과 망향바위
소등은 묵석으로 이루어진 자갈밭이다. 일출 때 자갈이 물드는 광경이 일품이다. 이 광경에서 따서 '밝아오는 산비탈'이라는 뜻의 소등이라는 이름이 붙었다. 망향바위는 한 노인이 풍랑을 만나 구사일생으로 살아남았지만, 세월이 갈수록 고향을 그리워하다가 바위로 변했다는 전설을 가지고 있다. 낚시하러 온 사람들이 꼭 찾는 곳이다.

남문의 해상터널
1구 마을에서 동쪽으로 돌면 용바위가 있다. 이 바위는 원래 용문이라고 불렀으나 서울 남대문을 닮은 모습 때문에 현재는 남문으로 부르고 있다. 여등을 돌아가면 해상터널이 보인다. 이 터널은 자연적으로 이루어진 것으로 1.5톤급 배가 지나다닐 수 있을 정도의 폭이다.

구굴도
구굴도는 소구굴도 및 대구굴도로 구성되어 있다. 절벽으로 둘러싸여 있으며 경사가 가파르다. 이곳은 뿔쇠오리, 바다제비, 슴새 등의 희귀 여름 철새들이 이동하는 길목에 있다. 이 때문에 여름이 되면 찾아오는 희귀 새들의 모습으로 장관을 이룬다. 학술적 가치가 높아 천연기념물로 지정되어있다.

FOCUS
안면도 해변
67~77

67   백사장해수욕장
68   삼봉해수욕장
69   기지포해수욕장
70   안면해수욕장
71   두여해수욕장
72   밧개해수욕장
73   꽃지해수욕장
74   운여해변
75   장삼포해변
76   장곡해변
77   바람아래해수욕장

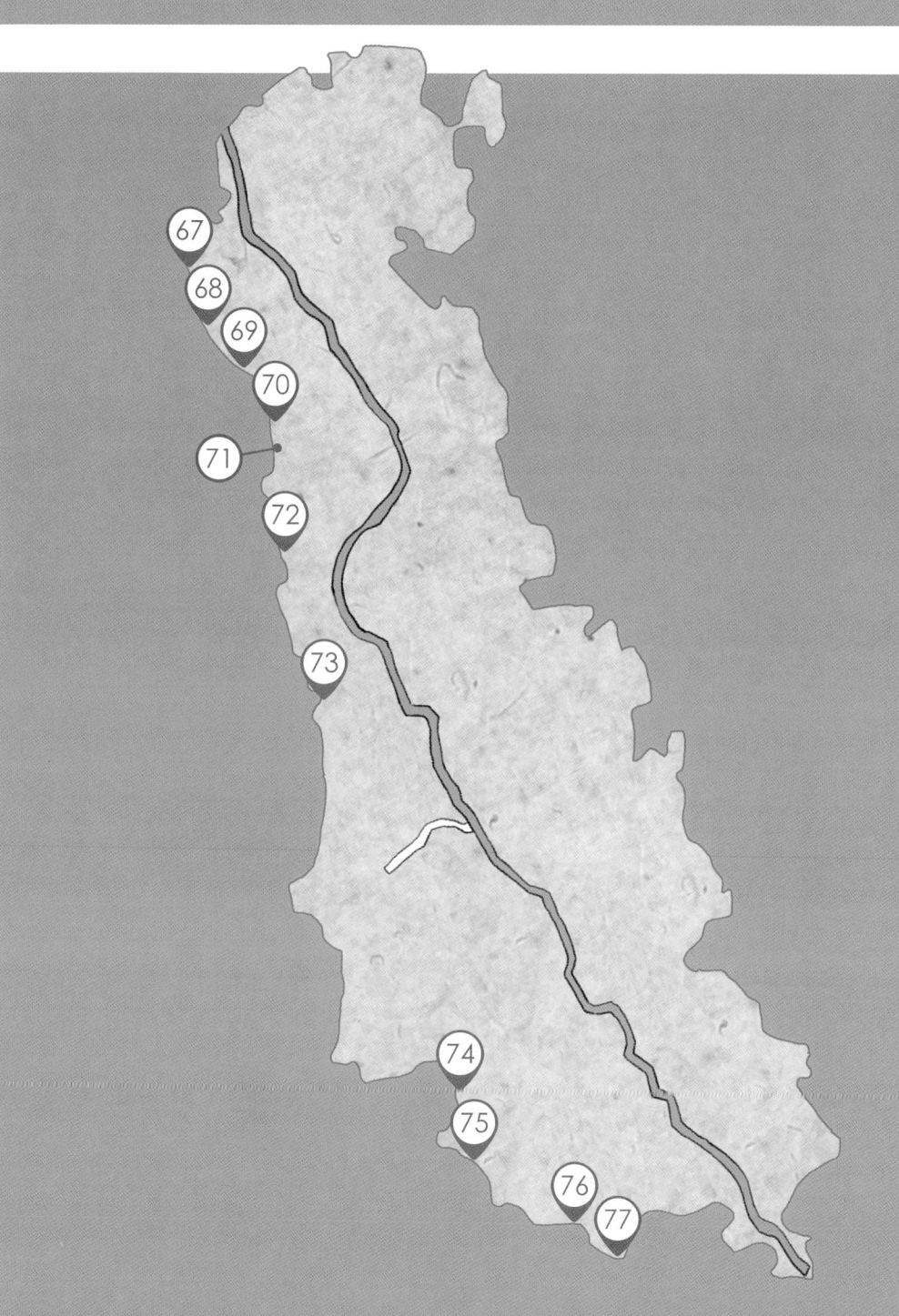

인지도, 선호도 남다른 독보적 매력의 섬

서해안 중에서도 여행자들의 인지도와 선호도가 남다른 안면도는 여러 모로 특별한 곳이라 따로 소개하고자 한다. 일단 생긴 게 '서해스럽지' 않다. 마치 넝쿨에 늘어진 수세미처럼 길고 둥근 타원형을 이루고 있으면서 해안선도 낮은 파도와 같은 모습으로 비교적 매끈한 모습을 하고 있다. 그래서 해안도로를 달리다 마음에 드는 바닷가에서 잠시 머물거나 짐을 풀 수 있는 '방랑 끼'를 불러일으키는 섬이기도 하다.

안면도의 가장 큰 매력은 섬 전체를 뒤덮고 있는 소나무다. 안면도 소나무는 고려 시대 때부터 왕실에서 직접 관리했을 정도로 수종이 뛰어난 소나무 중의 소나무다. 궁궐이나 선박을 건조할 때 사용했는데 지금은 바다와 함께하는 거대한 숲이 되어 안면도의 매력 포인트가 되었다. 그래서 안면도에 있는 해수욕장은 모두 해송의 품에 안겨있으며, 안면도수목원과 안면도자연휴양림은 누구나 한 번쯤 가보고 싶어 하는 명소가 되었다.

안면도 해변은 대부분 서쪽을 향하고 있다. 해수욕장을 하늘에서 내려다보면, 제일 먼 곳에 석양이, 그리고 바다, 갯벌, 백사장, 소나무숲 순서로 바다와 육지가 손을 마주 잡고 있다. 최근에는 덜 알려진 호젓한 해변 주변으로 특별한 테마의 개성 있는 리조트, 펜션이 들어서 또 다른 매력으로 여행자들의 발길을 끌어당기고 있다.

백사장해수욕장

Point 해수욕 / 대하·주꾸미 / 카트 체험

모래가 하얘 '백'사장

안면도의 연륙교를 지나 4km쯤 남서쪽으로 내려가면 백사장포구에 이르는데 이 포구의 인근에 흰 모래밭의 '백사장해수욕장'이 있다. 해변은 은빛 모래로 끝없이 길게 뻗어있어 썰물 때면 수평선으로 변하며, 조수간만의 차가 심한 편이지만 안전하고 수온이 알맞아 늦은 여름까지 해수욕을 즐길 수 있다. 인근 백사장항 근처에는 '안면도카트체험장'이 있어 연계해 레포츠를 즐기기에도 좋다.

 충남 태안군 안면읍 창기리

 태안군청 : 041-670-2691

 승용차 : 서해안고속도로 홍성IC → 서산방조제 → 원청사거리 좌회전 → 안면대교 → 백사장해수욕장
대중교통 : 태안버스터미널 정류장에서 '태안-안면' 버스 → 창기리 정류장 '안면-안면' 버스 환승 → 창기5리 정류장 하차 후 도보

봄에는 주꾸미, 가을엔 대하

삼봉해수욕장과 한 모퉁이 사이로 자연산 대하(왕새우)가 아주 유명하여 추석이 지나면 전국에서 대하를 먹고자 하는 사람들로 북적인다. 봄이면 주꾸미축제, 가을이면 대하축제가 열릴 만큼 많은 대하가 나오며, 특히 대하의 수확량은 전국 최고 수준을 자랑한다. 백사장항 뒤로는 횟집들이 줄줄이 있는데, 그 골목으로 들어가면 손님을 한 사람이라도 더 맞으려는 호객꾼들의 손짓에 정신이 없어질 정도다. 반면 항구로 진입하는 도로 입구에 있는 음식점들은 조용하고 맛도 좋아 어린이를 동반한 가족 단위의 여행자들이 편안히 식사하기에 적당하다. 최근 방송을 탄 덕에 꽃게튀김, 대하튀김도 인기를 누리는 듯하다.

멀리서도 눈에 띄는 하얀 범선의 주인공, 털보선장횟집(041-672-1700)은 백사장항 맛집으로 꼽힌다. 사장이 직접 어선을 소유하고 있어 자연산 회를 믿고 맛볼 수 있다. 연인들을 위한 해산물 특선 요리가 있고, 담백하고 깔끔한 바지락칼국수도 유명하다.

숙박

백사장 힐하우스펜션

주소 충남 태안군 안면읍 창기리 1208-1
문의 010-4062-3520, www.baeksajang.com **특징** 바비큐 고기 무한 리필, 팜 카밀레 입장권 20% 할인권, 안면도 쥬라기박물관 20% 할인권, 안면카트체험장 20% 할인권, 갯벌체험 도구 무료 대여 **요금** 20만~36만원(1박 숙박료 + 바비큐 무한 리필 + 조식 포함)

주변 여행지

안면카트체험장

시속 80km의 속도를 온몸으로 즐기는 짜릿한 레포츠, 카트 레이싱은 소형 경주용차로 직선·곡선 트랙을 자유자재로 질주하는 쾌감을 맛보게 한다. 2인승 카트는 3세 이상이면 누구나 체험이 가능하고, 1인승 카트는 키 150cm 이상(6학년 이상)이 돼야 체험할 수 있다.
주소 충남 태안군 안면읍 창기리 1262-219
문의 041-675-1003, 010-6654-4818, kart.thejoy.kr
요금 1인용 카트 20,000원, 2인용 카트 25,000원

털보선장횟집

삼봉해수욕장

Point
해수욕
삼봉바위
조개 채취

 한적함   만족도

해안선과 섬, 그리고 바위의 조화

백사장 길이가 3.8km로 안면도에서 가장 긴 해수욕장이다. 폭도 넓고 경사도 완만해서 가족여행지로 최적이다. 물이 빠지면 갯바위가 드러나 조개, 고둥, 게 등을 관찰하거나 채취하는 체험 학습장으로도 좋다. 안면대교를 건너 섬에 들어서자마자 위치하고 있는 것도 장점이다. 삼봉해수욕장은 높이 22m, 20m, 18m짜리 바위 세 개가 솟아 있다고 해서 '삼봉'이라는 이름이 붙었다고 한다. 하지만 이것은 해안 남쪽에서 북쪽을 향해 바라볼 때의 경우이고, 북쪽에서 남쪽을 향하면 네 개가 보인다. 삼봉해수욕장에 안개가 많이 끼는 게 이 버림받은 한 개의 바위 때문이라는 전설도 있다.

 충남 태안군 안면읍 창기리

 태안군청 : 041-670-2691

 승용차 : 서해안고속도로 홍성IC → 서산방조제 → 원청사거리 좌회전 → 안면대교 → 삼봉해수욕장
대중교통 : 태안버스터미널 정류장에서 '태안-안면' 버스 → 창기리 정류장 '안면-안면' 버스 환승 → 창기6리 정류장 하차 → 도보

안면도 해변

삼호펜션
주소 충남 태안군 안면읍 해안관광로 936-10
문의 041-672-5252, samhosion.anmyondo.co.kr
요금 6만~40만원

올포유펜션
주소 충남 태안군 안면읍 삼봉길 206
문의 041-672-0947, kkachicondo.co.kr
특징 삼봉 솔숲과 서해가 정원
요금 비수기 5만~30만원, 성수기 별도 문의

기지포해수욕장

Point 사구 캠핑장 산책

한적함 만족도

해안 산책길이 일품

서해안 해변에서 흔히 볼 수 있는 게 사구 목책이다. 모래사장과 도로의 경계에 촘촘한 목책을 설치해서 백사장이 훼손되는 것을 방지하는 시설이다. 자연 보호를 위한 기능을 갖고 있지만 보기에도 좋다. 기지포해변은 길이 800m, 폭 200m의 백사장을 가진 해수욕장으로 소나무숲이 상상을 초월할 정도로 빽빽해서 누구나 이곳에서의 야영을 꿈꾸게 된다. 또 솔숲 가까이에 해안산책길이 있어 호젓한 바닷길 산책이 가능하다. 모래와 숲과 바람의 낙원이라 해도 과언이 아니다. 송림 사이 그늘에 자리를 잡고 캠핑을 하는 것도 괜찮다.

기지포야영장
주소 충남 태안군 안면읍 해안관광로 745-17
문의 041-672-9737, 041-670-2612
요금 1만3000원~3만원

 충남 태안군 안면읍 해안관광로 745-19

 태안군청 : 041-670-2691

 승용차 서해안고속도로 홍성IC → 서산방조제 → 원청사거리 좌회전 → 안면대교 → 기지포해수욕장
대중교통 태안버스터미널 정류장에서 '태안-안면' 버스 → 창기리 정류장 '안면-안면' 버스 환승 → 창기6리(들무시, 기지포) 정류장 하차 후 도보

안면해수욕장

| Point | 해수욕
송림
맛조개잡이 |

한적함 만족도

유난히 바다 풍경이 예쁜곳

안면해수욕장은 전원 풍경이 매력적인 곳이다. 전원의 위치 때문에 해안 인접도로가 바짝 붙어있는 것이 특징이다. 덕분에 바다 접근성이 뛰어나지만 운전, 보행 모두 주의해야 한다. 해수욕장은 마치 무한 스크린 앞에 앉아있는 것 같은 착각에 빠질 정도로 바다 풍경 자체가 그림이요, 예술이다. 바다 곳곳에 올라와 있는 섬들과 푸른 하늘, 밀려들어오는 뭉게구름은 한동안 잊지 못할 추억거리가 되기에 충분하다. 역시 소나무숲과 더불어 고요 속에서 산책하기에 알맞고, 물이 빠지면 맛조개잡이도 가능하다.

 충남 태안군 안면읍 정당리

 태안군청 : 041-670-2691

 승용차 : 서해안고속도로 홍성IC → 서산방조제 → 원청사거리 좌회전 → 안면대교 → 기지포해변
대중교통 : 태안버스터미널 정류장에서 '태안-안면' 버스 → 창기리 정류장 '안면-안면' 버스 환승 → 정당2리(안면해수욕장) 정류장 하차 후 도보

두여해수욕장

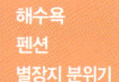

Point
해수욕
펜션
별장지 분위기

한적함
만족도

격이 다른 해변과 낯선 펜션들

옛날에 풍수 대가들이 지리가 좋고 기운이 강하다며 이곳에 움막을 만들어 도를 닦았던 곳으로 전해진다. 그래서 마을 이름도 '도여'였는데, 세월이 흐르면서 발음하기 쉬운 '두여'로 변했다고 한다. 이곳은 이상적인 해변을 이루고 있다. 바다·갯벌·모래·최소한의 비치·숲·민박촌·숲 등 자연과 사람이 제 자리에서 공존하는 지형을 보이고 있다. 이런 지형은 안면도의 다른 해수욕장에서 볼 수 있는데, 특히 두여가 탁월하다 할 수 있다. 경사가 완만하여 해수욕하기에 괜찮고, 수온도 높은 편이다. 입지 좋고 주변 풍광이 빼어난 '장꽁펜션'도 인근에 있어 호젓한 여행의 목적지로 삼을 만하다.

© 디자인데이

장꽁펜션
주소 충남 태안군 안면읍 정당리 1314-10
문의 010-7176-1321 요금 8만~23만원

 충남 태안군 안면읍 승언리 1743-1

 태안군청: 041-670-2691

 승용차: 서해안고속도로 홍성IC → 서산방조제 → 원청사거리 좌회전 → 안면대교 → 두여해변
대중교통: 태안버스터미널 정류장에서 '태안-안면' 버스 → 정당2리 정류장 '안면-안면' 버스 환승 → 정당1리(화목) 정류장 하차 후 도보

밧개해수욕장

Point
해수욕
자연 학습
펜션

 한적함
 만족도

전망 좋은 펜션 마을

낭만적 정취가 살아있는 사구, 어패류 밀집 지역, 그리고 해초류가 많이 있어서 아이들이 자연 구석구석을 보고 즐기며 학습할 수 있는 해수욕장이다. 진입로 주변에 숙소가 많이 있고 해변 사이에는 소나무숲이 있어서 청량감 넘치는 계절을 즐길 수 있다. 수질도 깨끗하고 경사가 완만해서 해수욕을 즐기기에도 안전하다. 안면도 다운타운인 안면읍과 가깝고 해수욕장 규모에 비해 펜션이 집중되어 있는 것도 이곳의 특징. 특히 힐마레펜션은 밧개해변의 시원한 뷰와 바비큐를 맛보는 테라스 등으로 이용객의 만족도가 높다.

 숙박

힐마레펜션
주소 충남 태안군 안면읍 밧개길 165-73
문의 010-3900-6670, www.hillmare.com
특징 바다 전망 객실, 바다 전망 스파, 바비큐 및 조식 서비스 무료 요금 13만~31만원

라반하우스
주소 충남 태안군 안면읍 해안관광로 276-96
문의 041-673-8632, www.rabanhouse.com
특징 월풀 욕조, 조식 제공, 풍선 이벤트
요금 규모와 시즌에 따라 8만~25만원

 충남 태안군 안면읍 승언리 1913-1
 태안군청 : 041-670-2691
 승용차 : 서해안고속도로 홍성IC → 서산방조제 → 원청사거리 좌회전 → 안면대교 → 밧개해변
대중교통 : 태안버스터미널 정류장에서 '태안-안면' 버스 → 승언2리 정류장 '안면-안면' 버스 환승 → 승언2리(밧개) 정류장 하차 후 도보

꽃지해수욕장

Point
- 해수욕
- 해양스포츠
- 해산물

한적함

만족도

안면도의 모든 것이 있는 곳

이름도 예쁜 꽃지해수욕장. 꽃이 많이 피는 곳이라 해서 이름도 꽃지(한자로는 花地)라 하는 만큼 수많은 아름다움을 뽐낸다. 태안반도 남쪽, 지도로 보면 마치 바다코끼리의 이빨처럼 생긴 안면도 중앙에 있는 이곳은, 안면도가 인기 여행지로 각광받으면서 전국 최고의 해변 가운데 한 곳으로 등극했다. 해안선 길이가 5km나 되고 완만한 경사로 안전한 수영이 가능하다. 수온도 따뜻한 편이어서 물놀이 시즌이 지난 다음에도 발을 담글 수 있을 정도다. 서해안 전체가 그렇지만 꽃지해변은 특히 노을이 아름답기로 소문난 곳이다. 저녁 무렵 눈에서 시작, 마음을 적시고 끝내 생각의 끈을 놓아버리게 하는 낙조 시간이 다가오면 사람들은 물론

 충남 태안군 안면읍 꽃지해안로 412

 꽃지해안공원 관리사무소 : 041-673-1061

 승용차 : 서해안고속도로 서산IC → 32번 국도 만리포 방향 → 남문IC 지하차고 위에서 좌회전 → 77번국도 → 안면대교 → 안면읍 → 꽃지해변
대중교통 : 태안시외버스터미널 '태안-안면' 좌석버스 → 꽃지해수욕장 정류장 하차 후 도보

 꽃지해안공원, 병술만캠핑장, 갯벌체험, 좌대낚시체험, 해양레프팅, 동력행글라이더, ATV, 서바이벌게임

파도조차 숨을 죽이는 풍경이 연출된다. 석모도 보문사 눈썹바위, 채석강의 노을과 더불어 서해안 3대 낙조로 꼽히기도 한다. 할미바위, 할아비 바위는 꽃지를 지켜주는 수호신으로 물이 빠지면 가까이 가서 만날 수도 있다. 바위 근처에 돌이 많아 꼭 운동화를 신고 접근해야 한다. 꽃지해안공원 등 기본 조경 외에도 바로 뒤에 안면도수목원과 안면도휴양림이 있어서 바다와 숲, 석양을 즐기기에 더없이 좋은 조건을 갖추고 있다.

방포항의 얼큰 꽃게탕

'꽃다리'라는 이름이 예뻐서 찾아간 방포항. 예전에 꽃지에서 방포항을 가려면 한참을 둘러가야 했는데 연륙교 '꽃다리'가 생기면서 이제 이곳은 꽃지를 여행하는 이들은 한번쯤 들러보는 명소가 되었다. '꽃다리' 위는 절묘한 조망 포인트이자 할미·할아비 바위 사이로 떨어지는 낙조가 일품이다.

꽃다리를 건너면 해산물 천국인 방포항이 있는데, 특히 다미횟집(041-673-1124)은 꽃게탕으로 유명하다. 먹고 나면 가격 생각이 나지 않는 꽃게의 얼큰한 맛은 안면도 토박이인 사장님의 손맛. 비교적 한적한 횟집 타운에서 늘 손님이 바글바글한 이곳은 숙박 시설과 방포 낚시터도 함께 운영한다.

숙박

리솜오션캐슬
주소 충남 태안군 안면읍 꽃지해안로 204 **문의** 041-671-7000, www.resom.co.kr/ocean **부대시설** 아쿠아월드, 파라디움, 스파 **특징** 해양스포츠, ATV 등 즐길거리 **요금** 전화 문의

목신의 오후
주소 충남 태안군 안면읍 승언리 191 **문의** 010-7280-9955, 041-673-7703, www.mocsin.com **특징** 바비큐, 갯벌 체험, 프로포즈 이벤트 **요금** 10만원~

비쥬펜션
주소 충남 태안군 안면읍 꽃지해안로 177 **문의** 041-672-1254, www.bijou12.com **부대시설** 카페, 족구장, 바비큐 **요금** 비수기 7만~25만원, 준성수기 12만~29만원, 성수기 16만~33만원

바람향기펜션
주소 충남 태안군 안면읍 꽃지2길 30-11 **문의** 010-9165-0013, www.baram.info **요금** 규모와 시즌에 따라 8만~50만원

꽃지사랑펜션
주소 충남 태안군 안면읍 꽃지2길 9 **문의** 010-5466-3473, www.anmyonnoblesse.co.kr **가격** 비수기 8만~28만원, 주말 13만~28만원, 성수기 15만~30만원

맑은하늘펜션
주소 충남 태안군 안면읍 꽃지2길 10-6 **문의** 010-9084-0134, 맑은하늘펜션.com **요금** 비수기 8만~28만원, 성수기 13만~30만원

74

운여해변

Point
솔섬 낙조
갯벌 체험
캠핑

한적함 만족도

말을 빼앗아가는 고독한 바다

안면도 남단 거의 끝 지점에 있는 조용한 해변이다. 마을은 작고 인적도 드물다. 그러나 이곳에 썰물이 찾아오면 얘기가 달라진다. 멀리 멀리 빠져나간 바다 위로 면적을 가늠할 수 없을 만큼 광활한 갯벌이 펼쳐진다. 운여해변은 또 하나, 솔섬 낙조가 매력이다. 엄밀히 말하면 섬이 아닌 작은 방파제에 방품림 삼아 소나무숲을 조성해 놓은 것인데, 이것이 낙조와 어우러져 기막힌 풍경을 연출한다.

펜션 등 상업용 숙박업소가 없으므로 숙소는 바로 옆 장삼포해변의 펜션을 이용하는 게 좋다.

 충남 태안군 안면읍 샛별길 184-2
 태안군청 : 041-670-2691
 승용차 : 서해안고속도로 홍성IC → 서산방조제 → 원청사거리 좌회전 → 안면대교 → 운여해변
대중교통 : 태안버스터미널 정류장에서 '태안-안면' 버스 → 안면버스터미널 정류장 '안면-안면' 버스 환승 → 장곡3리 정류장 하차

장삼포해변

해산물 천국 캠핑의 참맛

긴 백사장과 넓은 갯벌, 그리고 해변 양쪽의 둔덕이 포근히 감싸주는 장삼포해변은 조용한 해수욕과 갯벌 체험을 하려는 가족이 많이 찾는 곳이다. 1997년에 제작된 영화 '마리아와 여인숙'의 배경이기도 했던 이곳은 '대숙밭'이라 불리기도 한다. '대숙'이란 바닷가 바위 틈에 사는 나사조개의 일종으로, 오래 전 이곳에서 패총 수준의 대숙 껍질이 발견된 것을 계기로 그런 별명이 붙여졌다고 한다. 갯바위낚시와 한밤중의 배꼽고동잡기도 즐길 수 있다. 또 장삼포해변의 바닷바람을 벗삼아 캠핑의 낭만을 누리기에도 좋다.

한마음펜션&오토캠핑장
주소 충남 태안군 고남면 큰장돌길 283-34
문의 010-9556-7500, www.1maum.com
가격 펜션 20만~40만원(45평 기준), 오토캠핑 및 텐트 3만5000원(4인 기준), 해변동 사이트 3만5000원(4인 기준)

빅토리아펜션
주소 충남 태안군 고남면 큰장돌길 283-42
문의 010-6432-7953, www.victoriaps.net
요금 규모와 시즌에 따라 5만~37만원

 충남 태안군 안면읍 고남면 장곡리

 태안군청 : 041-670-2114

 승용차 : 서해안고속도로 홍성IC → 서산방조제 → 원청사거리 좌회전 → 안면대교 → 장삼포
대중교통 : 태안버스터미널 정류장에서 '태안-안면' 버스 → 안면버스터미널 정류장 '안면-안면'버스 환승 → 장곡3리 정류장 하차

장곡해변

Point 송림 / 펜션 / 어촌

한적함 / 만족도

어촌의 정취가 고스란히

일명 '장돌해변'으로 불리는 곳이다. 안면도 남쪽, 고남면 일대의 해변들이 대개 그렇듯이 장곡해변 역시 관광지 느낌 보다는 그저 고향 마을에 온 것 같은 편안함을 주는 곳이다. 완만한 바닷가와 요란한 시설 없이 한가롭게 보이는 마을, 전형적인 방풍 소나무숲 등이 그런 마음을 일으켜준다. 해안 정면으로 보이는 섬이 장고도와 고대도다.

인근에 위치한 지중해아침펜션과 장곡펜션은 이런 한가함의 연장선에서 여정을 즐겨볼 만한 곳이다. 야외 수영장, 카페, 글램핑존 등을 비롯한 각종 부대 시설이 잘 갖춰져 있고, 펜션 앞 해변에서 갯벌 체험도 할 수 있다.

숙박

지중해아침펜션
주소 충남 태안군 고남면 큰장돌길 141-98
문의 010-6425-8655, www.jijunghaeachim.co.kr 부대시설 야외 수영장, 온실 카페, 글램핑존, 바비큐 등 요금 10만~25만원

장곡펜션
주소 충남 태안군 고남면 큰장돌길 215
문의 010-6339-8462 부대시설 야외 수영장, 월풀 스파, 카페, 노래방, 갯벌 체험, 조식 서비스 등 요금 8만~18만원(비수기 기준)

지중해아침펜션

충남 태안군 안면읍 고남면 장곡리

태안군청: 041-670-2691

승용차: 서해안고속도로 홍성IC → 서산방조제 → 원청사거리 좌회전 → 안면대교 → 장곡해변
대중교통: 태안버스터미널 정류장에서 '태안-안면' 버스 → 안면버스터미널 정류장 '안면-안면' 환승 → 장곡3리 잠슬 정류장 하차

안면도 해변

바람아래해수욕장

| Point | 백사장
갯벌 체험
캠핑장 |

 한적함
 만족도

바람소리 남다른 백사장

이름만 들어도 찾아가고 싶은 곳이다. 남서쪽을 향하고 있는 이곳은 얕은 골과 골 사이에 위치하고 있어서 다른 지역에 비해 바람의 소리가 남다른 편이다. 바로 그 바람이 사구를 만들어주고, 그 모래언덕이 쌓여 형성된 해수욕장이라 '바람아래해수욕장'이라 했다.

해수욕장 왼쪽으로는 달의 분화구를 연상케 하는 갯벌이 펼쳐지고 오른쪽으로는 백사장과 펄이 바다에 이어져 있다. 관리사무소, 매점, 화장실 등 기반 시설이 되어 있어서 여행에 불편한 점은 없다.

 숙박

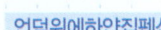

언덕위에하얀집펜션
주소 충남 태안군 고남면 큰장돌길 93-64
문의 010-3264-7228, www.whitehillpension.com 요금 6만~18만원

 충남 태안군 안면읍 고남면 장곡리

 태안군청 : 041-670-2691

 승용차 : 서해안고속도로 홍성IC → 서산방조제 → 원청사거리 좌회전 → 안면대교 → 바람아래해수욕장
대중교통 : 태안버스터미널 정류장에서 '태안-안면' 버스 → 안면버스터미널 정류장 '안면-안면'버스 환승 → 장곡1리 바람아래해수욕장 정류장 하차

안면도 대표 여행지

안면도 자연휴양림

주소
충남 태안군 안면읍 안면대로 3195-6

문의
041-674-5019
www.anmyonhuyang.go.kr

교통
승용차 : 서해안고속도로 홍성IC → 서산방조제 → 원청사거리 좌회전 → 안면대교 → 방포사거리 → 안면도자연휴양림
대중교통 : 태안공용버스터미널 정류장에서 '태안-안면' 버스 → 승언3리 수목원 정류장 하차

운영시간
휴양림 여름철(3~10월) 9:00~18:00,
겨울철(11~2월) 9:00~17:00,
숲속의집(숙소) 15:00~다음 날 12:00
(입실은 22:00까지)

안면도가 소나무의 섬이라면, 안면도자연휴양림은 이 섬의 보석이다. 안면도의 남북을 잇는 중심 도로인 77번 국도에 접어들 때부터 여행자는 흥분을 가라앉힐 수가 없다. 너무나 잘생긴 소나무들 때문이다. 그 기분은 휴양림에 들어서면서 최고조에 달하게 된다. 하늘을 향해 쭉쭉 뻗은 자태와 홍조 띤 건강한 피부색, 그리고 오감을 자극하는 짙은 솔 향은 오랜 여정의 노독을 일시에 풀어주고도 남을 만큼 강하고 인상적이다. 주요 시설로는 소나무숲과 산림전시관, 콘도형 숙박시설인 숲속의집 등이 있다. 숲속의집은 통나무집, 황토초가집, 기와집으로 구분되며 옷장과 침구, TV, 냉장고, 에어컨에 가스레인지, 싱크대, 냄비, 수저, 그릇, 프라이팬 등의 취사도구가 기본으로 갖춰져 있다. 단, 모기향과 비상약품 그리고 세면도구는 여행자가 준비해야 한다.

주목! 산림전시관

산림전시관은 산림 문화와 관련된 각종 자료와 목재의 가공. 이용 모습, 전통 목가구, 목공예품을 전시하고 있다. 나비를 비롯하여 산림에 서식하는 곤충들을 소개하고 있는데, 소나무를 죽음으로 모는 '재선충'을 옮기는 '솔수염하늘소'를 자세히 관찰할 수 있다.

안면도자연휴양림에서 꼭 해야 할 한 가지가 있다. 바로 산책이다. 한 번은 기본이고 가능하다면 아침저녁으로 숲길 걷기를 권한다. 솔 향과 피톤치드, 그리고 새들의 노랫소리에 젖어 걷는 한 시간 남짓의 산책이 오랫동안 여운으로 남을 것이다. 산책은 산림전시관에서 시작해 배수지고개-대피소 입구 삼거리-대피소-X코스-키조개봉-진주조개봉-잔디광장-삼해봉-새조개봉-바지락봉-모시조개봉을 거쳐 산림전시관 입구로 이어지는 1시간 코스이다.

안면도 대표 여행지

안면도 수목원

주소
충남 태안군 안면읍 안면대로 3195-6

문의
041-674-5019
www.anmyonhuyang.go.kr

교통
승용차 : 서해안고속도로 홍성IC → 서산방조제 → 원청사거리 좌회전 → 안면대교 → 방포사거리 → 안면도자연휴양림(휴양림으로 입장해서 수목원으로 들어감)
대중교통 : 태안공용버스터미널 정류장에서 '태안-안면' 버스 → 승언3리 수목원 정류장 하차

운영시간
휴양림 여름철(3~10월) 09:00~18:00, 겨울철(11~2월) 09:00~17:00

안면도휴양림이 숲이면 안면도수목원은 뜰이다. 이곳에는 한국 전통 정원을 비롯해 저마다 주제를 가진 정원들이 아름다운 멋과 향기를 발산하고 있다. 소나무 군락지인 상록수원, 조선시대 별서 정원 형태로 조성된 아산정원, 우리나라 유일의 양치 전문 온실, 안면도에서만 발견된 것으로 소나무 기둥을 휘감으며 자라는 먹넌출 자생지원 등 보고, 느끼고, 감탄하고, 배울 만한 시설들이 빼곡하다. 예습한 후 이곳을 찾아간다면 산림과 자연에 관한 상식 수준을 훌쩍 높일 수 있다.

주목! 수목원 금지 행위들

수목원 열매, 나물 등 임산물 채취 및 반출 금지, 공놀이, 자전거 등 레저 활동 금지, 물고기나 개구리 등 수생 생물 및 곤충의 포획, 채집 금지, 관람로 이탈 금지, 화기물·반려동물 입장 금지, 음식물 반입·음주·흡연·취사 행위 금지, 화단 안에서 촬영 금지, 식물 촬영에 삼각대 사용 금지, 쓰레기 투기 금지

안면암

주소
충남 태안군 인면읍 여수해길 198-1

문의
041-673-2333
www.anmyeonam.org

교통
승용차 : 서해안고속도로 홍성IC → 서산방조제 → 원청사거리 좌회전 → 안면대교 → 안면대로 → 여수해길 좌회전 → 안면암
대중교통 : 태안시외버스터미널에서 도보 → 태안특산물전통시장 정류장 '태안-안면' 버스 → 정당4리 마을회관 정류장 하차 후 도보 20분

안면도의 동쪽은 천수만. 겨울이면 철새가 인간을 압도하는 깊은 바다다. 안면암은 그 천수만을 물끄러미 바라보는 표정으로 서 있는데, 건축물의 색깔이 화려하고 진한 것이 중국의 대형 전통 건축물을 연상케도 한다. 일몰은 물론 일출 장면을 볼 수 있고 살아있는 자연과 마주하고 있으니 이곳을 명당이라 하는 것은 당연한 일이다. 안면암 앞에는 여우섬이라는 예쁜 쌍둥이 섬이 있는데 사찰에서 부교를 설치, 썰물 때 건너가면 안면암, 천수만, 그리고 서해로 나가는 거대한 물길을 조망할 수 있다. 여우섬에 들어갈 때는 물때를 확인하고 가야 한다.

고남패총박물관

주소
충남 태안군 고남면 안면대로 4270-6

문의
041-670-2337
museum.taean.go.kr

이용 정보
3월~10월 09:00~18:00,
11월~2월 오전 00:00~17:00

입장료
어른 1,200원, 어린이 700원(월요일, 1월 1일, 명절 당일 휴무)

고남 패총에서 발굴된 유적과 유물을 전시하는 곳이다. 고남리 패총 유적은 선사시대 조개더미 유적으로, 신석기와 청동기 시대의 다양한 유구, 유물들이 출토되었다. 토기, 석기, 뼈연모, 조가비 장신구 등 다양한 연모들과 야외 화덕 자리들도 확인되었다. 본관에 상설전시실과 영상실이, 별관인 민속생활관에는 태안의 농촌생활과 어촌생활을 소개하고 있다. 가족 동반 여행자들이 잠시 들러 우리의 민속을 관찰하기에 좋다.

Part 3

서해안 코스 여행

해변 여행 1박 2일 코스
해변길 걷기 코스
해변길 드라이브 코스
해변 전망 등산 코스

주말 휴가 최적의 스케줄
해변 여행 1박 2일 코스

서해의 변화무쌍한 해안선에는 백만 개의 해변이 있지만, 그중 가장 사람들이 가고 싶어하는 워너비 해변을 추려 '1박 2일 코스'를 꾸렸다. 파트 2에 소개한 숨은 해변들을 포함하면서 맛집과 숙소를 더한 완벽한 해변 여행 코스이다. 여행 가기 전부터 맛집 검색, 숙소 고민에 진 빼고 싶지 않은 이들은 이것만큼 반가운 게 없을 터. 준비 없이 훌쩍 떠날 수 있는 효율적인 동선이기에 여행자의 시간과 경비 또한 절약해줄 것이다.

BEST COURSE

인천 강화도

갯벌과 캠핑에 '보양'까지 더한다.

수도권에서 멀지 않은 거리에 빼어난 풍광을 품은 해수욕장과 세계 5대 갯벌, 꽃게와 장어 등 풍성한 먹거리까지, 강화도는 빼놓을 것 없는 완벽한 해변 여행을 선사한다. 첫째 날에는 강화도 남쪽의 동막해수욕장과 동검도 캠핑으로 섬 여행을 즐기고, 둘째 날 강화 아르미애월드에서 피로 회복, 강화더리미장어거리에서 원기까지 보충하는 알찬 코스이다.

1일

09:30 · 동막해수욕장

동막해수욕장은 빼어난 풍광과 너른 갯벌로 많은 여행자들에게 사랑 받는 곳이다. 물이 빠지면 갯벌을, 물이 차면 해수욕을 즐길 수 있다. 무엇보다 갯벌의 양과 질이 타의 추종을 불허해 맨발로 그 미끄덩한 느낌을 즐겨도 좋고, 해양 생물들을 관찰하기에도 용이하다.

인천시 강화군 화도면 해안남로 1481
032-937-4445

12:00 · 부광꽃게전문점 : 간장게장 중식

동막해변과 인접한 꽃게 맛집. 알배기 간장게장으로 유명하다. 간장게장 이외에도 꽃게탕, 꽃게찜, 새우장 등의 맛이 좋아 마니아들이 일부러 찾는 곳이다.

인천시 강화군 화도면 해안남로 1466
032-937-2270

13:30 · 소리체험박물관

동막해수욕장과 동검도 중간쯤에 있는 이색 박물관. 지구상에 존재하는 모든 소리를 듣고 만들어보고 느껴볼 수 있다. 규모는 작지만 알차게 체험하면 서너 시간으로도 모자랄 정도로 많은 것들이 전시되어 있다. 세계의 악기와 음향 기기 등을 보고 체험할 수 있다.

인천시 강화군 길상면 해안남로 474번길 11
032-937-7154

해변 여행 1박 2일 코스

16:00 동검도 스카이오토캠프장 : 바비큐 석식 및 숙박

동검도는 강화도 최남단 섬이다. 섬에서 작은 섬으로 들어가는 미묘함이 남다른 곳으로, 섬의 서쪽에 있는 스카이오토캠프장에서 조용한 캠핑을 즐길 수 있다. 바다 조망 사이트와 넓은 잔디, 조리대, 공동 주방, 원두막, 화장실 등을 갖추고 있다.

 인천시 강화군 길상면 동검리 158-1

2일

09:30 강화 아르미애월드

'약쑥을 통해 아름다움을 만들어가는 공간'을 의미하는 아르미애월드는 강화약쑥을 테마로 다양한 체험을 즐기는 테마파크. 약쑥이 함유된 황토볼 족욕과 좌훈 체험으로 피로를 말끔히 씻어보자. 약쑥한우전문식당과 강화농특산물 판매장도 함께 있다.

인천시 강화군 불은면 중앙로 742-2
☎ 032-930-4120, 4114

11:00 강화고려궁지

고려의 궁궐 터. 몽골의 침략에 대항하기 위해 최우의 주장에 따라 도읍을 개성에서 강화로 옮겼다. 이후 고려 왕조는 원종 11년 5월 개성으로 환도할 때까지 39년간 이곳에 머물렀다.

 인천시 강화군 강화읍 관청리 163
☎ 032-930-7078

13:30 강화더리미장어거리 : 장어구이 중식

곳곳에서 장어 굽는 냄새가 발길을 붙드는 장어거리. 장어촌, 장어마을이라고도 부르는 강화도의 명물 음식촌이다. 가는 곳마다 원조집이라고 쓰여 있지만, 그중에서 선창집장어구이가 맛좋은 원조 장어집으로 꼽힌다.

인천시 강화군 선원면 신정리 320-20
☎ 032-932-7628(선창집장어구이)

BEST COURSE

인천 영흥도

가까운 섬, 고요한 섬, 캠핑하기 좋은 섬

영흥도는 수도권에서 큰 힘 들이지 않고 훌쩍 다녀올 만한 섬이다. 일단 배를 타지 않고 들어갈 수 있는 '섬 아닌 섬'인데다, 한 곳에 자리 잡으면 움직이기조차 싫을 정도로 마음의 평화를 주는 '고요의 섬'이기도 하다. 그래서인지 작은 섬의 규모에 비해 유독 캠핑장이 많다. 그리미지오토캠핑장, 영흥오토캠핑, 하와이언캠프 등 만족도 높은 캠핑장에서 캠핑 본연의 즐거움을 누리고, 수협수산물직판장에서 싱싱한 해산물을 맛볼 수 있는 1박 2일 코스.

1일

10:30

대부도-선재도-영흥도 드라이브

영흥도는 배를 타지 않고 해안 드라이브를 즐기며 갈 수 있는 '섬 아닌 섬'이다. 특히 오이도와 대부도를 잇는 시화방조제, 대부도와 선재도를 잇는 선재대교, 선재도와 영흥도를 잇는 영흥대교는 사방으로 시원한 바다를 조망하며 달리는 극강의 드라이브 코스이다.

12:00

영흥수협수산물직판장 : 회 & 꽃게 중식

영흥대교를 지나 영흥도 여행에서 맨 먼저 가야 할 곳이 영흥수협 수산물직판장이다. 이곳은 해산물 상가와 식당이 밀집해 있는 곳으로 매장에서 신선한 해산물을 판매한다. 광어, 장어, 게, 소라 등을 회 또는 구이용으로 사 가거나 그 자리에서 맛볼 수 있다.

📍 인천시 옹진군 영흥면 영흥로 109-12

14:00

십리포해수욕장

십리포해수욕장은 영흥도 선착장에서 십 리(4km) 떨어진 곳에 있다 해서 이름이 그렇게 붙여졌다. 130여 년 전에 방풍림으로 심었다는 소사나무 군락이 인상적이다. 여름에는 해수욕이 가능하고, 물이 빠지면 갯벌 체험도 가능하며 작은 승마장도 눈에 띈다.

📍 인천시 옹진군 영흥면 영흥로 723
📞 032-885-6717, www.simnipo.com

해변 여행 1박 2일 코스

하와이언캠프캠프 : 바비큐 석식 & 숙박

영흥도 북단의 언덕 위에 위치한 전망 좋은 캠핑장. 앞으로 펼쳐진 전망은 방아머리, 인천항과 서해 군도 등이며, 시시때때로 하늘과 바다 색이 달라진다. 좋은 풍광을 즐기며 바비큐로 저녁 식사를 하고, 호젓한 자연 속에서 하룻밤 묵는 것이 호사스럽다.

인천 옹진군 영흥면 내리 산120-50
010-9111-0750, blog.naver.com/hawaiian9111

18:00

2일

영흥 에너지파크

남동화력발전(주)가 쉼터와 문화공간을 주민들과 나눌 목적으로 건립한 에너지 박물관으로 그 취지에 충실해 입장료, 주차료가 무료. 전기와 에너지를 알기 쉽게 설명하는 에너지 팩토리, 빛의 요정 숲, 에너지 은하 등에서 만지고 체험하며 그 원리를 이해할 수 있다.

인천 옹진군 영흥면 외리 368.
070-8898-3570, www.e-park.co.kr

10:00

명주가든 : 바지락두부전골 중식

몇 차례 방송과 전국 대회 수상으로 리얼 맛집으로 인정 받은 곳. 바지락과 두부를 재료로 한 메뉴들이 주를 이루는데, 그중 옹진군에서 지원 받아 향토 음식으로 개발한 바지락두부전골은 꼭 맛봐야 할 메뉴. 이밖에 바지락초무침, 모두부, 명주아주머니밥상 등의 메뉴가 있다.

인천 옹진군 영흥면 영흥로176번길 57
032-255-9978

12:00

영흥도 유람선

승선 인원 90명 정도의 유람선으로, 시원한 바닷바람을 가르며 갈매기 밥도 주고, 영흥도 주변 경관을 둘러보기에 좋다. 갑죽도 – 백암등대 – 영흥대교의 코스로 약 1시간 정도 소요된다.

인천 옹진군 영흥면 영흥로 109-18
032-888-8278

13:30

BEST COURSE

충남 태안

호젓한 해변과 리조트 여행

유독 매력적인 해수욕장이 많은 태안에서 호젓하고 풍광 좋은 해변으로 꼽히는 곳. 호객 소리 요란한 술집도 없고, 식당도 딱 필요한 서너 곳 정도의 토속 맛집만 있는 데다 가족 혹은 연인끼리 묵기 좋은 리조트까지 갖춘 최적의 해변. 첫째 날은 신두리해변 내의 맛집과 리조트에서 짧은 동선으로 충분히 즐기고, 둘째 날 만리포해변 쪽으로 이동, 수목원과 생선회 등을 즐기는 코스이다.

1일

10:00 신두리해안사구

'사구'(砂丘)란 말 그대로 모래 언덕을 말한다. 신두리는 동양 최대의 사구를 품은 곳이다. 해안선과 불과 300m 정도 떨어진 곳에 위치한 사구를 산책하며 마치 사막에 홀로 떨어진 듯, 바다 위에 떠있는 듯한 묘한 기분을 느껴보자.

충남 태안군 원북면 신두리 산263-1
041-670-2114

12:00 마로니에횟집 : 박속낙지탕 중식

박속낙지탕은 '태안 7미'(간장게장, 박속낙지탕, 대하구이, 우럭젓국, 꽃게탕, 게국지, 붕장어구이) 중 하나로 '박속'(박의 열매 안), 파, 고추 등을 넣고 끓인 육수에 세발낙지를 넣어 샤부샤부로 먹는 태안 고유의 음식이다.

충남 태안군 원북면 신두해변길 131
041-675-1672

13:30 신두리해수욕장

3km에 이르는 긴 백사장과 탁 트인 바다 전망이 여행자의 마음을 홀딱 빼앗는다. 경사가 완만하고 수온이 높아 안전한 해수욕을 즐기기에 적당하고, 썰물 때 드러나는 갯벌에서 아이들과 가벼운 생태 체험도 가능하다.

충남 태안군 원북면 신두리
041-670-2114

해변 여행 1박 2일 코스

18:00 하늘과바다사이리조트 : 바비큐 석식 & 숙박

신두리해변과의 거리가 불과 3m인 리조트로 1~4단지까지 용도와 성향에 맞게 이용할 수 있다. 리조트 앞에 바비큐 그릴이 있어 바다를 보며 해산물, 삼겹살 등을 바비큐해 먹기에 좋다.

 충남 태안군 원북면 신두리 1414-53
041-675-2111

2일

09:00 천리포수목원

'인간을 위한 숲이 아닌, 숲을 위한 숲의 터를 만들자'는 뜻으로 오늘에 이른 '숲이 주인인 숲'이다. 인간의 눈요기를 위한 조림작업이 아닌, 자연 그대로의 숲을 감상하는 것이 관람 포인트.

 충남 태안군 소원면 천리포1길 187
041-672-9985
www.chollipo.org

12:00 모항항 : 생선회 중식

만리포해변 근처에는 결정적 포구 3곳 만리포항, 모항항, 천리포항이 있다. 그중 규모가 가장 큰 모항항은 여느 포구처럼 고깃배들이 들락거리는 포구로 주변의 활어 직판장과 횟집들에서 싱싱한 제철 활어회를 맛볼 수 있다.

 충남 태안군 소원면 모항리 121-4
041-670-2114

14:00 만리포해수욕장

태안팔경 가운데 한 곳으로, 보령 대천해수욕장, 부안 변산해수욕장과 더불어 서해안 3대 고전형 대형 해수욕장으로 손꼽힌다. 해수욕을 여행 테마로 잡았다면 한 번 더 물놀이를 즐기고, 비수기 여행객은 가벼운 산책으로 여정을 마무리하자.

 충남 태안군 소원면 모항리
041-670-2114

BEST COURSE

충남 안면도

레포츠 · 해산물 · 해변까지 부족함 없는 섬

안면대교에서 진입한 77번 국도 안면대로를 타고 내려가다 주로 오른쪽으로 빠지면 곳곳에 명소가 있다. 한가한 해변, 신나는 레포츠, 해산물 넘치는 '먹방' 포구, 갯벌 체험이 가능한 어촌, 낙조가 끝내주는 사진 포인트 등 다양한 개성으로 1박 2일을 꾸릴 수 있다. 호텔, 휴양림, 펜션, 캠핑장 등 숙박 시설도 골고루 있어서 취향에 맞춰 골라 자는 재미도 있다.

1일

10:00

안면카트체험장

안면도 유일의 카트체험장이다. 카트가 낼 수 있는 최고 속력은 약 40km. 그러나 체감하는 속도는 80km쯤 된다. 몸이 오픈된 상태로 달리기 때문이다. 한 사람에 2만원, 두 사람에 2만 5000원이다.

충남 태안군 안면읍 창기리 1262-219
010-6654-4818

11:30

백사장항혈보선장횟집 : 대하얼큰칼국수 중식

너무도 유명한 해산물 식당이다. 가벼운 식사는 1층에서, 거창한 회식은 2층에서 하는 게 편리하다. 1층에서 먹을 만한 점심 메뉴로는 대하얼큰칼국수, 바지락칼국수, 회덮밥, 전복죽 등이 있다. 무언가 아쉽다면 우럭통구이나 대하구이 추가요!

충남 태안군 안면읍 백사장1길 95
041-672-1700
www.tulbo.net

14:00

삼봉해수욕장

백사장 길이가 3.8km로 안면도에서 가장 긴 해수욕장. 폭도 넓고 경사도 완만해 가족여행지로 최적이다. 물이 빠지면 운동화 차림에 호미와 작은 망태 들고 갯벌로 들어가 조개, 소라 등을 잡을 수 있다.

충남 태안군 안면읍 창기리
041-670-2114

해변 여행 1박 2일 코스

장꽁펜션 : 바비큐 석식 & 숙박

사계절 꽃으로 뒤덮이고 소나무숲길과 바로 앞에는 한적한 바다가 있는 월풀 펜션 장꽁은 여행자의 들뜬 심신을 차분히 가라앉혀주기에 충분한 안식처다.

충남 태안군 안면읍 해안관광로 510-5
041-674-0321
www.jangkong.co.kr

16:00

2일

꽃지해수욕장

꽃이 피는 땅 '꽃지'는 바다도 솔숲도 바로 옆 방포항도 예쁜 마을이다. 갯벌 안 외로운 두 바위, 할미바위, 할아비바위가 바다와 어우러진 풍경도 탄성을 자아낸다. 해수욕, 비치스포츠는 물론 해양스포츠, 항공스포츠도 즐길 수 있다.

충남 태안군 안면읍 꽃지해안로 400
041-673-1061

10:00

디미횟집 : 꽃게탕 중식

방포항은 서해에서 잡아온 자연산 꽃게, 광어, 주꾸미는 물론 멍게, 해삼 등 한국인이 좋아하는 해산물로 가득한 곳이다. 특히 손맛 좋은 얼큰 꽃게탕이 유명하다.

충남 태안군 안면읍 방포항길 64
041-673-4575

12:00

안면도수목원 & 안면도자연휴양림

안면도는 소나무의 본향이다. 조선시대 때 궁궐 건축용으로 이곳 나무를 갖다 썼을 정도다. 하늘로 쭉쭉 뻗은 잘생긴 소나무숲 사이에서 피톤치드를 흠뻑 들이마시자. 꽃으로 가득한 수목원 걷기도 잊지 말자.

충남 태안군 안면읍 안면대로 3195-6
041-674-5019
www.anmyonhuyang.go.kr

13:30

BEST COURSE

전북 군산

전국구 맛집과 섬 절경을 아우르다

군산 여행은 자연, 근대문화, 먹거리 세 가지로 압축할 수 있다. 고군산군도 등 군산항에서 한 시간이면 도착할 수 있는 섬에서는 빛나는 햇살이 반짝이고 있다. 19세기에 개항한 뒤 일제시대 때 생긴 근대사의 흔적도 한 두 곳이 아니다. 짬뽕, 앙금빵, 야채빵, 물메기탕, 떡갈비 등 전국구 맛집들도 군산 여행을 부추기는 유혹의 아이콘들이다.

1일

09:00

군산근대역사박물관

군산의 근대는 모두 이곳 박물관과 주변에 밀집해 있다. 통합권으로 역사박물관과 근대미술관, 근대건축관, 진포해양공원 등을 관람할 수 있다. 낭만적인 풍경 뒤에 엄연히 살아있는 역사의 진실도 놓치지 말아야 할 포인트.

전북 군산시 해망로 240
063-454-7870, museum.gunsan.go.kr

10:30 ▼ 11:30

복성루 짬뽕 → 이성당 앙금빵 중식

복성루 문 여는 시간이 10시30분이다. 그때 도착해야 11시쯤 짬뽕을 먹을 수 있는 확률이 높다. 후딱 먹고 이동할 곳은 이성당. 따끈따끈한 앙금빵 나오는 시간이 낮 12시다. 11시 초반에는 도착해야 한 시간 안에 기막힌 앙금을 삼킬 수 있다.

복성루 전북 군산시 월명로 382　063-445-8412
이성당 전북 군산시 중앙로 177　063-445-2772

16:30

선유도

군산연안여객터미널에서 출발해 선유도에 닿으면 세 가지는 꼭 봐야 한다. 선유도해수욕장에서 바라보는 푸른 수평선, 유람선을 타고 감상하는 고군산군도와 하늘, 대장봉에서 바라보는 일출과 낙조 등이 그것들이다.

전북 군산시 옥도면 선유도1길 235
063-450-6110

해변 여행 1박 2일 코스

18:00

군산전횟집 : 자연산 회 석식

아예 '실비 식당', '저렴한 가격'을 홍보 키워드로 삼는 집이다. 맛도 좋고, 가격은 싸다. 그래서 손님이 많고 장사도 잘 되니 늘 신선한 음식이 가득한 곳이다. 자연산 회도 좋고, 회의 비율이 압도적인 회덮밥도 맛있다.

전북 군산시 옥도면 213-10
063-465-0715

20:00

선유도 밀파소펜션

'밀려오는파도소리'의 준말 밀파소. 선유도 북서쪽 끝 갯바위 근처에 있어서 앞 바다를 거의 독점하다시피 하는 곳이다. 해산물과 삼겹살을 파는 식당도 겸하고 있고 유람선 관광도 안내받을 수 있다.

전북 군산시 옥도면 명사십리길 235-7
063-466-6024

2일

05:30

대장도 대장봉 일출

서해에서 보는 일출은 확실히 색다르다. 선유도에서 대장봉 초입까지는 대여 자전거로 이동할 수 있으니, 일출이 부담스럽다면 자전거로 선유도 – 장자도 – 대장도 자전거 일주도 좋다.

전북 군산시 옥도면 대장도리

12:00

장자도 도원이네집 : 생선 밥상 중식

본업은 어업이고, 부업이 펜션이고, 제3의 일터가 식당이다. 메뉴판도 없고 그때그때 잡아온 맛있는 생선으로 밥상을 차려준다. 2인 기준 7만원에서 12만원인데 두툼한 자연산 회에 꽃게, 해삼, 정갈한 밑반찬 등을 먹어보면 군소리 안하게 된다.

전북 군산시 옥도면 장자도1길 26-2
063-465-6250

14:00

장자도 갯벌 체험

연중 문을 열고 있는 체험마을이다. 낚시 체험, 갯벌 체험, 홍합채취 체험, 어장 체험, 자전거 대여 등 다양한 프로그램이 있다. 제일 간단한 체험은 역시 갯벌에 들어가 바지락, 맛조개, 키조개 등을 채취하는 일이다. 한 시간이면 충분하다.

전북 군산시 옥도면 장자도1길 26-2
063-445-0228

BEST COURSE

전북 부안

산이면 산, 바다면 바다, 포구면 포구!

부안군 관할이지만 이곳을 변산이라 부르는 것은 이 일대가 '변산반도국립공원'이기 때문이다. 산이면 산, 바다면 바다, 포구면 포구, 아름답지 않은 곳이 없는 곳이다. 변산반도를 휘도는 30번 국도변에는 생기 넘치는 마을과 반짝이는 모래사장, 드넓은 갯벌이 펼쳐져 있다. 먹을 건 왜 이렇게 많은지, 이곳을 여행할 사람은 다이어트 따위는 책상서랍 속에 넣어두고 떠나는 게 속 편할 것이다.

1일

11:00 | 적벽강 - 채석강 산책

격포 앞에는 큰 바위와 후박나무, 용두산이 어우러져 있는 2km의 적벽강, 해신을 모신 수성당이 있다. 반대편에는 채석강이라는 걸출한 바위층이 등장한다. 변산 여행에서 빼놓을 수 없는 백만 불짜리 코스다.

적벽강 전북 부안군 변산면 격포리 252-20 / 063-582-7808
채석강 전북 부안군 변산면 격포리 301-1 / 063-580-4713

13:00 | 격포항 : 갑오징어 철판볶음 중식

격포항횟집에서 파는 특별한 메뉴다. 그냥 오징어가 아닌 갑오징어를 각종 야채와 함께 철판에 볶아내는 메뉴다. 오징어와 야채를 먼저 먹고 나중에 밥을 볶아 먹는 방식인데, 매콤한 양념이 식감을 높여준다.

전북 부안군 변산면 방파제길 39
063-584-8833

15:30 | 격포해변

가만히 서 있어도 그림이 될 만큼 아름다운 격포 해안선에 오후 4시 무렵이 되면 물이 차오르기 시작한다. 바람 잔잔한 날 모처럼의 바다 수영을 즐기고 있노라면 어느새 세상은 붉은빛으로 물들기 시작한다.

전북 부안군 변산면 격포리
063-582-7808

해변 여행 1박 2일 코스

2일

19:00

대명리조트변산 : 스카이가든 바베큐 석식 & 숙박

유럽 스타일의 객실에서 변산의 숲과 바다를(고층) 조망할 수 있는 리조트. 바다까지 5분이면 나갈 수 있고 당구장, 스크린 골프장, 실내야구타격장 등 소소하게 즐길거리들도 많다. 특히 바닷가 리조트 테라스에서 즐기는 바비큐와 샐러드, 생맥주 몇 잔은 행복과 여유를 준다.

전북 부안군 변산면 변산해변로 51
063-580-8835, 1588-4888

09:00

고사포해변 - 하섬

물이 빠지기 시작하면 고사포에서 시작, 하섬을 찍고 되돌아오는 코스가 재미있다. 갯벌 생물을 밟지 않도록 신경 써야 한다. 조개류 채취 행위는 금지되었다. 단속도 한다.

전북 부안군 변산면 운산리
063-582-7808

11:00

내소사 전나무숲길

초입부터 나란히 올라와 있는 전나무들이 인상적이다. '내소'가 다음 세상이라는 뜻이고 '전나무 숲길'이 내소사를 향하고 있으니, 이 길을 걸으면 다음 세상에 다시 태어날 것이라는 소망이 절로 일어난다.

전북 부안군 진서면 석포리 268
063-581-3082

12:30

곰소궁횟집 : 젓갈백반 중식

삼대째 젓갈을 담가 팔다 식당까지 차려 손님을 맞는 집이다. 냉세, 황식어, 꼴뚜기, 칭어일 등 14가지 젓갈이 깔끔하게 나오고 묵은지와 깻잎장아찌, 그리고 백합탕이 같이 올라온다. 두 당 공깃밥 세 그릇 경계.

전북 부안군 진서면 진서리 1167-35
063-584-1588

BEST COURSE

신안 증도

염전과 갯벌의 남다른 스케일

신안군은 1004곳의 섬으로 이루어진 섬마을 군도다. 그중 증도는 육지와 섬, 섬과 섬을 잇는 다리를 이용해 승용차로 상륙할 수 있는 섬이다. 그 어디서도 흉내 낼 수 없는 염전과 갯벌의 광활한 스케일, 바다의 영양을 품은 낙지, 장어, 짱뚱어의 특별한 맛에 감탄하게 되는 증도를 여행하는 가장 완벽한 방법.

1일

11:30

갯풍식당 : 짱뚱어탕 중식

증도에서 사계절 내내 맛볼 수 있는 것은 짱뚱어와 장어다. 짱뚱어는 탕으로, 장어는 함초소금구이로 먹는다. 점심 메뉴로 적당한 것은 갯풍장어정식과 짱뚱어탕이다.

전남 신안군 증도면 보물섬길 43
061-271-0248

13:00

짱뚱어다리

짱뚱어 다리 위에서 녀석들을 관찰해 보면 때깔이 얼마나 요염한지 새삼 감탄하게 된다. 짱뚱어뿐이랴! 농게, 칠게, 갯지렁이, 조개 등이 드넓은 갯벌을 뒤덮고 있다. 증도 갯벌과 생태계를 만끽할 수 있다.

전남 신안군 증도면 방축리

14:30

우전해수욕장

무려 4km에 걸쳐 이어지는 광활한 우전해수욕장은 갯벌과 백사장, 소나무숲으로 이뤄진 비단결 같은 해안선이다. 썰물 때는 끝이 보이지 않을 정도의 갯벌이 형성되고, 밀물 때 바닷물에 잠겨 있던 키 작은 섬들이 수 표면으로 올라와 황홀한 풍경을 보여준다.

전남 신안군 증도면 우전리
061-243-2171, 010-3636-5054(체험 문의)

해변 여행 1박 2일 코스

18:00 엘도라도리조트 : 엘시즌 석식 & 숙박

호남 지역 최고의 지점에 자리한 최고의 리조트다. 고급스러운 실내, 바다를 향해 설치된 테라스 월풀, 전용 비치, 해양스포츠 등 서해에서 즐길 수 있는 모든 것이 이곳에 있다. 리조트 내 '엘시즌'에서 풍성한 바다 밥상을 맛보고, 꿈꾸던 잠자리에서 잠을 청하자.

전남 신안군 증도면 지도증도로 1766-15
061-260-3300, www.eldoradoresort.co.kr

2일

09:00 태평염전 & 염생식물원 & 소금박물관

60년도 넘은 우리나라 대표 염전이다. 예약하면 체험도 가능하다. 염색식물원은 짱뚱어, 농게 등 어여쁜 녀석들과 수많은 식물들을 가까이에서 관찰할 수 있는 보물섬 같은 곳이다. 소금박물관 관전 포인트는 '지구는 왜 바닷물을 짜게 만들었을까?'이다. 그걸 깨달으면 인생이 달라진다.

전남 신안군 증도면 증동리 1930
061-275-7541, www.naturalsalt.kr

12:00 솔트레스토랑 : 천일염숙성목살구이 중식

천일염수에 12시간 숙성시킨 돼지목살을 철판에 구워 야채와 함께 먹는 메뉴가 목살구이 쌈밥정식이다. 함초밥, 강된장, 쌈채소 포함 1인분에 1만5000원이다. 함초는 5억 년 전부터 진화하지 않고 생긴 대로 사는 원시 염생 식물이다.

전남 신안군 증도면 지도증도로 1053-11
061-261-2277

13:00 소금동굴힐링센터

소금의 역사는 지구의 역사다. 소금은 지구를 썩지 않게 만들었고 적절한 영양을 선사한다. 바로 그 소금을 이용해 심신에 쌓인 찌꺼기를 제거해 주는 '디톡스존'이 이곳이다. 체험이 끝나면 '우리 동네엔 왜 소금동굴이 없냐'며 울부짖을지도 모른다.

전남 신안군 증도면 대초리 1648-2
061-261-2277

바다를 벗 삼아 한 걸음…
해변길 걷기 코스

해변길을 걷는다는 것은 해풍, 해송, 갯벌, 백사장, 갈매기, 그리고 낙조를 만난다는 뜻이다. 모두 아름다운 장면이고 잊지 못할 추억을 만들기에 손색없는 곳들이다. 언뜻 비슷해 보이는 이 길들은 알고 보면 각기 다른 개성을 품고 있다. 강화, 인천, 군산, 목포 등은 개화기 조선의 역사를 생생하게 보고 즐길 수 있는 코스이다. 시흥, 안산, 태안, 부안, 신안 등은 해안선을 따라 걸으며 보고 느낄 수 있는 모든 것들을 길과 어울리게 조합해 놓았다. 해안선 도보 여행은 도시에 비해 심하게 한적한 편이다. 해안선을 갈 때는 삼삼오오 짝지어 걷는 게 좋고, 낙조의 순간을 맞을 목적지는 마을 포구쯤으로 하는 게 안전하다.

BEST COURSE

인천 석모도 강화나들길 11코스

 강화 나들길 032-934-1906
www.nadeulgil.com/index.php

총 거리 약 16km
소요시간 약 5시간

역사와 자연을 호흡하며 걷다

'나들이 가듯 가는 길'이라는 뜻을 가진 강화도 나들길은 바다, 강, 갯벌을 두루 즐기면서 강화도의 역사와 자연을 좀 더 깊이 알 수 있게 한다. 강화버스터미널에서 갑곶돈대까지 가는 1코스, 갑곶돈대에서 초지진까지의 2코스, 성공회 온수성당부터 가릉까지 3코스, 가릉부터 망양돈대까지 4코스, 터미널에서 외포여객터미널까지 5코스, 터미널에서 광성보까지 6코스 등의 본섬 코스와, 석모도, 교동도 등 부속 섬 길을 포함한 총 14개 코스, 15개 구간, 246.8km로 이루어져 있다. 세계문화유산인 고인돌과 왕릉, 건축물, 진보와 돈대 등 고려와 조선의 망명 정부가 세운 문화들을 생생하게 볼 수 있으며 갯벌에는 천연기념물인 철새들이 서식하고 있어 친환경적인 생태 체험도 즐길 수 있다. 강화에서 가까운 석모도는 보문사로 잘 알려진 섬. '바람길'이라는 이름의 석모도 나들길은 섬을 한 바퀴 도는 코스로 이루어져 바다와 섬의 풍광을 모두 느낄 수 있다. 총 거리 16km에 5시간이 소요되는 짧지 않은 거리이지만, 당일이나 1박 2일만으로도 알차게 여행할 수 있다.

석모도 석포리 선착장

강화 외포리 선착장에서 배를 타고 약 10분이면 도착하는 석모도의 유일한 여행자들의 관문이다.

  인천시 강화군 삼산면 삼산북로 9
032-932-3224

어류정항

어선 이름을 딴 포장마차형 횟집들이 인상적이다. 출어기에는 직접 잡은 횟감을 팔기 때문에 가격이 비교적 저렴하다.

  인천시 강화군 삼산면 매음리

해변길 걷기 코스

어류정수문&낚시터

민머루해변

매음리 선착장

보문사

낚시터가 함께 있는 수문으로 갯벌이 발달한 서해안 특유의 퇴락한 풍경을 만날 수 있는 곳이다.

 인천시 강화군 삼산면 매음리

석모도 유일의 해수욕장으로, 물이 빠지면 약 1km 갯벌이 나타난다. 갯벌이 부드럽고 서식하는 생물이 많아 체험 학습에도 좋다.

 인천시 강화군 삼산면 어류정길 212번길
📞 032-933-8868

민머루해수욕장과 언덕을 사이에 두고 펜션과 식당들이 많이 모여 있는 곳이다. 신선한 해산물을 맛볼 수 있다.

 인천시 강화군 삼산면 매음리

우리나라의 3대 관음도량이며 강화의 3대 고찰로 꼽힌다. 보문사 앞바다와 눈썹바위의 마애관음부살상은 강화8경 중 하나.

 인천시 강화군 삼산면 삼산남로 828번길
📞 032-933-8271

BEST COURSE

인천 교동도 월선포선착장 → 대룡시장

📞 화개해운 032-933-3212

총 거리 약 4.3km
소요시간 약 2시간

1960년대에 시간이 멈추다

서해안 최북단 섬 교동도는 마을 기록이 고려 시대까지 거슬러 올라가는 오래된 곳이다. 여행의 시작은 강화 하점면 창후리 선착장에서 배를 타며 시작된다. 15분 정도면 교동도의 관문인 월선포 선착장에 도착한다. 선착장에서 대룡시장까지는 넉넉잡아도 2시간 정도면 도착할 수 있는 짧은 코스이다. 반나절이면 충분한 코스이지만, 볼거리만큼은 한나절도 부족할 만큼 많다. 마치 1960년대를 보는 듯한 대룡시장은 서울에서 볼 수 없는 재래시장만의 느낌이 가득하다. 밀물과 썰물에 따라 배의 출발 시각이 달라지며 간격은 30~40분이다. 교동도는 보행자를 위한 도로가 충분치 않고 숙박 시설도 거의 없으므로 당일 여행을 계획하는 게 좋다.

월선포 선착장

교동향교

교동도의 유일한 출입구다. 선착장에서 내려 보이는 것은 넓은 평야. 선착장에서는 교동도의 쌀도 판매한다. 조선 시대에는 연산군, 광해군, 안평대군, 임해군, 능창대군 등이 교동도로 귀양을 오기도 했다.

📍 인천시 강화군 교동면 상용리

고려 인종 5년 1127년 화개산 북쪽에 최초 건립된 오래된 향교다. 조선 영조 때 지금의 자리로 옮겨 왔다고 전해지는데, 불교 국가였던 고려에 공자상이 모셔졌다는 사실이 놀랍다. 1995년 인천광역시 유형문화재 제28호로 지정되었다.

📍 인천시 강화군 교동면 교동남로 229-49
📞 032-932-6931

  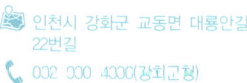

교동도에서 가장 높은 산인 화개산 중턱에 있다. 고려 시대에 창건되었으며, 화개산 정상에 오르면 사방이 뚫린 아름다운 풍경을 볼 수 있다.

인천시 강화군 교동면 교동남로 229-9
031-932-4140

1629년 관아가 있던 곳에 쌓은 작은 성으로 둘레 430m, 높이 6m의 돌담이다. 세 개의 문이 있으며 1995년 3월 인천광역시 기념물 제23호로 지정되었다.

인천시 강화군 교동면 읍내리 577
032-930-4336(강화군청)

대룡시장은 교동도에서 가장 번화한 곳이지만 영화에서나 볼 수 있을 듯한 옛 모습이 그대로 남아 있다. 빠르게 걸어서 10분이면 충분하지만 영화 세트장을 들여다보는 듯한 느낌으로 천천히 돌아보자.

인천시 강화군 교동면 대룡안길 22번길
032-930-4300(강화군청)

BEST COURSE

시흥 오이도공원 → 방아머리 선착장

 시흥시청 031-498-5671

총 거리 약 13km
소요시간 약 4시간

도심 옆 해변 길

오이도공원 갯벌체험광장에서 시화호 방파제를 건너 방아머리 선착장까지 이어지는 이 길은 시간에 따라 서해에 대한 시선이 달라지는 환상의 산책로 또는 자전거 질주로이다. 낮에는 깨끗한 바다와 저 멀리 보이는 인천 송도 신도시까지 조망할 수 있다. 오이도공원의 정식 명칭은 '시화지구 개발사업 기념공원'으로 이곳에는 전망대와 체험시설, 기념탑, 조경시설 등이 갖춰져 있다. 공원을 출발해 도착하게 되는 시화호와 시화방조제는 가슴을 시원하게 해준다. 자전거를 타기에도 좋으며, 곳곳에서 만날 수 있는 낚시꾼과 더불어 커피와 간식을 파는 가게들은 운치가 있다. 자연미와 인공미가 적절하게 조화된 시화방조제에서 서해의 새로운 멋을 느끼며 걷는 것도 색다른 재미. 대부도에서 바다를 바라보며 맛집도 찾아가 본다.

오이도공원

시흥 오이도 유적, 갯벌체험광장, 시화지구 개발사업 기념공원, 전망대 등이 있다. 전망대에 오르면 탁 트인 서해의 풍경과 일몰은 물론 송도신도시의 고층 빌딩들을 볼 수 있다.

경기도 시흥시 뒷바위길 80
시흥시 문화관광과
031-310-6743

시화방조제

오이도와 대부도를 연결하는 방조제로 길이는 11.2km이다. 바다를 옆에 끼고 따라가면 대부도로 들어갈 수 있다. 도보 여행은 물론 자전거족들의 주말 단골 코스이기도 하다.

경기도 시흥시 정왕동

배수갑문

시화방조제 여행을 하면 꼭 한번 멈추게 되는 곳이다. 바다와 담수가 교차되는 지점이 주는 영감과 운이 좋아 교차 시간에 그곳에 있게 된다면 쉽사리 잊지 못할 인상적인 풍경을 기억에 담을 수 있다.

경기도 안산시 단원구 대부황금로

시화조력문화관

방아머리항 여객선착장

조력발전소 홍보 겸 휴식처로 조성된 공원이다. 서해안 전망대, 연인 자물쇠 묶음대, 큰가리섬 전망 등 서해안 곳곳을 조망할 수 있는 넓은 전망대가 설치되어 있다. 75m, 25층 높이의 달전망대는 시화조력문화관을 여행의 목적지로 삼게 되는 짜릿한 공중 공간이다. 지하철 4호선 중앙역이나 안산역 버스정류장에서 탄도행 123번 버스로 다녀올 수 있다.

경기도 안산시 단원구 대부황금로 1927
032-885-7530

덕적도, 소야도, 소이작도, 대이작도, 승봉도, 자월도로 여행할 수 있는 선착장이다. 주로 낚시꾼들의 모습을 많이 볼 수 있다. 시화대교를 건너면 바로 만나는 대부도의 시작점이다. 활어회를 비롯해 조개구이와 바지락 칼국수를 전문으로 하는 집이 많다.

경기도 안산시 단원구 대부황금로 1567-3
032-886-7813(매표 문의)

BEST COURSE

태안 솔모랫길

📞 국립공원관리공단 남면분소
041-674-2608

총 거리 약 12.2km
소요시간 약 3시간

솔 향기 맡으며 걷자

태안 해변길은 학암포에서 영목항까지 총 120km 거리이다. 학암포에서 국내 최대의 사구 해안인 신두까지 이어지는 바라길, 신두리에서 만리포까지의 소원길, 만리포에서 파도리까지 파도길, 그리고 몽산포에서 드르니항까지 솔모랫길, 안면도 백사장항에서 꽃지해수욕장까지 노을길, 꽃지에서 황포까지 샛별길, 황포에서 안면도 최남단 영목항까지 바람길 등으로 구분된다. 여기서는 그중 몽산포와 드르니항을 연결하는 솔모랫길(약 12km)을 소개한다. 솔모랫길은 솔 향기를 맡으며 걸을 수 있는 부드러운 모랫길이다. 바다, 갯벌, 해안사구, 곰솔림, 사구습지로 이어져 있는 서해만의 해안 생태계도 볼 수 있다. 솔모랫길과 노을길은 여행자의 편의를 위해 입구에 관광안내소를 설치하고, 해변길 구간 일부는 장애인과 노약자도 쉽게 이용할 수 있도록 데크 로드를 조성했다.

몽산포림방안내센터 — **자연관찰로** — **둠벙전망대(기수역)** — **자연놀이체험장**

솔모랫길 남쪽 방향 출발 지점이다. 여행을 시작하면서 태안해안국립공원과 해변길의 지도 및 관광 정보를 받을 수 있다.	솔모랫길이 본격적으로 시작되는 지점으로, 곧게 뻗은 곰솔림과 고운 모래가 있는 해안사구 등 자연 그 자체가 볼거리다.	항상 물이 고여 있는 이곳에서는 동식물의 다양한 식생 환경을 볼 수 있다. 여행자의 운이 좋다면 어쩌다 물 마시러 온 고라니와 마주칠 수도 있다.	어디 쉴 곳 좀 없을까, 싶을 때 등장하는 고마운 쉼터다. 나무 널뛰기, 철봉, 구름다리 등 옛 추억을 상기시킬 수 있는 놀이기구가 있다.
📍 충남 태안군 남면 신장리 📞 041-670-2414	📍 충남 태안군 남면 신장리 📞 041-670-2414	📍 충남 태안군 남면 청포대길 📞 041-670-2414	📍 충남 태안군 남면 청포대길 📞 041-670-2414

해변길 걷기 코스

별주부마을 자라바위

〈별주부전〉의 배경이 되는 마을로, 이야기 속에 나오는 묘샘, 안궁, 용새골, 노루미재, 자라바위 등이 있다.

충남 태안군 남면 원청리
041-674-5206
(별주부정보화마을)

별주부전망대

별주부마을에서 가깝다. 전망대에서는 탁 트인 바다와 노루미 독살을 볼 수 있다.

충남 태안군 남면 원청리
041-674-5206
(별주부정보화마을)

네이처월드

사설식물원으로 소박한 꽃과 나무를 볼 수 있다. 매년 봄과 여름에 열리는 태안꽃축제의 현장이기도 하다.

충남 태안군 남면 마검포길 200
041-675-7881

드르니항

외국어처럼 들리는 독특한 이곳의 이름은 '들르다'라는 우리말에서 비롯되었다. 규모가 작고 한적한 포구다.

충남 태안군 남면 신온리

BEST COURSE

인천 소래포구 → 해양생태공원

📞 인천종합관광안내소
032-777-1330

총 거리 약 5km
소요시간 약 4시간

포구와 시장, 그리고 염전…

포구의 정취를 도심에서 느낄 수 있다는 것은 일종의 행운이다. 오랜 세월 서해 특유의 해산물과 가공품을 만들어 온 이곳은 지금도 1년 내내 젓갈과 해산물을 구입하기 위해 찾아오는 상인, 주부, 여행자들로 시끌시끌하다. 포구를 벗어나 길을 건너면 곧 해양생태공원이 나온다. 이곳은 어마어마한 규모의 갯벌로 지금도 실핏줄 같은 하천이 바다로 이어져 해양과 육지의 생명이 조우하고 있다. 염전 지역이었던 이곳이 해양공원으로 변모한 덕에 여행자들은 더욱 쾌적하게, 염전과 억새 사잇길을 즐길 수 있다. 해양생태공원을 모두 걸었다면 다시 소래포구로 돌아가 도보 여행으로 지쳤을 심신에 맛있는 음식을 선물하자.

소래포구 어시장

대하부터 주꾸미까지 철마다 다양한 먹거리로 인기가 많다. 어시장에서 신선하고 저렴한 해산물을 포장해 가거나 포장마차, 식당에서 먹을 수도 있다. 호객 행위는 경계할 일이다.

📍 인천시 남동구 소래역로 12
📞 032-446-3823

소래철교

소래철교는 일제 강점기인 1937년에 만들어져 1995년까지 협궤열차가 달렸다. 안전 문제로 한동안 폐쇄했으나 지금은 다시 개방되었다. 철교 옆으로 수인선 전철이 달린다. 가까운 역은 월곶역.

📍 경기 시흥시 월곶동 991-25

해양생태공원

소래포구와 달리 한적하고 조용한 생태공원. 1996년까지 염전이었으나 바닷물의 높이가 낮아지면서 갯벌의 역할을 잃고 생태공원으로 만들어졌다. 염전과 풍차, 갈대가 이국적인 느낌을 연출하고 있다.

📍 인천시 남동구 논현동 1-17
📞 032-435-7076

부안 마실길 3코스

📞 부안군청 063-580-4382

총 거리 약 7km
소요시간 약 2시간

적벽강 노을에 가슴이 물들다

변산반도 마실길은 세 코스로 나뉘어 있다. 1코스는 새만금홍보관에서 변산해수욕장을 거쳐 송포갑문으로 이어지는 5km 구간이다. 2코스는 송포갑문에서 이름도 이상한 '사망마을'을 지나 고사포해수욕장, 성천마을까지로 약 6km에 이른다. '적벽강 노을길'로 불리는 3코스는 성천마을을 출발, 바다갈라짐을 볼 수 있는 하섬, 반월마을 쉼터를 지나 적벽강, 격포항에 이르는 약 7km의 코스다. 그중 당일 코스로 주목할 만한 곳은 마실길 3코스. 이곳은 변산반도 여행의 백미로 알려진 황홀한 코스이다. 고사포해수욕장 송림에서 시작해 어촌, 강, 항구까지 돌아볼 수 있어 바닷가 산책으로 그만이다. 이곳을 걸으려면 낙조 시간에 맞추는 게 좋다. 해안 마을의 이국적 풍경에 서해 먼바다로 떨어지는 태양을 보노라면 나도 모르게 해탈의 경지에 이르게 된다.

고사포해수욕장

넓고 긴 소나무숲이 장관이다. 솔숲의 길이가 1.3km에 이르러 여행자의 심신을 맑게 씻어주기에 충분하다. 썰물 때 이곳을 걸으면 바다갈라짐 하섬 앞까지 다다를 수 있다.
📍 전북 부안군 변산면 운산리
📞 063-582-7808

성천포구

마실길 3코스인 성천마을 초입에 있는 아담한 포구다. 고기잡이 어선과 관광 낚시용 작은 배들이 정박해 있어서 천천히 걸으면 누구나 낭만 시인이 되는 곳이다.
📍 전북 부안군 변산면 성천길 10

하섬전망대

변산해수욕장에서 격포항으로 넘어가는 고갯마루에 있는 전망대. 썰물 시간에 맞춰 한 두 시간 서 있으면 바다갈라짐의 시작부터 끝을 눈으로 확인할 수 있다. 매월 1일과 15일 앞뒤에 하섬까지 바닷길이 열린다.

부안 적벽강

숱한 전설을 품고 있으며 자연의 위대한 힘을 느낄 수 있는 곳. 사자를 닮은 붉은색 암반으로 유명하다. 석양이 물들 무렵이면 초자연적 형상을 내뿜어 여행자의 가슴을 절절하게 만들어 준다.
📍 전북 부안군 변산면 적벽강길
📞 063-584-0951

BEST COURSE

수성당

죽막마을

격포해수욕장

어부들이 바다에 나가기 전에 서해의 수호신 개양할미에게 제를 올리던 곳. 남편, 아들, 아버지가 무사히 집으로 돌아올 수 있기를 바라는 마을 주민의 마음을 엿볼 수 있다. 적벽강을 한눈에 내려다볼 수 있다.

전북 부안군 변산면 적벽강길 54
063-580-4713

대나무가 살랑살랑 춤을 추고 있는 것 같아 붙여진 이름으로, 살기미, 뉴어머리, 방주간, 원중막, 작은당 등 5개 부락이 모여 만들어진 마을이다. 대형 리조트가 인근에 있지만 주민의 집에서 민박을 해보는 것도 또 하나의 재미.

전북 부안군 변산면 격포리

격포강과 채석강 사이에 있어 채석강의 절경을 볼 수 있다. 해수욕장이지만 도보여행자들에게는 멋진 전망을 제공하는 스크린 같은 곳이다.

전북 부안군 변산면 격포리
063-582-7808

해변길 걷기 코스

채석강

중국의 시인 이태백은 배 위에서 술을 마시다 강물에 뜬 달을 잡으려다 그만 물에 빠져 죽었다고 한다. 그곳 이름이 채석강인데, 격포해변에 있는 이 기암괴석의 모양이 바로 그 채석강과 같다 해서 이렇게 불리게 되었다. 부안의 채석강 앞바다에도 매일 달이 뜬다.

전북 부안군 변산면 채석강길
063-582-7808

격포항

조선 시대 때는 서해안 주요 해군 기지로 사용되었던 곳이다. 지금은 어항이자 여객선 선착장으로 이용되고 있다. 위도, 고군산열도 등 전북 지역 일대의 섬으로 연결되는 항로가 개설되어 있고 어선들도 이곳에 정박, 풍성한 해산물을 쏟아내곤 한다.

전북 부안군 변산면 격포리
063-581-0023

BEST COURSE

영광 숲쟁이숲길

📞 영광군청 문화관광과
061-350-5752

총 거리 약 8km
소요시간 약 3시간

가장 아름다운 천 년의 숲

단오제로 유명한 영광 법성포의 숲쟁이숲길은 법성포 고갯마루와 최초 불교 도래지 등을 연결하는 8km의 아름다운 길이다. 법성포는 지금도 활기찬 항구이지만 삼국 시대부터 조선 말기까지는 중국, 일본과의 해상 교역이 가장 왕성하게 이뤄지던 서해안 대표 무역항이었다. 숲쟁이는 원래 군사적 목적으로 조성된 법성 진성을 아우르는 숲이었다. 그런데 그 숲이 법성포를 굴비의 원산지로 만드는 데 결정적 역할을 했다니 놀랍다. 북서풍을 막는 방풍림으로서의 숲쟁이가 해풍을 걸러주고 갯벌을 따뜻하게 해 주어 이곳에서 말린 조기의 맛과 향을 최고 수준으로 만들어 주었다는 것이다. 숲쟁이에 들어가면 300년 이상 된 느티나무 외에도 팽나무, 개어서 나무 등 다양한 노목을 볼 수 있어서 영광의 역사를 온몸으로 실감할 수 있다. 숲쟁이를 걷고 나서 법성포구의 수많은 굴비 가게에서 진짜 영광 굴비를 맛보는 것도 빼놓지 말아야 한다.

숲쟁이꽃동산

쉬어 가기 좋은 느티나무숲 그늘을 지나 법성포 방향으로 계속 가면 영산홍, 자산홍 등 계절별로 갖가지 꽃들이 피어 관광객의 눈을 즐겁게 하는 숲쟁이 꽃동산이 있다.

📍 영광군 법성면 백제문화로 203
📞 061-350-4613

숲쟁이다리

공원과 숲을 잇는 다리로, 이곳에서 본격적으로 도보 여행 코스가 시작된다.

📍 영광군 법성면 백제문화로 203

사면대불상

다리를 지나 보이는 108계단 너머에는 23.7m의 사면대 불상이 있다. 마라난타존 자상을 중심으로 아미타삼존불이 모셔져 있는 석굴사원 형식이다. 장엄한 불상도 인상적이지만 이곳에서 보는 낙조는 유난히 아름답다. 부용루, 팔각정도 낙조 감상 장소로 좋다.

영광군 법성면 진내리

탑원

간다라 양식 가운데 원형 보존이 가장 잘 된 것으로 알려진 파키스탄의 탁트히바히 사원의 주탑원을 재현한 탑원이다. 탑원에는 부처님의 진신사리가 봉안되어 있다.

영광군 법성면 진내리

간다라유물관

인도의 간다라 건축 양식을 담아낸 유물관으로, 백제에 불교를 처음으로 전한 마라난타상 외에 불교 관련 전시품들이 있다.

영광군 법성면 진내리

목포 온금동 골목

📞 목포시청 문화관광과
061-272-2171

총 거리 약 3km
소요시간 약 3시간

아련한 달동네의 추억

목포시에서 유달산을 보지 않는 방법은 유달산 꼭대기에 서는 방법뿐이다. 그만큼 목포는 어디든 유달산 자락에 걸려 있다. 유달산을 하늘에서 보면 주택이 야금야금 사라지고 있음을 확인할 수 있다. 이제 남은 곳은 온금동 정도다. 자동차 다니기조차 쉽지 않은 좁고 고불고불한 이 달동네도 언젠가는 사라질 전망이다. 유달산 자락 끝과 목포항 사이에 대규모 뉴타운이 조성되고 있다는 것이 그것을 뒷받침한다. 도시의 풍화 작용은 거스를 수 없는 운명이라 해도, 사라져가는 것을 마음에 담는 것은 여행자의 본능이다. 3000여 명의 노인 중심 마을 온금동은 여행자뿐 아니라 시대를 사는 사람이라면 한번 쯤 들어가 집, 골목, 꽃밭, 마당의 모습을 담아볼 만하다. 마치 영화 촬영 세트처럼 곳곳에 과거의 흔적을 고스란히 간직하고 있는 온금동 도보 여행은 빛바랜 액자 같은 풍경을 마음속에, 그리고 카메라에 담을 뿌듯한 기회가 될 것이다.

온금동

목포항이 생기기 전에 물고기를 잡아 생계를 유지하던 사람들이 살던 곳. 아직도 다닥다닥 붙은 작은 집들이 달동네를 이루고 있다. 앞집 대문을 거쳐야 자기 집 대문에 다다를 수 있는, 미로 같은 동네. 산동네의 복잡한 구성과 미로 같은 골목이 흥미롭다.

 전남 목포시 올뫼나루길
📞 061-270-4721(유달동주민센터)

해변길 걷기 코스

째보선창

온금동 앞에 있는 바닷가. 예전에는 바닷물이 두 갈래로 갈라지기도 했다. 디귿(ㄷ)형인 선창의 모양이 '갈림증 증상'의 모습과 비슷하다고 해서 '째보선창'이라는 이름이 붙었다.

전남 목포시 온금동

서산동

유달산을 등진 채 온금동과 나란히 바다를 바라보고 있는 마을이다. 골목이 더욱 깊고 좁은 편이라 온금동 여행 시 자연스럽게 발길이 이어지는 곳이다.

전남 목포시 서산동
061-270-4721
(유달동주민센터)

유달산 입구

온금동과 서산동 산책을 마치면 만나는 곳이다. 아래로는 노적봉과 목포 시민들의 삶의 애환이 느껴지는 산자락 마을, 목포 앞바다, 그리고 목포 시가지를 비롯하여 일본영사관 등이 펼쳐진다.

전남 목포시 죽교동 400

노적봉

해발 60m의 바위봉우리로, 이순신 장군이 볏단을 덮고 노적가리처럼 만들어 군량이 높이 쌓여 있는듯 보이게 했다는 이야기가 있다. 이곳에서 고개 들어 바라보는 유달산의 봄은 매우 화려하다.

전남 목포시 대의동 2가
061-270-8566

BEST COURSE

신안 증도 철학의길

📞 신안군청 061-240-8679

총 거리 약 4.5km
소요시간 약 1시간 30분

슬로시티의 시작과 끝

엘도라도 리조트 초입에서 짱뚱어 다리까지 걸을 수 있는 4.5km의 길이다. 비교적 단조롭고 풍경도 고요하기 때문에 '철학의 길'이라는 이름답게 사색에 잠길 수 있는 분위기를 만들어준다. 초입에 들어서면 은근한 솔 향기 풍기는 숲길이 나온다. 왼쪽에 바다, 오른쪽에 숲이 있으니 풍경으로는 최고. 이 길로 더 유명해진 증도에는 문화를 답사하는 사람도 많이 늘어나고 있다. 특히 스토리텔링을 준비한 해설사와 함께 다니면서 더 재미있는 여행을 만들고 있다. 이 길은 우전해수욕장과 연결되며 짱뚱어다리까지 걸어가면 완성된다. 돌아오는 길로 해송 숲 자락 길을 택하면 또 다른 느낌도 받을 수 있다.

철학의 길

해송 숲으로 이루어진 철학의 길은 그야말로 사색에 잠기기 좋다. 중간에 쉬어갈 수 있는 쉼터가 있다.

 전남 신안군 증도면 지도증도로
📞 061-240-8679(신안군청)

해변길 걷기 코스

 망각의 길

 짱뚱어다리

철학의 길에서 이어지는 솔숲으로, 조용한 풍경은 잡념을 버리기에 적당하다.

전남 신안군 증도면 지도증도로
061-240-8679(신안군청)

밀물 때는 물 위에 떠 오르고, 썰물 때는 갯벌 생물을 관찰할 수 있는 다리이다. 맨발로 걸으면 더 재미있다.

전남 신안군 증도면 대초리 609
061-240-8679(신안군청)

바다를 향하는 질주 본능
해변길 드라이브 코스

서해 해안 도로를 운전하는 기분은 '감칠맛' 그것이다. 리아스식 해안선과 평행을 이루다 보니 구불구불한 게 보통이지만, 내륙 평지 구간에서는 질주 본능을 일으키는 직선 도로를 만나기도 한다. 서해안에는 핸들의 그립감을 높여주는 수많은 드라이브 코스가 있다. 그중 개성이 분명한 세 곳을 소개한다. 내달리고 싶어 미치겠는 직선이거나, 드라이브고 뭐고 차를 세우고 뚝뚝 떨어지는 감성에 젖는 지점이거나, 인터스텔라를 통과한듯 기하학적 도로이다. 이 아름다운 루트에 과속 단속 카메라가 집중 배치되어있다는 점은 완전 '안습' 또는 '안심'.

BEST COURSE

영광 백수해안도로

서해안고속도로 영광IC 좌회전 → 단주사거리 우회전 → 영광군서농공단지 우회전 → 모래미해수욕장 → 영광백수해안도로 → 노을전시관 → 옥당박물관 → 모래미해수욕장

총 거리 약 7.5km
소요시간 약 40분

이탈리아 절벽도로 못지않다

백수해안도로는 77번 국도 영광 구간에서 만날 수 있다. 어느 날 함평에서 영광군 법성포를 향하고 있었는데 백수해안도로에 들어서자 갑자기 늘어난 차량 때문에 놀랐으나 잠시 후 그 이유를 알 수 있었다. 이 도로에는 풍경과 낙조와 갯벌과 지중해 부럽지 않은 펜션과 해수온천이 있다. 백수해안도로는 영광군 백암리 답동에서 모래미해변까지 이어지는 약 10km의 도로를 말한다. 해안도로는 해안에 접해 있는 구수산이 서해로 뚝 떨어진 중턱을 지나는 77번 국도 구간과 14번 군도로 연결되어 있다. 산 중턱에 있으니 도로 아래로는 급경사가 있고 그 아래 바닷가에는 갯벌이 열려 있다. 물이 찰 때는 세찬 파도가 절벽을 때리는, 서해에서는 흔히 볼 수 없는 장면을 마주할 수도 있는 곳이다. 뛰어난 풍광을 인정받아 '한국의 아름다운 길'로 선정되기도 했다.

백암해안전망대

정유재란열부순절지

영광 굴비가 시작되는 조기 어장 칠산 앞바다가 보이는 곳이다. 이경인의 시 〈칠산 바다〉 비석과 노을레스토랑, 노을연가펜션 등도 절경을 내려다보고 있다. 전망대에서 남쪽으로 이어지는 길로 내려가면 동백숲과 걸출한 펜션도 두 곳 있다. 해안도로 아래에 난 산책길은 도보 중심 도로로 해안도로 출발지인 답동부터 이곳 전망대까지 이어져 있다. 약 1km 정도로 걸어서 왕복 30분, 자전거로 10분 걸린다.

 전남 영광군 백수읍 해안로 565-17

도로에서 순절지 가옥과 바다를 하나의 프레임에 넣어 감상하는 느낌이 싸해지는 지점이다. 정유재란 때 함평군 월야면 월악리에 살던 동래 전씨, 진주 정씨 문중의 부인 아홉 사람이 전쟁을 피해 지금의 영광군 백수읍 대신리 묵방포에 와서 살았다. 그러나 왜군에 붙들려 대마도로 끌려가던 도중 굴욕 대신 죽음을 선택, 모두 남해 앞바다에 몸을 던졌다. 훗날 숙종 7년에 이들의 뜻을 기리기 위해 함평군 월야면에 정렬각과 열녀순절비를 세웠던 것을 1942년 이곳으로 이건했다. 전라남도 기념물 제23호다.

 전남 영광군 백수읍 해안로 847-8

해변길 드라이브 코스

칠산정

영광해수온천랜드

백수해안도로에서 비교적 고도가 높은 곳에 세워진 전망대다. 계단이 워낙 많고 가팔라 꼭대기 층에 도착할 때면 '헉헉' 숨을 몰아쉬게 되지만 저 멀리 칠산 앞바다와 굽이굽이 달리고 있는 해안도로를 바라보는 마음이 상쾌하다. 바다와 낙조, 그리고 길을 마음의 액자와 사진 프레임에 넣고 싶다면 이보다 더 좋은 지점도 없을 듯.

전남 영광군 백수읍 해안로

지하 600m에서 끌어올린 27.1℃의 염화나트륨 광천수 온천이다. 심해 온천탕, 농어촌전시관, 해수풀장, 펜션, 음식점 등의 시설이 있다. 특히 2층 해수욕탕은 아름다운 칠산 바다를 보면서 즐길 수 있는 노천탕이 실내와 연계되어 있어 가족, 연인 간의 잊지 못할 추억의 휴식 공간으로이기다. 이왕 이곳을 여행할 계획이라면 노을 시간에 맞춰 입장, 붉은 서해를 보며 온천을 즐길 것을 권한다.

전남 영광군 백수읍 해안로 950
061-353-9988
7,000원(20인 이상 6,000원)

BEST COURSE

노을전시관

365계단

백수해안도로는 '한국의 아름다운 길 100선' 가운데 9위를 차지할 정도로 아름다운 경관을 인정받은 도로다. 천천히 운전하다 노을전시관에 서서 지는 노을을 바라보며 인생의 상념을 내려 놓는 것은 어떨까. 해안도로 가운데 석양의 조망이 가장 아름다운 곳에 있는 이 전시장은 실내외에서 석양 감상은 물론 노을 사진 전시, 빛에 대한 과학적 학습이 가능한 노을과학관 등의 시설이 있다.

전남 영광군 백수읍 해안로 957
061-350-5600
입장료 무료, 라이더영상 관람 2,000원, 노을 기념사진 촬영 1,000원(1인)

맑은 날이나 석양이 내리는 시간에는 꼭 한 번 가볼 만한 곳이다. 계단 아래로 내려가면 바다를 향한 데크 로드가 나오는데, 데크 끝이 바로 바다 속으로 연결된 것 같은 착시를 일으키게 설계되어 가슴이 뜨끔해진다. 데크 끝에 서서 석양을 맞이할 수 있다면 그보다 더 큰 행운은 없을 듯. 입구 도로변에는 막걸리, 도토리묵 등 간식거리를 파는 곳도 있어서 출출한 여정을 달랠 수 있다.

전남 영광군 백수읍 대신리

해변길 드라이브 코스

우리삶문화옥당박물관

모래미해수욕장

우리삶문화옥당박물관은 깊은 역사를 지닌 영광의 문화와 자연을 체험할 수 있는 격조 있는 공간이다. 우리삶문화실에는 시대별 유물, 세계문화유산 사진, 토기 제작 체험실 등이 있고 옥당인물실에 가면 내가 닮고 싶은 사람, 영광을 빛낸 인물(수은 강항, 소태산 박중빈, 공옥진), 한구의 하폐 등이 전시되어 있다 홈페이지의 행사 캘린더를 보면 현재 진행 중인 전시와 체험 프로그램을 확인할 수 있다.

전남 영광군 백수읍 대신길3길 3
070-7011-6887, okdangmuseum.net

인근의 다른 해수욕장에 비해 개발된 지 얼마 되지 않아 손대지 않은 자연의 아름다움이 남아 있다. 해안선은 길지 않지만 아늑한 느낌을 주며 고운 모래가 인상적이다. 해수욕장에서 계마항 앞으로 가면 작은 섬이 두 개 있는데, 고양이 앞에서 쫓기는 모습과 비슷해 가까운 섬은 고양이섬, 먼 섬은 쥐섬이라고 한다. 갯벌에 들어가면 모시조개 등 패류를 자유롭게 채취할 수 있다.

전남 영광군 백수읍 구수리

BEST COURSE

군산 새만금 → 변산 해안도로

🚗 서해안고속도로 군산 TG 직진 → 호덕교차로 좌회전 → 개정교차로 우회전 → 새만금방조제 → 야미도 포구 → 신시도 휴게소 → 아리울예술창고 → 새만금홍보관 → 30번 국도 변산해수욕장 → 변산해변로 고사포해변 → 하섬 전망 지점 → 격포 닭이봉 → 30번 국도 모항해변 → 모항길 모항갯벌체험장 → 30번 국도 국립변산자연휴양림 → 곰소항

총 거리 약 66km
소요시간 약 1시간 40분

군산에서 변산까지 100분 드라이브

이 드라이브 코스의 주인공은 새만금방조제와 30번 국도다. 군산을 출발, 고군산군도 신시도를 거쳐 부안군 변산 새만금홍보관까지 이어지는 방조제의 길이가 무려 30km에 달한다. 자동차로 30분, 자전거로 2시간, 걸어서 7시간이 걸리는 거리다. '마, 쎄리, 밟아삐고' 싶은 마음도 들지만 사실 이 길을 제대로 느끼려면 시속 70km 정도를 유지하는 게 좋다. 불쑥 등장하는 낡은 포구, 전망 좋은 휴게소, 매력적인 건축물이 눈에 띄는 문화 공간 등은 그냥 지나치기엔 아까운 곳들이기 때문이다. 새만금홍보관에서 격포항으로 이어지는 30번 국도와 변산해변로는 시골 길의 낭만을 즐길 수 있는 도로로 역시 천천히 달리며 곳곳의 절경 속으로 들어갈 수 있는 루트다. 격포항 옆 닭이봉은 꼭 한 번 올라가야 할 극강의 전망 지점이다. 닭이봉은 격포해수욕장에 붙어있는 '채석강' 머리 꼭대기 쯤으로 생각하면 된다.

신시도 새만금휴게소

거대한 주차장이다. 아직 번듯한 시설이 들어서지는 않았다. 이곳을 들러야 할 이유는 전망 때문이다. 방조제 도로는 시야가 한정적이라 광활한 새만금은 느끼기에는 한계가 있다. 휴게소 북쪽으로 가면 새만금 전체와 매립지를 한눈에 담을 수 있고 배수갑문의 어마어마한 위용도 가까이 볼 수 있다.

📍 전북 군산시 옥도면 새만금로 1559

백암해안전망대

새만금방조제 신시도휴게소 근처에 가면 빨간색 건물 하나가 보인다. 전라북도 상설공연단에서 운영하고 있다. 건물 색깔이 주는 강렬함 때문에 감성적 여행자들은 꼭 들러보게 되는 곳이다. 공연은 수요일부터 일요일까지만 열리고 2만원의 입장료도 받는다. 공연 관람이 무리라면 함께 있는 커피숍에서 티 타임.

📍 전북 군산시 옥도면 신시도리 5-266
📞 1600-9980

해변길 드라이브 코스

 새만금전시관

달이봉

새만금은 환경과 국토개발, 주민들의 먹거리라는 여러 가지 복잡한 논란 끝에 완성된 어마어마한 토목 공사였다. 지금은 방조제가 완공되어 드라이브와 레저를 즐기는 사람들의 명소가 되었지만 그 속내까지 알려면 이곳에 들어가야 한다. 일단 3층 전망대에 오르면 새만금의 실체가 눈에 보이고, 전시 내용 하나하나를 들여다보면 공사와 관련된 많은 이야기들이 정리되어 있다. 시간이 걸리더라도 한번쯤 들여다볼 만한 곳이다.

전북 부안군 변산면 새만금로 6
063-584-6822

전망대에 오르면 북쪽으로 고군산군도와 새만금 방조제 도로, 그리고 서해안을 달리는 30번 국도를 조망할 수 있다. 버드뷰로 보이는 격포항의 모습이 그렇게 아름다울 수 없다. 발밑에 채석강이 있다는 느낌도 오묘하다. 꼭대기에서 보는 대명리조트, 수성당, 격포해수욕장의 모습도 꽤 낯설다.

전북 부안군 변산면 격포리

BEST COURSE

모항해수욕장

변산반도 남단 해안에서 꽤 높은 인기를 끌고 있는 해수욕장이다. 인기 비결은 생경함에 있다. 한국에서 보기 힘든 절벽 펜션이 있고 백사장이 있는 바다도 우묵하니 매력적이다. 호랑가시나무가 군락을 이루고 있다는 점도 특이하다. 숙박 시설도 잘 되어 있고 캠핑도 원활해 드라이브하다 잠시 들르긴 아깝다는 생각이 들 정도다. 30번 국도로 바로 나가지 말고 마을로 연결되는 모항길로 들어서면 '모항갯벌체험장' 등 어촌 마을의 정취도 만끽할 수 있다.

전북 부안군 변산면 도청리 203-45
문의 063-580-4809

해변길 드라이브 코스

국립변산자연휴양림 　　　　　곰소항

변산을 일주하는 30번 국도 남단 중앙에 있는 '부러운 곳'이다. 변산을 등에 지고 바다를 품에 안고 있는 이곳을 '버킷리스트'에 올려놓은 사람이 한둘이 아니다. 아담한 통나무 건물 두 동과 담수 수영장, 그리고 소담스러운 해안선과 그 너머로 보이는 고창군 모습을 창가에 앉아 바라볼 수 있다니, 어찌 부럽지 않을 수 있을까. 숙박객이 아니라도 주차비와 입장료를 내면 구경과 산책이 가능하다.

전북 부안군 변산면 변산로 3768
063-581-9977
www.huyang.go.kr

항구에 들어서는 순간 코끝에 비린내가 스멀스멀 들어오고 골목은 어수선하고 시장 풍경은 와글와글하다. 어항에 가는 맛은 그 때문인데, 곰소항은 특히 젓갈로 유명해 명품 젓갈을 사러 온 가족 여행자들, 젓갈 백반, 백합탕 등 곰소항 먹방 여행을 즐기는 사람들도 북적거린다. 모든 게 낡고 어색한 모습이지만 주차장의 커피 트럭을 보는 순간 여독이 쏙 빠지는 느낌이다.

전북 부안군 진서면 진서리
063-580-4608

BEST COURSE

인천 영종도 → 송도센트럴파크

인천공항고속도로 TG → 영종대교 → 공항 입구 IC 우회전 → 공항신도시입구 삼거리 좌회전 → 공항해안북로 → 을왕리해수욕장 → 선녀바위로 선녀바위 → 마시안해변 → 영종해안남로 → 인천대교 톨게이트 → 인천대교(제2경인고속도로) → 송도신도시

총 거리 약 80km
소요시간 약 2시간

드라이빙 아일랜드

영종도는 외통수다. 서울에서 가든 인천에서 가든 단 하나의 길, 인천공항고속도로나 인천대교를 통과해야 한다. 도로가 단순하고 일직선이 많아 스피드를 즐기는 드라이버들이 일부러 찾는 곳이기도 하다. 영종대교를 건너 공항 입구 IC에서 나가면 영종해안북로로 연결된다. 계속 직진하면 삼목여객터미널이 나오는데, 여유가 있다면 내친김에 가까운 신도에 들어가 섬 길을 천천히 달려보는 것도 좋다. 다시 영종해안북로로 나오면 을왕리 초입까지 이어진 일직선 도로가 등장한다. 을왕리해수욕장 앞으로 가 '선녀바위'로 들어가는 '선녀바위로'로 진입하면 용유, 마시안 등 해안선이 긴 바다와 함께 달릴 수 있다. 잠진도 입구에서 큰길로 나가면 '영종해안남로' 등장한다. 마지막 코스는 영종 IC에서 시작되는 '인천대교' 건너기. 송도 IC에 도착하면 영종 아일랜드 드라이브는 끝난다.

영종대교

길이 4420m의 영종대교를 건널 때 마다 궁금한 게 있었다. 양쪽으로 보이는 섬들의 이름은 무엇일까? 공항 방향 오른쪽으로 보이는 섬이 인천 세어도와 강화 동검도 등이다. 멀리 우뚝하게 솟은 산이 마니산이다. 왼쪽으로는 작약도와 월미도가 있다.

인천시 서구 정서진남로 25

선녀바위해수욕장

을왕리해수욕장 바로 옆에 있는 갯바위 해변이다. 동쪽 끝 선녀바위도 그렇지만 이곳에 있는 모든 바위들은 풍화의 마지막 단계에 와 있는 것처럼 기이한 형상을 하고 있다. 인천 지역에서 흔히 볼 수 없는 풍경이라 잠시 쉬어 사진 찍기 놀이하기에 그만이다.

인천시 중구 을왕동

마시안해변

이름도 매력적이지만 곧은 해안선의 모양이 시원한 곳이다. 백사장과 해송도 잘 발달되어 있고, 썰물 땐 끝이 보이지 않는 갯벌이 형성된다. 도로 안쪽으로는 캠핑장과 용유승마장(032-752-8887)도 있어 가벼운 승마 체험도 가능하다.

인천시 중구 마시란로 118
032-746-3093

해변길 드라이브 코스

인천공항전망대

인천공항 서쪽 끝 담장 너머에 있는 오성산 자락에 위치한다. 인천공항터미널, 항공기 이착륙 장면 등 공항 안에서, 또는 탑승구에서 급급해하던 모습들을 한눈에 내려다볼 수 있어 '거의 관재탑'으로 불리는 명소다.

📍 인천시 중구 공항서로 279
📞 032-751-2117

인천국제공항청사

극장, 푸드코트, 커피전문점, 문화체험관 등 일상에서 즐길 수 있는 대부분의 라이프스타일과 인천공항에 꼭 와야만 볼 수 있는 시설이 함께 있어서 여행 중 들러볼 만하다.

📍 인천시 중구 공항로 272
📞 1577-2600

인천대교

세계의 긴 다리 베스트에 꼽히는 현수교다. 인천 지역에서의 인천공항 진입을 위해 건설했다. 교량 부분만 18km가 넘고 전체 길이는 약 22km에 달한다. 송도 IC에서 송도 신도시로 바로 연결된다.

📍 인천시 중구 운서동
📞 032-745-8281

송도센트럴파크

송도신도시의 중심에 있는 공원이다. 바닷물을 끌어와 만든 워터프론트 호수, 보트하우스, 산책정원, 조각정원, 테라스정원 등 메가시티의 웅장함과 인위적 공원이 주는 부유한 느낌을 고스란히 즐길 수 있는 곳이다.

📍 인천시 연수구 컨벤시아대로 160
📞 032-851-0477

절경의 서해를 굽어보다
해변 전망 등산 코스

서해안을 따라 불쑥불쑥 올라온 산은 그 어느 곳에서 보는 것 이상의 황홀한 전망을 여행자에게 안겨준다. 서해안 여행은 바다나 섬이 전부가 아니다. 해안선과 먼바다, 그리고 마음을 뒤흔드는 낙조의 풍경을 두 눈에 담을 수 있는 산에 오르는 것은 더욱 낭만적인 일이다. 유독 해안과 붙어있는 산행만 즐기는 능선 여행 마니아들이 늘어난 이유도 이 때문이다. 능선 여행은 각별히 주의할 점도 있다. 탐방로가 설치된 국립, 도립, 군립 공원을 찾되 일몰 시각, 기후 등을 고려해야 한다. 능선 여행의 주목적이 바다 조망과 낙조에 있으므로 하산 시간과 탐방로 확보도 미리 준비해야 한다.

BEST COURSE

ⓒ 강화군청

인천 석모도 해명산 → 낙가산 → 상봉산

 인천시 강화군 삼산면 석모도
 032-932-3001

승용차
강화도 → 외포리 선착장 → 석포리 선착장 → 진득이고개 입구

대중교통
서울 신촌로터리 강화버스터미널이나 지하철 5호선 송정역에서 강화운수 버스 이용 → 외포리 선착장 → 석모도행 여객선 → 석모도 석포리 선착장 → 마을버스 또는 도보로 진득이 고개

우리나라 3대 낙조를 만나다

석모도는 작은 섬이지만 해명산(327m), 낙가산(235m), 상봉산(316m) 등 세 곳의 산들로 이뤄져 있다. 이 능선에 오르면 서해 최북단 해안선을 내려다보며 걸을 수 있고, 시간을 잘 맞춰 가고 날씨가 도와주면 우리나라 3대 낙조 포인트(부안의 솔섬, 태안 꽃지와 함께 3대 낙조라 불린다)중 하나인 눈썹바위 낙조를 체험할 수 있다. 능선 여행 루트는 전득이 고개 – 해명산 – 낙가산 – 상봉산 코스, 해명산이나 상봉산에서 출발하는 낙가산 – 보문산 눈썹바위 – 보문사 코스, 보문사 – 해명산이나 상봉산 하산 루트 등이 그것들이다. 탐방로도 잘 조성되어 있어서 누구나 편안히 오르내릴 수 있다. 정상에 풀밭이 넓게 펼쳐져 있어 휴식을 취하기에도 좋다. 바다 전망을 생각한다면 울창한 여름보다는 봄, 가을에 적기다.

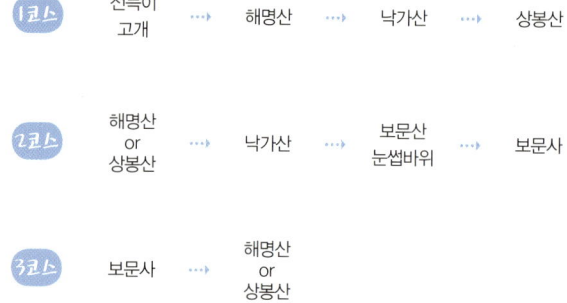

부안 갑남산

- 전북 부안군 변산면 도청리 변산 경찰수련원(등산 시작점)
- 부안군청 063-580-4713
- 승용차
  서해안고속도로 줄포IC → 곰소항 → 변산자연휴양림 → 모항 → 변산경찰수련원
- 대중교통
  부안터미널 정류장 320번, 501번 버스 → 만화휴게소 정류장 350번, 201번 버스 환승 → 상록정류장 하차 후 도보 → 변산경찰수련원

변산 풍광의 정점

부안의 높은 전망은 변산에서 나온다. 변산은 내륙을 도는 내변산과 서해와 가까운 외변산으로 나뉜다. 서해 전망을 염두에 둔 산행이라면 외변산이 유리하다. 비교적 가벼운 산행 코스로는 외변산보다 더 서해와 가까운 갑남산을 추천한다. 무장이 갑옷을 입은 형상을 닮았다 해서 '갑남산 甲南山'이라 불리게 된 이 산은 해발 415m로 눈에 보이는 것보다 결코 쉬운 등산 코스는 아니다. 그래서 정상에 오르기보다는 경찰수련원에서 출발, 평소에는 메말라 있지만 비 온 뒤 며칠은 진경 낙수의 장관을 보여주는 수락폭포를 찍고 일출과 일몰, 그리고 곰소항과 고창 평야까지 조망할 수 있는 투봉(해발 약 300m 능선)을 정점으로 썬리치랜드 오솔길 어귀를 지나 수락마을 뒷산, 변산드림비치 콘도 앞으로 해서 다시 경찰수련원으로 내려오는 약 3시간 코스를 즐겨 찾게 된다.

| 코스 | 경찰수련원 | ... | 수락폭포 | ... | 투봉 | ... | 썬리치렌트 오솔길 | ... | 변산드림비치 콘도 앞 | ... | 경찰수련원 |

BEST COURSE

영광 구수산

 전남 영광군 백수읍 백수로 989
백수우체국(등산 시작점)

📞 영광군청 061-350-5351

 승용차
서해안고속도로 영광IC → 23번 국도 함평·영광 방면 → 단주사 거리 우회전 → 844번 지방도 → 영광소방서 → 백수우체국

대중교통
영광터미널 정류장 → '차고지-약수', '차고지-하사리' 버스 → 백수 농협 정류장 하차 후 등산로 입구 까지 도보

염전·해안을 가슴에 품다

여러 산봉우리가 모여 커다란 산채를 만든 모습에서 그 이름이 유래하는 구수산은 '산봉우리와 물줄기가 여러 개'라는 뜻을 담고 있다. 푸른 바다와 억새밭이 어우러진 351m 높이로, 바다와 인접해 있기 때문에 능선과 정상에서 바라보는 조망이 매우 아름답다. 원불교 창시자인 박중빈이 득도한 성지인 만큼 산자락 끝에는 원불교의 상징인 동그란 원이 그려진 옥녀봉이 있다. 그 밑에는 소태산의 생가와 그의 제자들이 최초로 세운 교당 터도 있다. 구수산 주변에는 백수해안도로, 노을전시관, 해수온천랜드 등 다양한 즐길거리가 있어 등산 후에도 여유로운 시간을 보낼 수 있다. 몇몇 등산로가 있으나 바다가 제일 잘 보이는 루트는 백수우체국-덕산2리 코스다. 편도 약 4시간 소요된다.

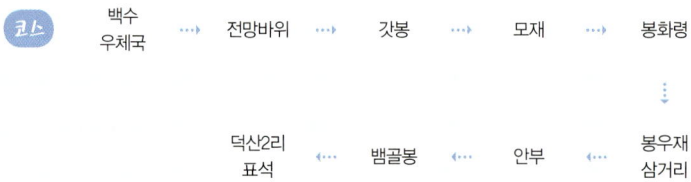

영광 군유산

 전남 영광군 군남면 용암리 용암제(등산 시작점)

📞 군남면사무소 061-350-5951

🚗 **승용차**
서해안고속도로 영광IC → 23번 국도 함평·영광 방면 → 칠거사거리 우회전 → 군남면표천리삼거리 좌측도로 → 육창로 → 용암제

대중교통
영광터미널 정류장 → '차고지-한수', '차고지-용암' 버스 → 용암 정류장 하차 후 등산로 입구까지 도보

서해의 섬들이 한눈에

높이 403m인 군유산은 영광군 남단에서 가장 높은 산으로, 바위가 거의 없는 것이 특징이다. 산에서 바라보는 낙조가 특히 아름답고, 정상에 서면 서해의 여러 섬이 한눈에 들어온다. 전남 함평군과 영광군의 경계에 있다. 등산은 서해안 쪽이 아닌 내륙에서 출발해 정상으로 향하는 능선에서 바다를 바라보는 루트가 좋다. 산길을 걷다 탁 트인 바다를 보는 순간은 해변 등산길에서만 맛볼 수 있는 청량감이다. 등산로도 잘 다듬어 있는 편이다. 용암마을의 용암저수지에서 연흥사 방향으로 걷다 사찰에 도착하여 잠시 쉬며 도량들을 관찰하고 30분 정도 더 걸으면 군유산 정상에 도달할 수 있다. 군유산에서 바라보이는 전망은 영광보다는 함평군과 신안군의 수많은 섬들이 대부분이다. 바위는 거의 없고 비자나무, 고로쇠나무, 동백나무가 숲을 이루고 있다.

코스 용암제 ⇒ 연흥사 ⇒ 군유산 ⇒ 사기마을

서해안 사계절 시크릿 해변

초판 1쇄 2015년 9월 25일

지은이 이영근

발행인 양원석
편집장 고현진
책임편집 최혜진
디자인 RHK디자인연구소 이창진
제작 문태일
영업마케팅 정상희, 우지연, 김민수, 장현기, 이영인, 전연교, 정미진, 이선미

펴낸 곳 (주)알에이치코리아
주소 서울시 금천구 가산디지털2로 53 한라시그마밸리 20층
편집 문의 02-6443-8892 **구입 문의** 02-6443-8838
홈페이지 http://rhk.co.kr
등록 2004년 1월 15일 제 2-3726호

ⓒ 이영근 2015

ISBN 978-89-255-5740-3 (13980)

※ 이 책은 (주)알에이치코리아가 저작권자와의 계약에 따라 발행한 것이므로
 본사의 서면 동의 없이는 어떠한 형태나 수단으로도 이 책의 내용을 이용하지 못합니다.
※ 잘못된 책은 구입하신 서점에서 바꾸어 드립니다.
※ 책값은 뒤표지에 있습니다.